本书出版得到教育部人文社会科学研究规划项目（10YJA770045) 资助

BEHIND THE SCENES

THE SOVIET UNION AND
THE KOREAN WAR

宋晓芹 著

隐于幕后

苏联与朝鲜战争

THE SOVIET UNION AND THE KOREAN WAR

社会科学文献出版社
SOCIAL SCIENCES ACADEMIC PRESS (CHINA)

目 录

前　言

　　冷战结束以来，以新视野、新角度、新材料、新证据为主要特征的"新冷战史"研究在国内外史学界迅猛兴起，朝鲜战争作为新冷战史研究的一个重要内容，再次受到广泛关注。中外学者抓住俄罗斯解密苏联冷战时期大批国家档案和包括中国在内的其他国家不同程度开放冷战时期外交档案的历史机遇，通过诸如美国威尔逊国际学者中心冷战国际史研究项目、哈佛大学冷战国际史研究项目、伦敦政治经济学院冷战国际史研究项目和华东师范大学国际冷战史研究中心等学术平台的推动，关于朝鲜战争的研究，在方法、内容、视野和材料等方面均取得了重大突破，涌现出一大批令人肃然起敬和耳目一新的学术成果，大大促进了朝鲜战争研究的国际化。①

　　朝鲜战争作为冷战初期两大阵营之间的一次军事较量，表面上看是为了完成民族统一，事实上却包含了太多的国际因素。受当时冷战格局的影响，在国际政治中发挥主要作用的许多国家，

---

① Serge Goncharov, John W. Lewis, Xue Litai, *Uncertain Partners: Stalin Mao and the Korean War*, Stanford University Press, 1993; Chen Jian, *China's Road to the Korean War: the Making of the Sino-American Confrontation*, New York: Columbia University Press, 1994; William Stueck, *The Korean War: An International History*, Princeton University Press, 1995; Bruce Cumings, *The Korean War: A History*, New York: Modern Library, 2010.

都不同程度地卷入了这场本属于朝鲜内战的冲突。苏联虽自称是朝鲜战争的非交战方，但作为影响朝鲜战争众多外部因素中非常重要的一个因素，它在朝鲜战争不同时期所发挥的作用和产生的影响与战争的后果密切相关。值得注意的是，在国内外学者众多的研究成果中，明显感到关于美国与朝鲜战争的研究成果大大超出了关于苏联与朝鲜战争的研究成果，并且苏联与朝鲜战争研究的多数成果主要体现为专题学术论文，相关的学术专著较为少见。本书就是在冷战国际关系史的背景和框架下对"苏联与朝鲜战争"这一问题进行的专题研究。从学术的角度看，本书的研究具有弥补朝鲜战争研究薄弱环节的价值；从现实的角度看，本书的研究有助于进一步厘清苏联对朝鲜战争应负的历史责任，对于推动各大国协商解决朝鲜半岛问题和维护东亚的和平与稳定具有重要意义。

苏联与朝鲜战争的起源是研究苏联与朝鲜战争最重要的内容之一。西方学者对这一问题有三种不同的看法。第一种看法认为，苏联是朝鲜战争的主谋，朝鲜战争是共产主义扩张的表现，如杜鲁门、艾奇逊等人的回忆录或著作。第二种看法认为，苏联与朝鲜战争爆发的关系不大，朝鲜战争主要是朝鲜南北方内战的结果，如美国学者库明斯（Bruce Cumings）的《朝鲜战争的起源》。[1] 第三种看法认为，朝鲜战争既是苏联同意朝鲜采取军事行动的结果，也是朝鲜南北双方政治和军事对抗的结果。苏联支持朝鲜并不是要挑衅美国，而是确信美国不会武装干涉，如美国学者凯瑟琳·威瑟比的文章《苏联在朝鲜的目的和朝鲜战争的起源》。[2]

---

[1] Bruce Cumings, *The Origins of the Korean War*: *The Roaring of the Cataract 1947 – 1950*, Vol. 2, Princeton University Press, 1990, pp. 445 – 448.

[2] Kathryn Weathersby, Soviet Aims in Korea and the Origins of the Korean War, 1949 – 1950: New Evidence from Russian Archives, *Working Papers*, No. 8, Cold War International Project, Woodrow Wilson International Center for Scholars, Washington D. C., 1993.

　　改革开放以前，中国学者与官方都坚持朝鲜战争是美国策划、朝鲜南方发动的。改革开放初期，中国学者有一段时间避免谈及朝鲜战争是怎么爆发的。冷战结束以后，多数学者赞同美苏对抗导致了朝鲜的分裂，朝鲜的分裂又导致了朝鲜战争的爆发，苏联和美国一样应该对朝鲜战争的爆发负有责任，即所谓的美苏共振论。在利用新材料、新证据的基础上，目前中国学者对于苏联与朝鲜战争的爆发关系密切已经基本形成共识。其中，最具有代表性的研究成果就是沈志华教授的《毛泽东、斯大林与朝鲜战争》，此书最早于 1998 年在香港出版，2003 年由广东人民出版社出版，后又于 2007 年和 2013 年再版，发行量已超过 10 万册，这在学术类著作中可以说是非常少见的。2012 年，此书的英文版在美国出版，目前德文版和西班牙文版也在运作当中。

　　冷战年代，苏联大多数学者和官方一致认为，是美国策划了朝鲜战争，是朝鲜南方首先发动了对北方的进攻。以美国为首的"联合国军"对朝鲜的武装干涉，暴露了美国试图统治世界的政治野心，如安·安·葛罗米柯等的《苏联对外政策史 1945～1980》（中国人民大学出版社，1989）和伊·费·伊瓦辛主编的《苏联外交简史》（商务印书馆，1995）等。赫鲁晓夫在他的回忆录中虽透露了一些关于斯大林与金日成在战争爆发前会谈的细节，但并不承认苏联参与了朝鲜战争的策划。[①] 冷战结束以后，随着俄罗斯对苏联国家档案的解密，俄国还有一部分学者继续坚持原来的观点，更多的则认同是苏联策划了朝鲜战争，朝鲜战争是共产主义在亚洲扩张的开始，是苏联和中国侵占整个亚欧大陆的举措。需要注意的是，冷战结束初期，俄罗斯学者对朝鲜战争起源问题的研究明显具有反共或反斯大林的倾向。目前，俄罗斯学者并不讳言苏联对朝鲜采取军事行动的认可和支持，对苏联这

――――――――――

　　① 参见《赫鲁晓夫回忆录》，张岱云等译，东方出版社，1988。

一决策和行动的研究已逐渐归于冷静和理智，如有的学者就认为"不要专注于是谁打响的战争第一枪，更重要的是阐明引起50年代朝鲜人民悲剧的综合因素"，"应该把研究的重点放在战争爆发前北南双方发生武装冲突的内外因素及战争转变为大规模国际冲突的环境"。①

　　除了苏联与朝鲜战争的起源之外，苏联对朝鲜战争爆发的反应、苏联对中国出兵朝鲜问题的态度、苏联向中朝两国提供的军事援助、苏联在中朝决策过程中的作用以及苏联对朝鲜停战谈判的影响等问题，也是苏联与朝鲜战争研究要涉及的主要问题。冷战年代，由于缺乏来自苏联和中国方面的档案文献，学者的研究多是基于各自价值观念和国家利益等因素的考虑，尽可能进行合乎逻辑的推断，研究成果具有很大的局限性。西方学者普遍认同苏联是朝鲜战争幕后操纵者的看法，但苦于没有来自苏、中、朝等社会主义国家的档案文献，这一研究也无法深入。苏联学者则尽量回避苏联与朝鲜战争的关系，不谈苏联对战争所发挥的作用，强调朝鲜战争本来是一场内战，是美国的干涉使战争演变成了大规模的国际冲突。研究涉及较多的是苏联对朝鲜正义之战的道义支持，苏联为朝鲜停战与和平解决朝鲜问题的努力，关于苏联对朝鲜的军事援助则是绝对的禁区。最早打破禁区的是苏联当时著名的外交家和中国学专家贾丕才，1969年、1979年，他先后在自己的两本书中公布了一些苏联向中朝军队提供援助和驻朝苏联顾问和专家的情况。1985年有人撰文第一次公开讲述了苏联飞行员秘密参加朝鲜战争的情况，但文章未能公开发表。1988年出版的《苏联与朝鲜》一书，讲述了苏朝友好关系的情况和朝鲜战争各阶段的战事进程，由于利用的都是苏联当时已经公开的档案，在观点上没有明显突破。② 1980年代

---

① 〔俄〕瓦宁：《俄罗斯学者关于朝鲜战争历史的研究》，陈鹤译，《当代中国史研究》2011年第2期，第105、106页。

② 〔俄〕瓦宁：《俄罗斯学者关于朝鲜战争历史的研究》，陈鹤译，《当代中国史研究》2011年第2期，第104页。

中期以前，中国学者对苏联与朝鲜战争关系的看法基本上沿袭苏联的观点，谈不上真正的学术研究。1980 年代后期，随着中国改革开放的不断深入和学术环境的逐渐宽松，中国学者得以利用西方国家解密的档案文献，真正开始了对朝鲜战争的学术研究，但由于主要利用的是美国的档案文献，研究的侧重点集中在美国与朝鲜战争的关系上，苏联与朝鲜战争关系的研究明显较为薄弱。

苏联解体以后，俄罗斯解密了一大批苏联冷战初期的国家档案，其中包括大量关于朝鲜战争和苏中、苏朝关系的档案文件，中国也通过不同方式公布了许多与中苏结盟和朝鲜战争有关的文献资料，特别是 2004 年中国外交部档案解密制度的启动等，对于国内外学者利用多边档案文献开展对朝鲜战争特别是苏联与朝鲜战争关系的研究提供了有利条件。1990 年代中期以来，国内外学者具有代表性的相关研究成果有谢尔盖·冈察洛夫等人的《不确定的伙伴：斯大林、毛泽东与朝鲜战争》、华裔学者陈兼教授的《中国出兵朝鲜之路》以及沈志华教授的前述著作和相关论文等。[1] 根据这些研究成果可以认为，苏联与朝鲜战争关系密切，从朝鲜半岛的分裂到朝鲜战争的爆发，再到中国的抗美援朝，最后到朝鲜停战谈判的启动和结束以及停战后对朝鲜问题的政治解决，苏联的影响无处不在，加大对苏联与朝鲜战争关系的研究势在必然。

笔者对于苏联与朝鲜战争这一研究课题的关注由来已久，近年来发表的学术论文既涉及苏联与朝鲜停战谈判、苏联与战俘遣返谈判、苏联与中国的抗美援朝、苏联缺席安理会关于朝鲜问题的讨论这样相对微观的研究，也涉及苏联与朝鲜战争、联合国框

---

[1]　Serge Goncharov, John Lewis and Xue Litai, *Uncertain Partners: Stalin Mao and the Korean War*, Stanford University Press, 1993; Chen Jian, *China's Road to the Korean War: the Making of the Sino - American Confrontation*, New York: Columbia University Press, 1994.

架下的苏联与朝鲜战争这样相对宏观的研究。① 鉴于学界专论苏联与朝鲜战争的著作比较少见，2010 年笔者以苏联与朝鲜战争关系研究为题，申报了教育部人文社科规划项目并且获准立项，为进一步深入开展本课题的研究奠定了基础。

本书从近代俄国与朝鲜半岛关系的缘起作为切入点，以苏联与朝鲜的分裂、苏联与朝鲜战争爆发、苏联与中国抗美援朝、秘密参战的苏联空军、苏联与朝鲜停战谈判和停战后苏联与朝鲜问题的政治解决为主线，在充分利用美、苏、中等国多种档案文献和吸纳国内外已有研究成果的基础上，通过对苏联在朝鲜战争不同阶段战略决策和策略手段的微观研究，实现对苏联与朝鲜战争关系的宏观把握。本书的基本观点是：朝鲜半岛是近代以来俄国东方战略中的重要环节，战后苏联对朝鲜半岛的政策在一定程度上继承了近代俄国远东战略的衣钵。苏联是战后朝鲜分裂的始作俑者之一，与朝鲜战争的爆发关系密切。朝鲜实行武力统一的方针和采取的军事行动，得到了苏联的认可和支持。中国抗美援朝的决策并非完全出于自愿，确实承受了一些来自苏联方面的压力。苏联空军秘密参战的事实，证明苏联实际上参加了朝鲜战争。朝鲜停战谈判的启动和停战协定的达成，苏联都发挥了重要作用。总之，苏联在朝鲜战争爆发前后的每个历史阶段不仅都扮演了重要的角色，而且还获取了重要的战略利益，因此对朝鲜战争的后果负有不可推卸的责任。俄罗斯作为国际法上苏联权利和义务的继承者，理应对当代朝鲜半岛的和平与稳定做出自己的贡献。

---

① 相关论文包括：《试论苏联对朝鲜停战谈判的影响》，《世界历史》2005 年第 1 期；《苏联与朝鲜战争》，《俄罗斯研究》2006 年第 3 期；《中国出兵朝鲜的苏联因素》，《世界近现代史研究》（第 4 辑），中国社会科学出版社，2007；《朝鲜战争爆发后苏联缺席安理会讨论的再思考：从斯大林给哥特瓦尔德的一份电报说开去》，《山西大学学报》2010 年第 6 期；《试析朝鲜战俘遣返谈判的苏联因素》，《世界历史》2011 年第 2 期；《苏联与朝鲜战争：以联合国为研究平台的考察》，《华东师范大学学报》2013 年第 6 期。

第一章
近代俄国在朝鲜半岛的角逐

　　克里米亚战争之后，在欧陆争霸斗争中暂时失利的俄国，把对外扩张的矛头转向了东方。19世纪中后期，俄国通过与清政府签订不平等条约，强行割让了中国150万平方公里的领土，强租了中国的大连和旅顺港，并兴建了横贯亚欧大陆的西伯利亚大铁路，在列强对东北亚的角逐中抢得了先机。朝鲜半岛是俄国"东方战略"的重要组成部分，其独特的地缘战略位置和优良的不冻港，对于俄国打通南下太平洋的海上通道十分重要。然而，俄国独占朝鲜半岛"东方战略"遇到了日本"北进战略"的严峻挑战，双方在朝鲜半岛的争夺最终只能通过战争的方式来解决。日俄战争的惨败，不仅使俄国完全丧失了对朝鲜半岛的影响，而且在俄国人的心理上留下了阴影。追溯俄国与朝鲜半岛的历史联系，审视战后苏联对朝鲜半岛政策的历史传承性，对于研究苏联与朝鲜战争的关系有所裨益。

一　俄国人对朝鲜半岛的最初了解和接触
（19世纪上半叶以前）

　　朝鲜曾被西方国家称作"隐士之国"，历史上长期作为中国的藩国，与外界交往甚少。清朝初年，俄国开始向西伯利亚扩张，并进军中国的黑龙江流域，从而引发了中俄之间长期的边境战争，即雅克萨战争（1645～1689），直至1689年《中俄尼布楚条约》签订方告结束。战争期间，由于在关外兵力不足，加之受西南和西北军务困扰，清政府要求朝鲜履行藩国义务，派兵协助清军抵抗俄国军队的入侵。朝鲜国王应清政府的要求，曾于1654年、1658年和1685年三次派兵协助清军作战，为清军取得雅克萨战争的胜利和《中俄尼布楚条约》的签订发挥了积极作用。从目前的史料记载来看，这应该是俄国人与朝鲜人的最早接触，但由于俄国人并不知道有朝鲜人参战，因此这算不上俄国人和朝鲜人真正意义上的接触。

鉴于朝鲜与中国长期的朝贡关系，俄国对朝鲜的最初认识主要是通过中国来获取的。最早提供有关朝鲜信息的俄国人是曾出使中国的斯帕法里（N. Spafari）。清康熙年间，为了探求发展对华贸易的可能性，俄国政府于1675～1677年派遣斯帕法里率俄国使团出使中国。斯帕法里通过与北京耶稣会的关系，从传教士特别是与宫廷有联系的传教士那里，了解到许多有关中朝关系的信息。后在其所著的《中华帝国志》一书中，首次向俄国人介绍了朝鲜的地理位置和风物民情以及朝鲜与中国特殊的朝贡关系。他在谈到通往中国的陆路和海路时都提及朝鲜，并在其绘制的《西伯利亚全图》上，标注了位于黑龙江以南"阿穆尔岬"下方的"朝鲜王国"，从而使俄国人对朝鲜半岛的地理位置有了初步了解。

第一个真正与朝鲜人接触的俄国人是朗克（L. Lange）。1715～1737年，朗克六次被俄国政府派遣出使中国，通过与朝鲜驻北京使节的交往，他对当时朝鲜的政治社会状况及对外关系有了比较全面的了解。其出使日记中谈到，朝鲜人是中国人的纳贡者，每年纳贡两次。除此之外，朝鲜和中国还进行贸易。中国禁止朝鲜同日本之外的其他国家之间进行贸易，禁止外国商船进入朝鲜的港口，禁止朝鲜与其他国家发展外交关系。朝鲜驻北京的使节没有行动自由，馆驿要受清政府的监督，而且清政府也派人和军队常驻朝鲜。在华期间，朗克曾多次邀请驻北京的朝鲜使节到俄罗斯馆做客，以探求建立俄朝商贸关系的可能性，虽因遭到清政府干扰会谈未果，但这应该是俄国人和朝鲜人第一次真正意义上的接触。

俄国人与朝鲜半岛的第一次接触发生于 1854 年。鸦片战争以后，列强在远东的争夺和扩张渐趋激烈。1852 年 3 月，美国决定派海军准将马修·佩里（Matthew Perry）率舰队出使日本谋求通商的消息传出以后，俄国担心列强觊觎日本会对俄国在太平洋的利益造成威胁，于是决定抢先一步打开日本封闭已久的国门。1852 年 10 月，俄政府命海军中将普提雅廷（Putyatin）率舰队前往日本，以探求确定俄日边界和建立俄日友好关系的可能。1854 年初，舰队到达日本。俄国提出的划界要求和通商要求，均遭到日本幕府的拒绝。由于当时日本海浮冰较多，舰队在行驶过程中偏离了预定航线，于 1854 年 4 月 2 日意外地到达了朝鲜半岛南部济州海峡附近的巨文岛。一个星期之后舰队又去过一次日本，4 月 20 日再次返回朝鲜，一直停留至 5 月 11 日。停泊期间，舰队成员上岛考察了当地居民的生活情况，测量了朝鲜的海岸，并向当地政府提出了与朝鲜通商的要求。19 世纪俄国著名的作家和旅行家冈察洛夫（I. A. Goncharov），奉命作为普提雅廷中将的秘书同行。在长达 28 个月的航行过程中，冈察洛夫通过信函和日记的形式，记录了所到之处的山川草木和风俗民情以及政治和社会状况。根据冈察洛夫所著的《环球航海游记》一书记载，俄国人的到来引起了朝鲜当地居民的极大好奇，但通商的要求遭到了朝鲜当地政府的强烈反对，甚至为此还发生了流血冲突。通过实地考察，他进一步了解了朝鲜的国家体制和风物民情。谈及朝鲜与中国的朝贡关系，冈察洛夫认为这是一种"依附关系"，"好像已经成家的儿子与父亲的关系"；"中国人、日本人、朝鲜人和琉球人都是一个家族的子孙。中国家族为长，人数最多，在他们之间起着主导作用"。冈察洛夫特别感慨自己"有幸见到这远东的最后一个民族"（笔者认为，这里远东的四个民族是指中国人、日本人、琉球人和朝鲜人）。[①] 这次意外地相遇是俄国人与朝鲜半岛的第一次直接接触，此行更重要的意义在于，俄国人发现了朝鲜半岛拥有其梦寐以求的优良不冻港，由此也激发了俄国进一步向远东扩张的欲望。

无论是间接的了解还是直接的感知，19 世纪上半叶前俄国对朝鲜的认识还是模糊的、片面的，有些甚至是错误的。况且，早期俄国对朝鲜的了解主要服务于政治和军事目的，出使官员写的报告、札记和帝国志等，都被视为国家机密只在少数政要之间传阅，因此在一般俄国人眼里，朝鲜半岛仍然是一块未知的土地，或者说是庞大中华帝国体系内一块未知的土地，但在俄国统治集团看来，朝鲜半岛已是其远东扩张政策的一个重要目标。

二　发展俄朝边境贸易，鼓励朝鲜人移民俄国

克里米亚战争结束以后，俄国从欧陆霸主的地位上跌落下来，暂时丧失了与其他列强角逐欧洲和近东的实力。由于没有强大的海军，俄国在致力于国内农奴制改革的同时，把陆路扩张的方向由西方转向了东方。在西方列强用坚船利炮轰开中国大门的同时，俄国通过 1858 年的《瑷珲条约》和 1860 年的《北京条约》，强行割让了中国东北乌苏里江以东 100 多万平方公里的领土，由此以图们江为界成为与朝鲜接壤的国家。"从 1860 年俄国拥有符拉迪沃斯托克并成为太平洋沿岸国家起，俄国就对在朝鲜半岛寻找不冻港表现出较大的兴趣。"[②] 1860～70 年代，列强角

---

① 〔俄〕冈察洛夫：《巴拉达号三桅战舰》，叶予译，黑龙江人民出版社，1985，第 657 页。

② Myung Hyun Cho, *Korea and Major Powers*: *An Analysis of Power Structures in East Asia*, Seoul: Seoul Computer Press, 1989, p. 46.

逐远东，以中国为核心的朝贡体系开始崩溃，朝鲜随即也成为列强争夺的对象。面对闭关锁国的朝鲜，英、法、美、日等国在劝说无果的情况下，借助坚船利炮强行轰开了朝鲜的国门，朝鲜被迫同意开埠通商。位于朝鲜半岛北端的俄国，虽然对英、法、美、日在朝鲜的扩张行为心存不满，但苦于远东军事力量单薄，军需补给困难，所以没有冒险以武力征服朝鲜，而是借助与朝鲜接壤的地理优势，积极发展与朝鲜的边境贸易，以促进远东边疆经济的发展，为日后争霸远东创造条件。

俄国的远东边疆地广人稀，气候条件恶劣，劳动力和畜力缺乏，谷物和肉类供应量远远小于需求量，根本谈不上为俄国角逐远东提供必要的物资保障。俄国强占中国乌苏里江以东地区以后，特别希望利用俄朝交界的便利，尽快与朝鲜建立正式的通商关系，以此来解决远东边疆地区粮食和物资供应不足的问题。为此，俄国多次向朝鲜地方政府投书要求通商，闭关锁国的朝鲜不仅拒绝通商，而且加强了边境地区的警戒。此后，俄国又多次派人亲自到朝鲜游说，希望开通与朝鲜的陆路贸易和海路贸易，也均遭到朝鲜的拒绝。在无法与朝鲜建立正式通商关系的情况下，鉴于俄国在远东和太平洋地区的力量比较薄弱，俄国政府只好接受其驻北京公使弗兰加利（A. Vlangaly）等人的建议，"秘密加强与朝鲜边境的关系"，暂时满足"贸易额很小的边境贸易"。这种非正式的边境贸易给俄国带来很大好处，仅1881年俄朝陆路贸易总额就高达45万卢布。朝鲜粮食和肉类的输入，在一定程度上缓解了边疆地区供应不足的问题。为了保障边境贸易的利益，19世纪60~70年代，实力不济的俄国对英、美、法、日强开朝鲜国门的侵略行为，一方面高度关注，一方面听之任之，并没有急于和朝鲜发生正式的联系。

在发展边境贸易的同时，为了缓解自身劳动力不足的问题，加快边疆地区的开发，俄国推行了鼓励朝鲜向俄国境内移民的政策。俄国远东地区远离欧陆，人烟稀少，环境恶劣，尽管此前政府颁布的移民条例，鼓励俄国人或在俄国的外国人向远东移民，并辅之以种种优惠的政策，但实际移民到远东地区的人数还是为之甚少，如1863~1870年移民到南乌苏里江地区的俄国农民只有2266人，1871~1882年仅有632人。① 1861~1881年，迁至远东地区的俄国移居者共16843人，平均每年802人，从1869年起，国内移民基本处于停滞状态。② 俄朝接壤之后的几年里，朝鲜北部地区连遭旱灾或涝灾，不堪忍受封建压迫和奴役的朝鲜人被迫背井离乡，北上进入俄罗斯寻找自己的立足之地。此时俄国正在进行的农奴制改革，也有利于朝鲜人北上进入俄国境内谋生。1864年，第一批进入南乌苏里江地区14户共65名朝鲜人，得到地方当局默许在此定居。当地驻军司令认为，朝鲜移民的到来有助于补充劳动力，解决当地粮食不足的问题，并建议按照俄国的移民条例，给他们分配土地，让他们从事农业生产。

俄国对朝鲜移民的优惠政策，吸引了更多的朝鲜人进入俄国。据韩国学者统计，如1864年有60户，1868年有165户，1869年有766户。③ 鉴于边区垦殖的需要，俄东西伯利亚总督指示当地政府，对希望长期移居俄罗斯的朝鲜人实施救助，并出台了接受朝鲜移民的三项政策：第一，俄朝两国没有关于朝鲜移民的条约，根据俄国法律，不能阻碍朝鲜人加入俄国国籍；第二，移民俄国的朝鲜人享有完全自由，受俄国法律保护；第三，如居住在诺夫哥罗德哨所附近的朝鲜人遭到中国官员的压迫，哨所长官有义务阻止，甚至不惜使用武力。④ 随着朝鲜移民人数的不断

---

① 潘晓伟：《俄国对朝政策研究》，吉林大学博士学位论文，2009，第47页。

② 南慧英：《19世纪60~80年代俄国境内朝鲜移民法律地位形成的中朝因素探析》，《求是学刊》2012年第3期，第157页。

③ 转引自张存武《韩俄接触与中韩关系（1862~1874）》，《中央研究院近代史研究所集刊》第20期，1991，第92页。

④ 转引自潘晓伟《俄国对朝政策研究》，吉林大学博士学位论文，2009，第48页。

增加，俄边界哨所周围出现了朝鲜人组成的村落。为了避免俄国村落朝鲜化危及边境安全，1870 年以后，俄国开始把边境地区的朝鲜移民迁往距离边境较远的俄国人村庄，让他们与当地的俄国人逐渐融为一体，成为边疆建设的生力军。

为了阻止朝鲜人向俄国移民，朝鲜政府不仅加强了对边境贸易的管制，而且还在北部实行了屯田制，禁止朝鲜人与俄国交往，甚至对偷渡的朝鲜人处以极刑。即便如此，朝鲜人向俄国移民的趋势并没有得到遏制。1882 年，仅居住在滨海省的朝鲜人就达 10137 人，而全省的俄国人只有 8385 人。① 为此，朝鲜政府也多次与俄国交涉，俄国或者拒绝朝鲜的要求，或者口头答应实际不执行。在多次交涉无果的情况下，朝鲜请求中国政府协助交涉，说服俄国同意遣送朝鲜移民回国。面对中国的交涉，俄国借口中俄条约并无中方为朝鲜代追逃民的规定加以拒绝。

三　建立俄朝官方关系，谨慎介入朝鲜事务

俄国军事封建帝国主义的特征，决定了其军事扩张和领土兼并的本性。1878 年柏林会议以后，俄国在欧洲陷入了孤立，随后向西、向南打通出海口的尝试也都归于失败。为了扭转这一被动局面，俄国再次把对外扩张的重心转向了远东。"夺取出海口，南下太平洋"，是 17 世纪以来俄国远东政策的主要目标。朝鲜半岛在俄国的远东战略中具有非常重要的地位，它是俄国角逐远东、南下太平洋的桥头堡，那里有俄国海军垂涎已久的不冻港，被认为是俄国近似于不毛之地的远东边疆地区的天然粮仓。"朝鲜一旦为俄国的敌国所有，不仅会成为往不冻海面去的一个重要障碍，而且也会成为往南方市场去的一个障碍。谁控制了朝鲜，

---

① 朴昌昱：《1937 年以前在俄国沿海州的朝鲜人》，《东疆学刊》2000 年第 3 期，第 47 页。

那谁就可以控制日本海和海参崴的孔道。没有朝鲜，俄国就不敢保证其必能守住它在西伯利亚已经获得的一切，更谈不上渗透满洲了。"① 进入 19 世纪 80 年代，国门洞开的朝鲜半岛已经成为列强争夺远东的又一角逐场。为了抵制俄国向朝鲜的扩张，清政府在无法向朝鲜提供有力保护的情况下，不惜采取两害相权取其轻的策略，通过纵容其他列强对朝鲜的侵略，遏制俄国对朝鲜的渗透。

在英、美、法、日等国通过军事手段强迫朝鲜签订通商条约的情况下，俄国不再满足于维持非法边境贸易和接受朝鲜移民的现状，决定谋求与朝鲜建立外交关系，实现与朝鲜正式通商的目标。考虑到朝鲜与中国的藩属关系，1882 年 6 月，俄国驻华公使比措夫（E. Butzov）根据政府的指示，照会清政府总理衙门，提出与朝鲜谈判建立外交关系的要求。照会援引美朝条约，要求"将相同之章列入俄与高丽和约之内"，俄朝"边界事宜亦函入其中"。② 清政府与朝鲜政府经过协商以后，7 月 18 日，总理衙门复照俄国，仅同意在元山口岸"可照美、英、德各国水路通商章程一律办理"。至于俄国所提的"边界事宜"，照会借口"朝鲜与俄接境只有图们江口出海一隅，即附近之处亦无大都会可囤积商贾"，③ 拒绝了开通陆路贸易和进行边境谈判的提议。

为了取得对朝鲜的陆路贸易权，使从朝鲜进入俄国的货物由秘密输入转变为合法进口，保障俄国边区居民对食品和肉类的需求，1882 年，俄国外交部曾决定派其驻天津的领事韦贝（Karl Weber）赴朝鲜全权负责建交和贸易谈判事宜。比措夫在一封密信中告诉韦贝，"我们要签署的条约，类似于不久前美国和朝鲜

---

① 〔美〕泰勒·丹涅特：《美国人在东亚》，姚曾廙译，商务印书馆，1959，第 400~401 页。

② 中研院近代史研究所：《清季中日韩关系史料》第 2 卷，台北：中研院近代史研究所，1972，第 412 页。

③ 中研院近代史研究所：《清季中日韩关系史料》第 2 卷，第 451 页。

缔结的条约，但是这对我们来说是远远不够的，它不能满足我们同朝鲜边境关系的需要"。① 后来由于"壬午兵变"的发生，韦贝未能成行。

1882 年 7 月 23 日发生的"壬午兵变"，是在列强不断染指朝鲜、日本对朝鲜侵略日甚的情况下，朝鲜的爱国士兵和城市贫民发动的一次反对封建统治和外国侵略的武装起义。起义很快被失势多年的大院君利用，并趁机推翻了闵妃集团的统治。清政府应闵妃集团的请求，派北洋水师的 3 艘战舰和 1000 余名水陆士兵开赴朝鲜，于 8 月底镇压了起义。闵妃集团重新执政以后，重申朝鲜仍属中国的藩国，允许清政府在朝鲜长期驻军，并对中朝通商给予特殊的优待，中国在朝鲜半岛的地位较之前有所加强。"壬午兵变"期间，日本借口驻朝公使馆被捣毁和日本人被杀，派舰队兵临仁川，迫使朝鲜政府与日本签订了《济物浦条约》和《朝日修好条规续约》，扩大了日本在朝鲜的权利。随后其他西方列强纷纷效仿日本，要求修改条约，朝鲜的半殖民地危机进一步加深。

在朝鲜满足了列强各国的修约要求之后，俄国再次谋求和朝鲜正式缔结条约。1884 年初，俄国外交部再次授意驻华公使派韦贝出使朝鲜，签署与英朝条约类似的俄朝条约，并在领事对等、治外法权、朝中关系等方面提出特殊要求。鉴于清朝政府在兵变以后超越传统藩属关系，加强了对朝鲜事务的干涉，引起了朝鲜政府的不满，此时负责监管朝鲜外交事务的德国人穆麟德（M. Lendorff）受俄国人笼络，② 向朝鲜国王高宗和闵妃集团鼓吹"引俄拒清"。于是高宗国王秘密派人到俄国南乌苏里地区，向当地的俄国官员表达了朝鲜政府亲俄的意图，并希望俄国尽快派代

---

① 潘晓伟：《俄国对朝政策研究》，吉林大学博士学位论文，2009，第 56 页。

② 穆麟德（1847～1901），德国外交家。1869 年到中国，先后在上海、汉口等地的海关任职。1874 年到德国驻天津的领事馆，先后担任翻译和副领事。1879 年，因协助李鸿章购买克虏伯的军火，得到李鸿章的赏识，1882 年被李鸿章派往朝鲜监管海关和外交。

表到仁川谈判，尽快缔结俄朝条约，建立外交关系。朝鲜的亲俄表示正中俄国下怀，加之此时中国在中法战争中节节败退，日本正欲联合法国把中国驱逐出朝鲜。为了避免日本单独控制朝鲜，俄国决定尽快与朝鲜缔结条约，"在第一时间内取得和其他国家平等的地位"。[①]

1884 年 6 月 29 日至 7 月 7 日，俄朝两国代表在汉城进行了建交谈判，双方最终签署了《俄朝修好通商条约》与《附续通商章程》，条约规定，双方均可向对方首都派遣常驻代表或临时代表，可以向对别国开放的通商口岸派驻领事，济物浦、元山、釜山对俄国开放为通商口岸，双方军舰均可驶往对方口岸，不论其开放与否。如果朝鲜因故无法向俄国输出粮食，需提前一个月通知口岸领事，但不允许长期如此。《俄朝修好通商条约》与《附续通商章程》的签订，标志着俄朝官方关系的正式确立，它"为俄国势力进入朝鲜奠定了基础"。[②] 此次谈判没有解决俄朝陆路贸易的问题，对于俄国来说是一个很大的遗憾，事实上通过开放口岸开展海路贸易，对于在远东几乎没有商船来往的俄国来说意义不大，而朝鲜一旦停止边境贸易，则会使乌苏里地区乃至东西伯利亚陷入危险的境地。鉴于朝鲜无意开通陆路贸易的态度，俄国也没有急于求成，只好重新等待机会再谈。

俄朝建立官方关系之时，朝鲜已成为诸列强竞相争夺的对象。1884 年 12 月 4 日，朝鲜受日本支持的开化派发动政变，推翻了闵妃集团的统治，宣布建立新政权并脱离中国独立，史称"甲申政变"。三天之后，袁世凯率领的清军推翻了开化派政权。12 月 10 日，国王高宗回宫重新组建政权，中日在朝鲜的矛盾因此日益激化。为了避免中日战争危及朝鲜，穆麟德向朝鲜国王进言，劝其实行联俄拒清的政策以自保。朝鲜国王高宗和闵妃集团

① 潘晓伟：《俄国对朝政策研究》，吉林大学博士学位论文，2009，第 61 页。
② 徐万民：《中韩关系史：近代卷》，社会科学文献出版社，1996，第 60 页。

接受了穆麟德的建议，于 1885 年 2 月委派他到日本与俄国驻日公使戴维道夫（C. Davidov）秘密接触，寻求俄国对朝鲜的保护。俄国对朝鲜的请求虽求之不得，于是有了所谓的《第一次俄朝秘密协定》，规定一旦中日开战，朝鲜保持中立，接受俄国保护，聘请俄国军事教官若干。^①但由于俄朝双方尚未就密约互换批准文书，就发生了英国强占巨文岛事件，俄国乘机要求享有与中日均等出兵朝鲜的权利，迫使朝鲜向中日两国通报了密约一事。由于中日两国的反对，朝鲜国王拒绝了俄国的要求。鉴于自身实力的差距和半岛局势的复杂性，在不能确保避免与中日发生冲突的情况下，俄国只好罢手。

1885 年 4 月 15 日，长期奉行"窒息沙俄"^②政策的英国，出兵占领了朝鲜的巨文岛。巨文岛位于朝鲜南海水域，当济州海峡要道，为对马海峡之门户，大小三个小岛形成一个海湾，湾内水深可容巨舰。英国此举既可阻止俄国舰队南下太平洋，又可威胁俄国的符拉迪沃斯托克，由此引发了英俄之间的严重对立。由于俄国当时还无法凭一己之力促使英国退还巨文岛，因此便转而催促中国帮助朝鲜索回巨文岛。1886 年春曾纪泽在发给英国外交部的照会中表示，"俄使屡向中国要求，促英兵由巨文岛撤退。并谓英国若继续占领，则俄国不得不在朝鲜占领一地"。英国外交部答复说，"此岛之占领，并不伤害中国及其属国之权利利益，英国亦无占领该岛之意。惟此岛若归他国，则必遭中英两国之不利。以是中国若保证不使任何国占领该岛，则英国可安心撤兵"。英国的言外之意很明显是指俄国。1886 年 9 月，俄国驻华公使奉命与李鸿章的会谈中谈及巨文岛一事，表示"俄国国家并无欲取巨文岛或朝鲜他处地方之意"，但不愿出具书面保证。后经中国

---

①　转引自徐万民《中韩关系史：近代卷》，第 60 页。

②　"窒息沙俄"，意即阻止俄国在亚欧大陆东西两端获得出海口，把俄国困在亚欧大陆上，防止其南下危及英国的利益。

多次交涉，俄国以照会形式表示，中俄"两国政府约明不改朝鲜现在情形，并永远不占据朝鲜境内土地"。① 中国将此照会通知英国之后，1887 年 2 月，英军撤出了巨文岛。

在中国设法帮助朝鲜索回巨文岛的同时，俄国也加紧了向朝鲜半岛的渗透。1885 年 10 月 6 日，俄国首任驻朝鲜代办兼总领事韦贝抵达汉城后，与亲俄的闵妃集团保持了密切接触。朝鲜国王高宗亲自致信俄国驻朝代办韦贝，主动寻求俄国的保护，甚至提议俄国兵舰可常驻仁川。在英国占领巨文岛的情况下，考虑到公开为朝鲜提供保护有可能导致中国的干涉，甚至导致中国吞并朝鲜的后果，俄国还是采取了比较谨慎的对策。俄政府要求韦贝既要设法维护俄朝友好关系，保证俄朝边境安全，又要让朝鲜国王不要对求助俄国失去希望，尽量克制不要恶化中朝关系，更不能考虑派兵到朝鲜的事情。巨文岛事件之后，朝鲜对清政府的保护能力产生了质疑，俄朝之间的接触更加频繁。

与其他角逐远东的列强相比，俄国是一个后来者。尽管此时俄国在欧洲的外交舞台上非常被动，但它仍然认为，"亚洲对于俄国来说是尚未发现的美洲大陆，只要对亚洲充满激情，俄国的精神和力量就一定会获得新生"，"俄国未来的出路就在亚洲"。② 由于远东地区远离俄国的政治经济中心，经济发展水平较低，俄国在此地的军事力量薄弱，加之交通运输困难，它还不具备为了朝鲜与中国、英国、日本开战的实力。因此，维持与朝鲜的官方联系，分享列强在朝鲜的利益，防止任何一国独占朝鲜，保持在朝鲜问题上的谨慎抉择，是 19 世纪 80 年代俄国对朝政策的主要特征。鉴于当时中国在朝鲜势力一国独大，为了防止中国吞并朝

---

① 以上引文分别转引自徐万民《中韩关系史：近代卷》，第 56、57、59 页。

② Robert A. Goldwin, *Gerald Stourzh and Marvin Zetterbaum ed.*: *Readings in Russian Foreign Policy*, New York: Oxford University Press, 1959, p. 274. 转引自 Myung Hyun Cho, *Korea and Major Powers*: *An Analysis of Power Structures in East Asia*, Seoul: Seoul Computer Press, 1989, pp. 46 – 47。

鲜，1888 年 5 月，俄国政府召开的特别会议认为，俄国应该支持日本关心朝鲜"不被中国人夺取"的政策，① 以借助日本的力量为日后俄国夺取朝鲜扫清障碍，但这并不意味着俄国支持日本占领朝鲜。

四　确立在朝鲜半岛的优势

远东地区漫长的边界、稀少的人口和交通线的不足，不仅是俄国在远东地区有效防卫的软肋，而且是俄国在远东地区军事扩张的魔咒。除了定居的哥萨克人之外，1886 年俄国在远东的陆军仅有 15000 人，其中约 11000 人驻扎在符拉迪沃斯托克附近。由于西伯利亚抽不出军队，最近的增援基地也在 4000 公里以外的俄国欧洲部分，调兵到滨海地区最快也需要 18 个月的时间。俄国在远东的舰队并不具备主动进攻的实力，尚不能对中、日、英在远东的舰队形成威胁，这在很大程度上决定了俄国在朝鲜问题上相对被动、谨慎抉择的立场。为了促进西伯利亚与俄国欧洲大陆的经济联系，为了增强俄国与列强角逐远东的军事实力，为了使俄国在朝鲜问题上"摆脱事变观察者的消极地位"，1891 年 5 月，根据沙皇亚历山大三世颁布的命令，西伯利亚大铁路正式破土动工。这条横穿欧亚大陆的大铁路的修建，是俄国集中力量向东方扩张的一个转折点。

进入 19 世纪 90 年代以后，面对中日在朝鲜半岛渐趋激烈的争夺，俄国开始以大国身份卷入其中。1894 年 1 月，朝鲜爆发东学党领导的农民起义，清政府应邀派兵镇压。日本乘机以保护使馆和侨民为由，在朝鲜没有发出派兵邀请的情况下，擅自六次派兵（相当于中国派兵总数）进入朝鲜并占领了汉城，"根本目的是要以决然

---

① 崔丕：《略论 1895 ~ 1905 沙皇俄国的侵朝政策》，《东北师范大学学报》1982 年第 5 期，第 9 页。

的行动结束这时中国在朝鲜的霸主地位"。① 起义被镇压以后，日本拒绝从朝鲜撤军，引起多国不满。俄国曾多次向日本表明反对其重兵留驻朝鲜的立场，并应清政府的请求出面调停，劝说日本与中国同时从朝鲜撤军。日本一方面向俄国表明无意改变朝鲜的现状，一方面又拒绝从朝鲜撤军，并且建议日中两国共同"改革"朝鲜内政，但遭到了清政府的坚决反对，中日矛盾激化。

1894 年 7 月爆发的甲午战争，"既是中日两国在朝鲜争夺政治、经济和战略利益的战争，也是两国争夺在朝鲜的霸权和东亚国际体系中主导地位的战争"。② 事实上，俄国曾保证站在中国一边参战，但由于俄国驻东京的公使警告政府，"如果俄国帮助中国，英国有可能援助日本"，最终鉴于英国强大的海军实力，俄国选择了中立。③ 战争期间，俄国政府先后召开三次特别会议讨论了远东的局势。1894 年 8 月的第一次特别会议认为，维持朝鲜独立是俄国的基本立场，俄国应和相关国家共同努力，促使交战双方尽快停战，以外交方式解决朝鲜问题。俄国之所以没有采取积极干涉的政策，主要是担心日本和英国结成联盟，威胁俄国在远东的利益。中日和谈开始以后，为了应对和谈后可能出现的变局，1895 年 2 月的第二次特别会议再次强调，俄国的主要目标仍然是维护朝鲜的独立，如果日本的要求"触犯我们的主要利益，则我们不能置之不理，必须见机行事"。1895 年 3 月，日军占领辽东半岛，直逼京津地区，清政府被迫派李鸿章与日本议和。4

---

① Myung Hyun Cho, *Korea and Major Powers：An Analysis of Power Structures in East Asia*, p. 70.

② Myung Hyun Cho, *Korea and Major Powers：An Analysis of Power Structures in East Asia*, p. 70.

③ Imannual C. Y. Hsu, *The Rise of Modern China*, New York：Oxford University Press, 1970, pp. 407 - 408. 转引自 Myung Hyun Cho, *Korea and Major Powers：An Analysis of Power Structures in East Asia*, p. 71。

月初，俄国得知日本要求割让辽东半岛的议和条件后，立即召开了第三次特别会议。会议认为日本占领辽东半岛，将会"由此而有朝鲜之全部"，这是对俄国的直接威胁。俄国应首先劝告日本放弃占领满洲南部，如遭拒绝，则保留自由行动的权利，其次要正式通知欧洲列强和中国，为保卫俄国利益起见，坚决主张日本放弃占领满洲南部。[①]

根据4月17日签订的《中日马关条约》，日本如愿割占了中国的辽东半岛。俄国财政部长维特伯爵（Count Witte）认为，"阻止日本向中国的腹地渗透，阻止日本在辽东半岛建立立足点，是迫在眉睫的事情"。[②] 为此，4月23日，俄、法、德三国驻日公使面会日本外务省外交次官，对《马关条约》中日本割取辽东半岛一条提出异议。其中俄国公使口述的备忘录称，俄国政府认为日本国割占辽东半岛，"有危及中国首都之虞，同时亦使朝鲜国之独立成为有名无实，以上实对将来远东永久之和平发生障碍。因此，俄国政府为了向日本国皇帝陛下之政府再度表示其诚实之友谊，兹特劝告日本国政府，放弃确实领有辽东半岛一事"。德法两国政府的劝告和俄国政府的劝告大同小异。[③] 为了分化三国联盟，日本政府向俄国驻日公使表示，俄日可在朝鲜问题上单独达成协议，拥有良港的朝鲜北部可归俄国所有。日本驻俄公使则向俄国政府表示，朝鲜的独立问题一定让俄国政府满意。但俄国并不为此所动，坚决要求日本归还辽东半岛给中国，并派军队在日本海周围示威。"鉴于三国联合海军力量的强大，日本除了满足三国干涉还辽的要求之外别无选择"，最终被迫同意清政府

---

① 刘恩格：《试论甲午战争期间沙俄对日本的基本态度》，《近代史研究》1988年第3期，第28页。

② Imannual C. Y. Hsu, *The Rise of Modern China*, New York：Oxford University Press, 1970, p. 411. 转引自 Myung Hyun Cho, *Korea and Major Powers：an Analysis of Power Structures in East Asia*, pp. 71 - 72。

③ 〔日〕陆奥宗光：《蹇蹇录》，伊舍石译，商务印书馆，1963，第156页。

以三千万两白银赎回辽东半岛。①

甲午战后，为了防止日本吞噬朝鲜，执政的闵妃集团积极拉拢俄国。与此同时，"三国干涉还辽"以后，一败涂地的清政府也产生了"联俄制日"的想法，这在很大程度上改变了俄国在远东的被动局面，为俄国加紧向朝鲜的渗透提供了时机。1895年7月，俄国驻朝代办韦贝支持闵妃集团发动政变，解除了政府中所有亲日派的职务，日本在朝鲜的影响力下降。10月8日，日本驻朝公使指挥几十名军警和官吏，闯进王宫杀死了闵妃，组建了没有亲俄势力参加的新政府。俄国闻讯后严加谴责，要求日本撤出在朝鲜的军警部队，否则将代朝鲜驱逐。1896年2月10日，俄国公使馆突然以"加强公使馆防御"为由，从停泊在仁川的俄国军舰抽调150名士兵和一门大炮开进了汉城。次日，朝鲜国王高宗及其他王族成员从日本控制的王宫逃到了俄国驻朝公使馆，直到1897年2月，这就是历史上著名的"俄馆播迁"。其间，亲俄派组建的新政府，对亲日派大臣或驱逐或杀戮，日本苦心经营的亲日政权彻底瓦解。"俄馆播迁"期间，"朝鲜所有部门都在屏风里办公……俄国完全可以自由在汉城发号施令"，② 这次事件"是俄国在朝鲜政治影响日渐提升的象征"。③

为了防止俄国在朝鲜半岛一国独大，日本被迫同意协商解决朝鲜问题。1896年5月，俄国驻朝代办和日本驻朝公使在汉城签署了《俄日两国代表关于朝鲜问题的备忘录》。日本承认朝鲜国王迁居俄国公使馆后的所有行为是正当的，国王自行决定是否继

---

① Myung Hyun Cho, *Korea and Major Powers：An Analysis of Power Structures in East Asia*, p. 72.

② 转引自潘晓伟《俄国对朝政策研究》，吉林大学博士学位论文，2009，第100页。

③ Myung Hyun Cho, *Korea and Major Powers：An Analysis of Power Structures in East Asia*, p. 73.

续留驻俄国公使馆。俄国承认有权在朝鲜派驻 200 名宪兵保护电话电报线，派 800 名日本军人保护汉城、釜山和元山的日本侨民，日本同意俄国也有权在朝鲜驻扎相同数量的军队。① 日本不仅承认了亲俄政权的合法性，而且承认了俄国在朝鲜与自己一样的驻军权，被迫撤出了利用战争驻扎在朝鲜的军队。6 月 9 日，前往俄国参加沙皇尼古拉二世加冕典礼的日本特使山县有朋（Yamagata Aritomo），经过谈判与俄国外交大臣罗波诺夫（A. Lobanov）签订了《俄日关于朝鲜问题的议定书》。主要内容包括：两国共同决定今后对朝鲜经济援助或其他需要商议的事项；日本继续经营已占有的电话电报线，俄国保留汉城至俄朝边境架设电话电报线路的权利；朝鲜发生变乱，俄国享有与日本派相同数量军队的权利；允许朝鲜在其财政和经济状况许可的限度内，自主创建和维持由本国人组织的军队和警察。② 根据上述两个协定，俄国剥夺了日本在甲午战争期间获得的控制朝鲜军政大权的优势地位，建立起了俄日共管朝鲜的局面。

山县有朋在谈判中还建议以北纬 38 度线作为日俄两国在朝鲜势力范围的分界线，试图与俄国瓜分朝鲜。然而，"由于朝鲜国王此时正在俄国使馆的保护之下，俄国在朝鲜处于比日本更有影响力的位置，所以他们认为不能接受日本的建议"，于是借口要维护朝鲜独立拒绝了这个建议。③ 在结束与日本的谈判以后，俄国政府又与前来参加尼古拉二世加冕典礼的朝鲜特使进行了谈判，试图在控制朝鲜军队和财政大权方面取得突破，以便为其政治上的优势提供保障。6 月中旬，俄朝双方签署了一项秘密协定，规定由俄国军官训练朝鲜军队，俄国官员管理朝鲜财政。之后不

① 〔朝〕李清源：《朝鲜近代史》，丁泽良、夏禹文据俄译本译，三联书店，1955，第 109 页。
② 〔朝〕李清源：《朝鲜近代史》，第 110 页。
③ Myung Hyun Cho, *Korea and Major Powers: An Analysis of Power Structures in East Asia*, p. 74.

久，俄国政府又向朝鲜提供所谓保证，即鉴于"今后两国交情愈愈亲密，如有请求必定允许"；"朝鲜如有不虞发生，或他国阻碍自由权利，俄国将公开抗议帮助"。[①] 1896 年 9 月，俄国又取得了在鸭绿江和图们江上游的森林采伐权和图们江沿岸的矿山开采权。1897 年底，俄国人阿列克谢耶夫（Alexeev）取代英国人柏卓安（J. Mcleavy Brown）把持朝鲜海关，并出任朝鲜财政顾问，俄国对朝鲜的控制进一步加强。

五　俄日对峙朝鲜，战争不可避免

当俄国在朝鲜的扩张势头正劲的时候，1897 年 12 月，俄国又借口德国强占胶州湾之机，强行派舰队进入旅顺港，英、日两国认识到俄国控制整个满洲的战略意图，派舰队在对马海峡和仁川海面向俄国舰队示威对峙，引发了所谓的"旅顺危机"。这次危机的爆发，在一定程度上制约了俄国在朝鲜的扩张行动。由于西伯利亚大铁路当时尚未竣工，俄国刚刚通过中俄密约获得了中东铁路的筑路权和运兵权，为了不影响其独占东北的计划，在面临较大国际压力的情况下，俄国决定与日本和解，试图通过承认日本在朝鲜比俄国有更大利益来化解危机。

日本洞察到俄国的和解意图，决定乘机挽回在朝鲜半岛失去的优势。和解之初，日本坚持俄国应放弃在朝鲜训练军队和聘用财政顾问的立场。鉴于俄国的强硬态度，不久日本又主张俄国可以担任朝鲜军队的教官，但财政顾问必须由日本政府任命。与此同时，日本还利用朝鲜政府内部的反俄势力和国内的反俄运动，加紧排挤俄国在朝鲜的势力。为了尽快达成和解，1898 年 3 月 17 日，俄国宣布将从朝鲜撤回军事教官和财政顾问。3 月 19 日，日

---

① 转引自崔丕《略论 1895 ~ 1905 沙皇俄国的侵朝政策》，《东北师范大学学报》1982 年第 5 期，第 11 页。

本又建议俄国承认日本具有单独对朝鲜提出"劝告和帮助"的责任，日本也考虑将满洲及其沿海地带在各方面处于俄国的利益和关切的范围之外，这就是所谓的"满鲜互换"（to exchange for Korea）。由于当时租借旅大的谈判正处在关键时刻，所以俄国没有及时对日本的建议做出答复。3月27日，《中俄旅大租地条约》签订，俄国如愿租借军港旅顺和商港大连25年。4月20日，俄国就日本"满鲜互换"的建议答复说，非常满意日本考虑将满洲及其沿海地带在各方面处于自己的利益和关切范围之外，但俄国不能对朝鲜发表类似的声明，承认排除俄国在朝鲜的一切势力，委婉地拒绝了日本"满鲜互换"的建议。4月25日，日俄签署《东京协定》，俄国同意从朝鲜撤退军事顾问和财政顾问，不妨碍日本与朝鲜之间发展工商业方面的关系，日本承认朝鲜的主权和独立，两国保证不直接干涉朝鲜内政，共同协商解决朝鲜军事和财政顾问的问题。① 该议定书虽然使俄国在朝鲜的优势遭到了一定程度的削弱，却化解了因俄国强租旅大产生的地区危机，俄国在满洲地位的加强为日后加紧对朝鲜半岛的渗透提供了便利。

1899年4月，英俄达成了在中国划分势力范围的协议，东北作为俄国的势力范围得到了英国的承认。1900年俄国借口镇压义和团，大举出兵中国东北，占领了整个东北地区，使其向朝鲜扩张的条件更为有利。为了夺回对朝鲜财政的控制权，俄国在仁川海面集结大批舰只，对日本进行战争威胁。1900年到1901年，俄国政府多次召开会议，全面讨论对朝鲜的政策。讨论的结果是，为了逐步达到对朝鲜的绝对控制，首先要占领辽东半岛，修好经满洲的交通道路；其次要建立一支超过日本海军30%的太平洋舰队，剥夺日本的制海权；再次要占领朝鲜南部的一个港口。②

---

① 〔朝〕李清源：《朝鲜近代史》，第111页。
② 崔丕：《略论1895～1905沙皇俄国的侵朝政策》，《东北师范大学学报》1982年第5期，第12页。

1901 年 1 月，俄国政府曾向日本建议"大国共同保障朝鲜的中立"，但遭到了日本的拒绝。此后，俄国不断增加在东北的兵力，甚至派遣军队进入朝鲜北部，强占鸭绿江口的龙岩浦，对朝政策发生重大转折。日本首相桂太郎（Katsura Taro）认为，"为了获得太平洋沿岸的不冻港，俄国在占领满洲之后将试图占领朝鲜"。[1]

面对日俄矛盾的不断激化，日本扩张政策的重要策划者之一山县有朋认为，"长远来看，日本与俄国的战争将不可避免，日本现在必须加强自身的军事实力，同时建立与英国的联盟"。[2] 鉴于"三国干涉还辽"的教训，为了摆脱日本在国际上孤立无援的局面，寻求必要的国际支持，赢得未来日俄决战的胜利，日本希望借助英国的海上优势，利用英俄在远东争夺的矛盾，联合英国钳制俄国。经过几个月的艰苦谈判，1902 年 1 月 30 日，《英日同盟条约》在伦敦签订。条约规定，缔约双方相互承认有权保护自己在中国和朝鲜的利益，如双方在中国和朝鲜的"特殊利益"受到他国威胁，或因中朝内乱受到侵害，两国有权进行干预；一方为保护以上利益与第三国作战时，另一方应严守中立；如一方遭到两个或两个以上国家进攻时，另一方应予以军事援助，共同作战。条约的秘密条款还规定，双方海军应配合行动，在远东海域保持优势。"在日本看来，英日同盟的精神意义是深远的。它给日本这样的一个心理暗示，即在西方国家眼里日本是平等的一员。有了英国的支持，日本对俄的态度就更加好战了。"[3]

---

[1] Myung Hyun Cho, *Korea and Major Powers: An Analysis of Power Structures in East Asia*, p. 75.

[2] Myung Hyun Cho, *Korea and Major Powers: An Analysis of Power Structures in East Asia*, pp. 75 – 76.

[3] Myung Hyun Cho, *Korea and Major Powers: An Analysis of Power Structures in East Asia*, p. 76.

英日同盟主要是针对俄国的军事同盟，它对俄国在远东扩张行动的制约作用立竿见影。首先，义和团运动被镇压以后，为了达到控制东三省的目的，俄国一直没有撤出东北的军队。清政府虽然和俄国就撤军问题进行多次交涉，但一直没有取得进展。英日同盟建立以后，两国共同向俄国施压，俄国最终于1902 年 4 月 8 日签订了《中俄交收东三省条约》，同意在 18 个月内分三期全部撤出在东北的军队。其次，1902 年初，为了达到与法国联合的政治目的，俄国一直说服朝鲜政府接受法国的贷款计划，但由于把持朝鲜海关的英国官员的协助，法国向朝鲜提供贷款的计划被一家日本银行取代。最后，1903 年俄国曾向日本建议，以北纬 38 度线作为中立区的边界，但遭到了日本的拒绝。显然，英日同盟使日本与俄国角逐远东的信心和决心大大增强了。1902 年 10 月，日本制定的《对清、对韩最高国策》宣称，英日结盟之后，日本应"扩大经营我在清、韩两国之事业，以收取与我帝国现有地位相称之权力，以此为当务之急，绝不可延缓一日"。①

面对英日结盟之后日本咄咄逼人的态势，俄国也拒绝一味地迁就。在拥有对东三省的绝对控制权和西伯利亚大铁路即将开始通车的情况下，俄国不仅制造新的借口拒绝从东北撤军，而且将远东扩张的战略中心向朝鲜推进。针对日本关于划分势力范围的谈判建议，1903 年 2 月 7 日的政府特别会议认为，"俄国在关东和满洲的地位已有足够的确定性，没有必要就此问题与日本缔结任何协定"。朝鲜对俄国的国家利益意义重大，应确定对满洲和朝鲜的"坚定纲领"，等待日本政府重新发起谈判。5 月 15 日，俄国政府决定，"在最短时期内，不惜任何款项开支"，完成在远东的"作战准备"。5 月 20 日，俄国政府再次召开特别会议，制

---

① 转引自闫传玲《英日同盟对东北亚国际格局的影响》，曲阜师范大学硕士论文，2006，第 17 页。

订了未来远东政策的五大方针：（1）废除交还中国东北的条约；①
（2）从欧俄调兵东来，增加东北的兵力；（3）在东北设置处于俄
国保护下的特别区域；（4）不允许任何外国干涉中国东北；
（5）在鸭绿江左岸朝鲜境内，建立俄国的势力范围。"朝鲜依据
其地理条件及政治条件，将成为俄罗斯帝国不可分割的一部分，
他们的命运要由俄国来决定。"6月27日，根据上述原则制定的
《未来对日关系原则》宣称，在俄国增援远东的四个军团中的两
个军团到达外贝加尔，可以保证俄国立足满洲之后，就与日本谈
判朝鲜问题。② 然而，按照俄国对满洲和朝鲜政策的目标，谈判
是不会有结果的，只不过是为发动战争寻找借口罢了。

1903年4月18日，为了达到撕毁《中俄交收东三省条约》
目的，让未撤离的俄国军队继续留驻东北，俄国向清政府抬高
了从东北撤军的条件。日本驻华公使闻讯后，力主日本政府尽
快进行干涉。日本总参谋长甚至上奏天皇，"加速扩充军备，不
惜与沙俄诉诸武力，决一胜负"。6月23日，日本政府召开御
前会议，决定与俄国进行谈判。会议制定的协商原则主要是，
俄国承认日本在朝鲜的独占地位，放弃兼并东北的政策，东北实
行"门户开放"，日本承认俄国在满洲的经济特权。③ 俄国认识到
独占朝鲜只是日本对外扩张的第一步，朝鲜不过是日本征服亚洲
大陆的一个跳板，暂时的妥协不可能消除俄日发生冲突的危险。
与此同时，面对封建专制在国内面临的危机，俄国政府也希望通
过一场对外战争的胜利缓解国内矛盾，阻止俄国资产阶级革命的
发生，因此不可能对日俄谈判真正产生兴趣。8月12日，俄国政

---

① 根据该条约，俄国应分三期撤出在东北的军队，但俄国除了在1902年10月
把辽西的军队集中在中东铁路沿线之外，并没有履行撤军的承诺。

② 转引自崔丕《论沙俄和日本在日俄战争前的外交谈判》，《东北师范大学学
报》1980年第3期，第49页。

③ 转引自崔丕《论沙俄和日本在日俄战争前的外交谈判》，《东北师范大学学
报》1980年第3期，第50页。

府下令特设远东总督辖区，任命力主与日本决一雌雄的海军上将阿列克谢耶夫出任远东总督，全权处理以旅顺为中心的远东总督区事务。随着远东战时管理体制的建立，俄日之间的战争不可避免。

六　俄国战败，全面退出朝鲜半岛

尽管俄日双方都意识到战争不可避免，但为了迷惑对方，战前外交谈判仍然在紧锣密鼓地进行着。1903 年 8 月 12 日，日本首先向俄国提出的谈判方案，要求俄国承认其在朝鲜的优先权益，保证中国的独立和完整，保证列强在东北机会均等，日本承认俄国在满洲经营铁路的特殊权益。俄国坚持把日本排除在满洲利益之外是谈判的唯一基础，只愿意就朝鲜问题进行谈判。10 月 3 日，俄国向日本提出的谈判方案，承认日本可以向朝鲜提出建议和提供经济援助，可以派兵保护日本在朝鲜的工商利益，但日本必须保证朝鲜的独立自主和领土完整，如果出兵朝鲜应事先告知俄国，保证不把朝鲜领土的任何部分用于战略目的，不在朝鲜海岸设置军事设施，北部朝鲜作为中立地带，日本不得派兵进驻，满洲及沿海地区在各方面都不属于日本的势力范围，日本自然无法接受。

10 月 8 日，是俄国从东北撤军的最后期限。俄国不仅拒不履行撤军协议，而且继续增兵，下令驻辽阳的军队再次占领了奉天，并在旅大、辽阳等地构筑工事，日本谈判的压力突然增大。10 月 30 日，日本向俄国提出谈判修正案，只要求俄国承认朝鲜在俄国的利益范围之外，保证不兼并东北，不干涉日本通过日中条约获得的在满洲的自由通商权，日本承认满洲在日本的利益范围之外，这就是原先提及过的"满鲜互换"。但俄国认为，满洲问题是中俄之间的问题，日本无权干涉，俄国只同意讨论朝鲜问题。12 月 11 日，在俄国拒绝日本修正案的同一天，俄国政府照会清政府，声称将无限期占领中国东北。

12 月 21 日，日本再次向俄国提出修正案，重申"满鲜互换"的原则，希望俄国认真考虑对朝鲜问题的态度。12 月 28 日，沙皇尼古拉二世亲自召集特别会议，讨论了独占东北、侵占朝鲜并且不惜为此一战的问题。1904 年 1 月 6 日，俄国政府照会日本，表示如果日本同意接受俄国之前所提的条件，俄国可以不妨碍日本在东北享有的特权，但不允许日本在东北建立租界。1 月 8 日，沙皇尼古拉二世命令远东总督，在远东各州进行总动员，宣布满洲进入战时状态。

1 月 11 日，日本召开了御前会议。会议认为，既然俄国否认日本对朝鲜的独占地位，那么继续谈判已经没有必要。1 月 13 日，日本再次向俄国发出照会，要求俄国放弃限制日本独占朝鲜的各项要求。沙皇尼古拉二世认为，日本的建议完全是"无礼要求"，远东总督阿列克谢耶夫主张立即终止谈判，①财政大臣维特认为，俄国对待谈判的态度，无异于"有意迫使日本乞灵于武力"。②与此同时，俄军十个师的兵力沿南满铁路南下，鸭绿江附近的俄军也进入战备状态。2 月 2 日，俄国对日本的照会做出答复，仍然坚持不得把朝鲜领土的任何部分用于战略目的。2 月 4 日，日本内阁会议决定，"中止日俄交涉，独自采取行动"，日俄战前外交谈判无果而终。③2 月 6 日，日本宣布与俄国断绝外交关系，日俄大战即将上演。

虽然俄国在谈判中的态度强硬，暗中也在进行积极的战备工作，但 1904 年初，俄国与日本开战的条件并不成熟。战争前夕，俄国在远东的陆军部队约 10 万人，约占总数的 10%，俄国太平

---

① 崔丕：《论沙俄和日本在日俄战争前的外交谈判》，《东北师范大学学报》1980 年第 3 期，第 51~52 页。

② 〔俄〕维特：《维特伯爵回忆录》，傅正译，商务印书馆，1976，第 97 页。

③ 闫传玲：《英日同盟对东北亚国际格局的影响》，曲阜师范大学硕士论文，2006，第 20 页。

洋舰队只有 60 余艘战舰，不足总数的 1/3，西伯利亚大铁路还没有开始通车，军队和物资的调运问题尚未解决，具有重大战略意义的旅顺要塞工程也未完工。日本总体实力虽不及俄国，但可动员全国之力对付俄国。战争前夕，日本可用于本土之外作战的陆军部队共 25 万人，约占陆军总兵力的 70%，海军拥有战舰约 80 艘，且多数是在英国建造的新型舰只，加之对朝鲜的控制，日本基本上没有后方补给困难的问题。特别是由于英日同盟的存在，法国和德国不敢轻易支持俄国，美国也想借日本之力阻止俄国在远东的扩张，这样就使俄国在即将到来的日俄大战中陷入了孤立。

因担心日俄之间爆发战争会惹火烧身，1904 年 1 月 21 日，朝鲜政府曾宣布实行中立。然而，"朝鲜这个国家太虚弱了，乃至于无法在大国之间维持自己的中立政策"。[1] 日本对朝鲜的中立政策根本不屑一顾，2 月 8 日午夜，18 艘战舰组成的联合舰队同时向停泊在旅顺港的俄国太平洋舰队发起攻击，日俄战争爆发。面对日本的突然袭击，俄国迅速向远东增兵，在鸭绿江、营口、旅顺沿线布重兵把守，防止日军在朝鲜和辽东半岛登陆，并抽调波罗的海舰队的战舰火速增援。日军在围困旅顺的同时，2 月 28 日，首先在朝鲜登陆，并很快攻占了汉城。4 月底 5 月初，日军在鸭绿江战役中打败俄军，开始向满洲推进。到 1905 年 3 月，辽阳、旅顺、奉天等南满重镇先后都被日军攻陷。5 月 27 日，前来增援的俄国波罗的海舰队在对马海峡遭到日本舰队毁灭性的打击，俄国舰队几乎全军覆没。对马海战之后，深受内忧外患困扰的俄国政府失去了争取胜利的信心，于是决定接受美国总统西奥多·罗斯福（Theodroe Roosevelt）的外交调停，通过谈判结束战争。

谈判开始以前，俄国政府的态度还是比较强硬的，认为"俄国并不乞求日本停战，它绝没有到达不惜一切代价亟须签订和约

---

① Myung Hyun Cho, *Korea and Major Powers: An Analysis of Power Structures in East Asia*, p. 77.

的地步"。"如果日本方面提出有损于俄国这个堂堂大国的荣誉和尊严的条件"，俄国"将毫不犹豫地重新拿起武器"。除了坚持不割地、不赔款、保障俄国在东北的既得利益之外，在朝鲜问题上，陆军大臣萨哈罗夫主张，俄国只承认"给予日本在朝鲜若干商业利益"，"朝鲜在政治和军事上仍应是独立的"；海军上将阿列克谢耶夫认为，"必须"维护"俄国与朝鲜所订条约"的"不可侵犯性"，不能接受"日本方面对我国军舰和商船通过朝鲜海峡和拉彼鲁兹海峡的航行自由作任何限制"，"日本人承担义务不在朝鲜半岛沿岸和朝鲜与俄国占领地交界线上构筑工事"。为此，外交部指示最初决定参加谈判的俄国全权代表，应要求"日本承认朝鲜完全独立，保证在尽短期间撤出该国"，并"不得将其军队引进与我滨海省毗连的朝鲜北部各省，不得在该地区构筑任何工事"。① 然而，谈判开始之前，英美与日本早已达成协定，承认了日本在朝鲜的特权和保护权，朝鲜的独立已经不复存在。日本不仅要占领朝鲜，而且还要染指满洲，还要求俄国割地赔款，谈判的难度可想而知。

1905 年 8 月 10 日，日俄和谈在美国新罕布什尔州的朴次茅斯举行。谈判过程中，两国代表在割地和赔款问题上态度强硬。俄国坚决要求不割地不赔款，日本强烈要求既割地又赔款，最后在美国总统的调解下，俄国同意将库页岛南部割让给日本，日本同意放弃战争赔偿。在朝鲜问题上，日本代表要求俄国承认其对朝鲜政治、经济和军事优越权和保护权，俄国代表则强调，这种承认应该满足三个条件，即日本保证俄国和俄国人现在和将来在朝鲜享有其他外国和外国人的权利，日本在朝鲜的军事行动不得威胁俄国领土安全，日本对朝鲜的指导、监督和保护不应破坏朝

---

① 以上引文分见〔苏〕鲍·亚·罗曼诺夫《日俄战争外交史纲 1895～1907》下册，上海人民出版社编译室译，上海人民出版社，第 754、748、751、755 页。

鲜的主权。日方代表认为，前两个条件可以接受，第三个条件没有意义，因为朝鲜的独立事实上已不复存在。经过激烈的讨价还价，俄国代表同意不提朝鲜独立的问题，日本代表则承诺，如果将来日本在朝鲜采取的措施可能破坏朝鲜的主权时，须征得朝鲜政府的同意方可实施。这个承诺没有实际意义，在日本控制朝鲜内政外交的情况下，朝鲜政府的同意唾手可得，这只不过是对俄国在朝鲜独立问题上的让步进行的文字游戏而已。

9月5日，日俄和谈结束，《朴次茅斯条约》签订。条约规定：沙俄承认日本在朝鲜享有政治、经济及军事特权，俄国不得干涉；俄国将旅顺口、大连湾的租界权及其附属特权转让给日本；俄国将在中国的南满铁路及其支路、利权、煤矿等，无偿转让给日本；俄国将库页岛南部割让给日本，并同意日本国民在俄国沿岸的日本海、鄂霍次克海、白令海经营渔业；日俄双方在各自的铁路沿线驻扎护路兵队，每公里不超过15名。其中关于朝鲜的规定，意味着俄国放弃了维护朝鲜独立的政治主张，承认了日本对朝鲜的全面控制。

"俄国的战败削弱了其在东亚的影响，在朝鲜问题上也被迫退居次要地位。"① 1905年11月，日本强迫朝鲜签署了《乙巳保护条约》，条约剥夺了朝鲜的外交权，日本在朝鲜设置统监府，朝鲜沦为日本的保护国。此后，鉴于日本事实上对朝鲜的控制，英、法、美、德等国都撤回驻朝公使，仅维持与朝鲜的领事关系，变相否认了朝鲜的独立。俄国一度借口《朴次茅斯条约》并未取消朝鲜的独立地位，试图恢复在朝鲜的公使馆，因日本的强烈反对没有成功。之后，日本又要求俄国向朝鲜派驻领事需经日本同意，同样遭到俄国的反对。俄国驻日临时代办向日本政府抗议，"没有通过战争，仅通过命令的形式就取消一国和别国缔结

---

① Myung Hyun Cho, *Korea and Major Powers: An Analysis of Power Structures in East Asia*, p. 78.

条约的权利是没有先例的，也是不符合国际法和国际惯例的"。①
然而，日俄战后两国之间的政治对立并没有维持多久，1906年4
月，斯托雷平（Peter Stolypin）出任首相兼内务大臣。为了应对
俄国当时面临的政治危机，斯托雷平推行在远东与日本妥协的政
策，日俄勾结随即成为当时远东国际关系的一个重要特征。

在俄国与日本就远东问题进行秘密谈判的同时，1907年7月
24日，日本乘机强迫朝鲜签订了《丁未七款条约》，剥夺了朝鲜
的司法权，解散了朝鲜的军队。7月30日，《第一次日俄密约》
签订。其中一条规定，俄国承认日本在朝鲜现存的政治关系，且
不阻挠此种关系的继续发展；日本承认俄国在中国外蒙古的特殊
利益，不加任何干涉，朝鲜显然已成为俄国与日本进行政治交易
的筹码。1910年7月4日，《第二次日俄密约》在彼得堡签订。
两国进一步确认第一次密约所划定的势力范围和在各自势力范围
内的特殊利益，并互相担保不以任何方式阻碍对方在其势力范围
内巩固及发展特殊利益。如两国特殊利益受到威胁，将采取联合
行动或提出援助。这次密约使日本得以放手吞并朝鲜。1910年8
月，日本强迫朝鲜签订合并条约，正式吞并朝鲜，俄国对朝鲜的
影响彻底丧失。

日俄战争作为近代俄国在军事和外交上的一次重大失败，在
俄国人心理上留下了巨大的阴影，之后的俄国政治家无一不在等
待洗雪日俄战争耻辱的机会。十月革命胜利以后，苏俄政府虽然
宣布废除了沙俄与东方国家签订了一系列不平等条约，但即使在
列宁去世之前，这项政策在远东地区的落实也并不到位。民族主
义情结比较浓厚的斯大林，在领导苏联取得卫国战争的胜利之
后，面对即将走向彻底失败的日本，翻历史旧账清算日本、重温
俄国远东大国梦的情绪涌上了心头。

---

① 转引自潘晓伟《俄国对朝政策研究》，吉林大学博士学位论文，2009，第132
页。

第二章

苏联与战后朝鲜半岛的分裂

美国希望苏联在欧洲战事结束以后尽快出兵对日宣战的要求，为苏联恢复旧俄在远东失去的权益提供了机会。1945 年 2 月的雅尔塔会议上，斯大林提出以恢复俄国在日俄战争中丧失权益作为苏联对日宣战的条件。为了减少盟军最后对日作战的伤亡，加速日本的无条件投降，罗斯福说服丘吉尔同意了斯大林的要求，并负责说服蒋介石同意《雅尔塔协定》关于中国问题的秘密议定书。1945 年 8 月 6 日，美国向日本广岛投下第一颗原子弹，日本本土遭到了毁灭性的打击。8 月 9 日，苏军正式出兵中国东北，横扫日本关东军，并迅速进入朝鲜半岛，成为主导战后朝鲜半岛事务的主要外部力量之一。

一 苏联对日宣战，苏军进入朝鲜半岛

第二次世界大战期间，为了避免东西两线作战，苏联于 1941 年 4 月和日本签订了《苏日中立条约》，双方保证维护两国间的和平友好关系，相互尊重领土完整和不可侵犯；如缔约一方成为第三国或几国的战争对象时，另一方在整个冲突过程中保持中立。苏联保证尊重"满洲国"的领土完整和不可侵犯，日本保证尊重"蒙古人民共和国"的领土完整和不可侵犯。1945 年初，随

着德军在欧洲战场的节节溃败，如何迅速打败日本的问题提上了战时盟国的议事日程。1945 年 2 月的雅尔塔会议，苏美英三大国首脑讨论了盟军共同对日作战的问题。为了减少盟军对日作战的损失，美英希望苏联在欧洲的战事结束以后参加对日作战，争取反法西斯战争的全面胜利，并承诺苏联可以重新收回旧俄被日本在远东剥夺的领土和权益。根据会议最终达成的协定，苏联承诺在德国投降后三个月后参加对日战争，美英承诺满足苏联在远东的以下要求。（1）外蒙古的现状须予维持。（2）1904 年由于日本背信攻击所受侵害的俄国旧有权利应予恢复：库页岛南部及其邻近的一切岛屿均须归还苏联；维护苏联在大连商港的优先权益，并使该港国际化；同时恢复旅顺港口俄国海军基地的租借权；中苏设立公司共同经营合办中长铁路、南满铁路，并保障苏联的优先利益，同时维护中华民国在满洲完整的主权。（3）千岛群岛让与苏联。关于外蒙古及东北的港湾与铁路等协议，协定规定由罗斯福总统通知中国，并设法使中国同意。这个协定的签署，使"苏联代替中国作为处理日本问题的三强之一"，① 日本占领的朝鲜半岛作为中国战区的一个组成部分，成为苏联对日作战的一个重要地区。

彻底打败日本，巩固苏联远东疆界的安全，确保旧俄国在远东利益的恢复，是苏联对日作战的主要目的。为了准备对日本的战争，1945 年夏，苏联进行了历史上规模最大的军队、装备和物资调动，并组成了以哈巴罗夫斯克为大本营、以华西列夫斯基（Vasilevskii）为总司令的苏军远东总司令部，制订了以后贝加尔方面军、远东第一方面军和远东第二方面军为主力围歼日本关东军的作战计划。根据苏军最高统帅部的命令，部队在 7 月 25 日之

---

① 〔英〕琼斯、休·博顿、皮尔恩：《国际事务概览 1939～1946：1942～1946 年的远东》下册，复旦大学外文系英语教研组译，上海译文出版社，1979，第 462 页。

前结束战备工作，解放朝鲜的任务主要由第一远东方面军第二十五集团军来完成，未来苏军在朝鲜的占领军司令部定在平壤。到开战前夕，苏联在远东做好战斗准备的共有 150 万军队，29000多门大炮和迫击炮，5200 多辆坦克和自动推进炮，近 5200 架作战飞机。太平洋舰队和阿穆尔河（黑龙江）红旗舰队的舰艇也都做好了战斗准备。①

1945 年 8 月 6 日，为了加速日本的投降，避免盟军在占领日本本土时付出过大的牺牲，美国向日本广岛投掷了第一颗原子弹，原子弹巨大的杀伤力加速了日本决定投降的进程。本来苏联一直坚持要等中国政府接受雅尔塔协定之后才对日宣战，但在美国向日本投掷第一颗原子弹后，面对日本有可能迅速宣布投降的现实，为了保证苏联在雅尔塔会议上的既得利益能够兑现，苏联决定提前对日宣战。8 月 8 日，苏联外交部长莫洛托夫（Molotov）紧急召见日本驻苏大使佐藤尚武，向他递交了苏联政府给日本政府的一项声明。声明指出，"在希特勒德国失败和投降后，日本是依然坚持战争的唯一强国。美英中三大强国今年 7 月 26日，关于日本武装部队无条件投降的要求已被日本拒绝。苏联政府忠实于其对盟国的义务，认为这一政策只能使和平更加接近，解除各国人民进一步的牺牲和苦难，并使日本人民避免德国在其拒绝无条件投降后所遭受的那些危险与毁灭的唯一方法。由于上述各点，苏联政府宣布，从明天即 8 月 9 日起，苏联将认为其本身已与日本进入战争状态"。②

8 月 9 日晨，苏军用后贝加尔方面军、远东第一和第二方面军三个方面军的兵力，发动了对日本关东军全面进攻。同一天，苏联太平洋舰队的海军航空兵和鱼雷快艇对日本军舰、海岸防御

---

① 〔苏〕鲍·特·科洛斯科夫、奥·鲍·鲍里索夫：《苏中关系 1945～1980》，肖东川、谭实译，三联书店，1982，第 11 页。

② 〔苏〕弗诺特钦科：《远东的胜利》，沈军涛译，辽宁人民出版社，1979，第13 页。

设施以及朝鲜北部各港口的其他重要目标也发起攻击。经过两天的战斗，日军的海上防御陷于瘫痪。8月10日，小部苏联陆军突破了日军在朝鲜北部的庆兴要塞，进入了朝鲜。8月11日，第一远东方面军第25集团军越过朝鲜边界进入朝鲜北部，打响了解放朝鲜的战役。8月12日，苏军占领雄基和罗津两个港口，开始驱除在朝鲜的日本人。8月16日，斯大林接受了杜鲁门提出的以北纬38度线作为苏美两国军队接受日军投降分界线的主张，此后苏军解放朝鲜的战斗主要在三八线以北展开。在苏联太平洋舰队和苏联远东第一方面军第25集团军的联合打击下，8月22日，朝鲜北部的日军主力停止反抗，苏军解放朝鲜的战斗基本结束。9月8日，首批到达朝鲜的美军在仁川登陆，次日进驻汉城，先前突破到三八线以南的苏联军队主动撤回。

由于之前的大国首脑会晤只讨论了在朝鲜打败日本的军事问题，没有论及朝鲜具体的政治安排，所以进入朝鲜的苏联军队最初更多地把出兵朝鲜当作一次纯军事行动，对于管理朝鲜国内事务并没有思想准备。面对日本迅速战败以后朝鲜出现的权力真空，苏联第25集团军硬着头皮扮演了朝鲜新管理者的角色。集团军司令崔可夫在解放朝鲜后发布的公告中指出，"朝鲜已经成为自由的国家"；"朝鲜人民有了在自己的土地上自愿组织生活的可能性"；"红军将保护朝鲜人民的财产，并给予力所能及的帮助"；"红军将和朝鲜的一切反日的民主政党在广泛合作的基础上，帮助朝鲜人民建立自己的民主主义政府"。① 以解放者的名义进入朝鲜的苏联军队，由于帮助朝鲜结束了日本40年的殖民统治，所到之处皆得到当地朝鲜人的热烈欢迎。为了密切与占领区居民的关系，苏军司令部及时遏制了军队中出现的"趁火打劫"的现象，并在占领区建立了卫戍机构，帮助恢复当地的社会秩序，行使管理日常社会生活的职权。8月25日，苏联宣布建立朝

---

① 人民出版社编《朝鲜问题文件汇编》，人民出版社，1954，第5、8、10页。

鲜军事指挥部，第 25 集团军全面进驻朝鲜。由于军事指挥部和各地卫戍机构的军事人员普遍缺乏行政管理的经验，9 月中旬，具有多年政治经验的罗曼年科被派到朝鲜，协助军事指挥部管理朝鲜事务。

军事指挥部通过各地的自治机构——人民委员会——指导朝鲜三八线以北地区的政治和经济生活，所有六个道的人民委员会都不是选举产生的，而是军事指挥部审批的。为了满足苏联占领军工作重心从军事行动转为政治管理的需求，指挥部组建了一个由 50 名军官组成的机构——民政管理总局，专门领导民政管理方面工作。总局之下，还成立了 10 个负责经济和行政的部门，领导工业、运输、贸易、金融和农业等方面的恢复工作。虽然这些部门的负责人是朝鲜人，但如同在每个道的人民委员会一样，每个部门都驻有苏军军事指挥部的代表。由于缺乏真正能够组织和管理朝鲜经济和政治生活的干部，导致军事指挥部在朝鲜的管理工作中带有明显的军事化特点，这可能对后来朝鲜政治中军人地位的突出有一定影响。

对于战后朝鲜的政治发展，苏联最初并没有移植苏联模式的意图，而是希望苏联占领军能在民主联合阵线的基础上，帮助朝鲜北方建立一个资产阶级的民主政权。[①] 10 月 12 日，军事指挥部司令崔可夫发布命令，宣称"红军绝没有在北朝鲜建立苏联秩序和取得北朝鲜土地的意图"。[②] 然而，基于确保苏联在朝鲜半岛战略利益的考虑，苏联驻朝鲜军事指挥部在领导战后朝鲜北方重建的工作中，无论是体制上还是政策上，都给朝鲜北方战后的政治经济生活贴上了明显的"苏联模式"的标签，人民委员会领导下的土地改革和工业国有化，朝鲜共产党人在人民委员会中的领导

---

① 参见沈志华编《朝鲜战争：俄国档案馆的解密文件》上册，中研院近代史研究所史料丛刊（48），2003，第 45 页。

② 人民出版社编《朝鲜问题文件汇编》，第 11 页。

地位，凸显了苏联对朝鲜北方政治和经济生活的控制和影响。

二 苏联与托管朝鲜政策的出台

　　面对日本战败后亚太地区将出现的权力真空，为了防止这些真空地带出现持续的混乱和无政府状态，进而导致大国的卷入甚至大国冲突，美国政府提出了建立国际托管制度的设想，以此来避免这些地区的动荡危及美国的战略利益。朝鲜半岛作为美国战后的非战略防区，美国政府追求几个大国共同托管的目标，一方面要避免美国对管理朝鲜承担更多的责任；另一方面要防止一个大国特别是苏联单独控制朝鲜。1943 年 3 月，美国总统罗斯福在与英国外交大臣艾登在华盛顿会晤时谈道，"朝鲜和法属印度支那将交给国际托管；朝鲜的托管国可能是美国、苏联和中国"。[1]这是战时盟国首次谈到朝鲜问题。4 月 2 日，中国国民政府外交部长宋子文发回的外交文书也谈道，"朝鲜问题，英、美均认为应独立，但暂时须由同盟国负责监护之责"。[2] 在 11 月召开的开罗会议上，中美英三国首脑正式讨论了朝鲜问题。为了防止苏中两国任何一方单独控制朝鲜半岛，罗斯福坚持把宣言草稿中"在尽可能短的时间内使朝鲜自由独立"修改为"在相当期间使朝鲜自由独立"。[3] 会后发表的《开罗宣言》公开声明，"三大盟

---

① 〔英〕安东尼·艾登：《艾登回忆录》中册，瞿同祖、赵曾玖译，商务印书馆，1976，第 658 页。Bruce Cumings, *The Origins of the Korean War*, *Liberation and Emergence of Separated Regimes 1945 – 1947*, Seoul: Yuksabipyungsa, 2002, p. 104。

② 《中华民国重要史料初编——对日抗战时期》，第三编《战时外交》（一），第 159 页。转引自沈志华主编《一个大国的崛起与崩溃》中册，社会科学文献出版社，2009，第 654~655 页。

③ The U. S. Department of State, ed., *Foreign Relations of the United States* （"FRUS" as abbreviation）, *The Conferences at Cairo and Tehran*, *1943*, Washington D. C.: Government Printing Office, 1961, pp. 399 – 400.

国轸念朝鲜人民所受之奴隶待遇，决定在相当期间，使朝鲜自由独立"。①《开罗宣言》作为"盟国未来政策的奠基石"，② 为战后朝鲜的独立提供了法律依据。

　　然而，对于如何实现朝鲜的独立，《开罗宣言》并没有具体的说明。宣言中所谓"在相当期间"（in due course）使朝鲜自由独立的表示，为美国托管朝鲜的政策埋下了伏笔。托管制是战时盟国协商解决战后殖民地问题的既定原则，也是联合国框架下的一种国际合作制度。在美国人看来，由于朝鲜被日本吞并多年，"朝鲜人自己具备统治及防御能力，需要一代人的时间，在此期间国际保护及指导是很有必要的"。③ 12 月 1 日，在德黑兰会议上，罗斯福向斯大林解释了托管朝鲜的理由。他认为，"朝鲜人没有能力管理、维持一个独立政府，而应该有一个 40 年的托管期"。④ 在美、英、中三国就托管朝鲜达成共识的情况下，斯大林口头认可了对朝鲜实行托管的建议，但并不认可 40 年的托管期限。因此，当天发表的《开罗宣言》谈及朝鲜问题时，虽然没有直接使用"托管"一词，但"相当期间使朝鲜自由独立"的表达无疑代表了托管朝鲜的含义。

　　1945 年 1 月 18 日，美国国务卿斯退丁·纽斯在一份关于战后美国亚洲政策及目标的文件中向罗斯福建议，战后"应将朝鲜置于国际托管或国际行政体制之下，直到朝鲜人民有了自治能力"，"应让美英中苏四国参与这种临时管制机构。⑤ 2 月 8 日，出席雅尔塔会议的罗斯福和斯大林在一次非正式谈话中再次谈到

① 人民出版社编《朝鲜问题文件汇编》，第 3 页。
② 〔英〕琼斯、休·博顿、皮尔恩：《国际事务概览 1939～1946：1942～1946 年的远东》下册，第 639 页。
③ 沈志华主编《一个大国的崛起与崩溃》中册，第 654 页。
④ Bruce Cumings, *The Origins of the Korean War*, *Liberation and Emergence of Separated Regimes 1945 – 1947*, p. 109.
⑤ 《德黑兰雅尔塔波茨坦会议记录摘编》，上海人民出版社，1974，第 58 页。

朝鲜问题。罗斯福认为，朝鲜应该由美、苏、英、中四国负责托管，托管期需要 20 年或 30 年。斯大林表示，他"不反对美国总统罗斯福关于邀请中、苏、英、美四国共同托管朝鲜的建议"，但坚持"应当确定托管期限"，且托管的时间越短越好。① 尽管三巨头在原则上同意美、英、苏、中四国托管朝鲜，但是并没有就托管的期限和体制达成一致，并且"没有任何正式的协定"。② 1945 年 5 月，美国总统特使霍普金斯在与斯大林的谈话中表示，"四国托管朝鲜的期限可能是 25 年，也可能短一点，但至少是 5 到 10 年"。斯大林表示，"苏联应允执行四国托管朝鲜的政策"。③ 6 月，旧金山会议以后，美苏两国在互换照会时承认，"短时期的四大国（美国、英国、中国和俄国）托管，将是朝鲜未来独立的最好保证"。④

波茨坦会议召开以前，苏联外交部第二远东司在为即将参会的苏联代表团提供的背景报告中指出，"日本必须永远地被赶出朝鲜，以免对苏联的远东地区造成威胁"；"朝鲜的独立必须有效地防止朝鲜成为未来侵略苏联的基地"；"苏联远东地区最安全的保障就是建立苏联和朝鲜之间的友好密切关系"；"为了苏联的利益，必须取消日本在朝鲜的一切政治和经济权益"；"如果建立对朝鲜的托管，苏联必须参加，并且居于主导地位"。⑤ 显然，苏联

① 沈志华总主编《苏联历史档案选编》第 18 卷，社会科学文献出版社，2002，第 487 页。
② Sherwood, *White House Papers*, ⅱ, p. 892. Max Beloff, *Soviet Policy in the Far East 1944 - 1951*, London：Oxford University Press, 1953, p. 155.
③ 〔美〕哈里·杜鲁门：《杜鲁门回忆录》下，李石译，东方出版社，2007，第 396 页。
④ 〔英〕琼斯、休·博顿、皮尔恩：《国际事务概览 1939~1946：1942~1946 年的远东》下册，第 639 页。
⑤ Kathryn Weathersby, Soviet Aims in Korea and the Origins of the Korean War, 1949 - 1950：New Evidence from Russian Archives, *Working Papers*, No. 8, Cold War International Project, Woodrow Wilson International Center for Scholars, Washington D. C., 1993, pp. 11 - 12.

的主要目标就是要阻止朝鲜半岛成为未来日本进攻亚洲大陆的跳板。美国国务院在为杜鲁门出席波茨坦会议准备的报告中则指出，"如果苏联借对日作战的机会，要求在处理朝鲜事务中的主要地位，美国必须予以反对，并建议将朝鲜作为联合国属下的托管地"。[1] 7 月 16 日，陆军部长在一份备忘录中提醒杜鲁门，尽管罗斯福与斯大林已就四国托管朝鲜达成谅解，并认同外国军队不得进驻朝鲜，但苏联早已训练了一到两个师的朝鲜人。无论是否对朝鲜实行托管，苏联都可以利用这些朝鲜军队加强对朝鲜的控制和影响，以建立一个苏联统治下的地方政府，而不是一个独立的政府。美国应加紧要求实行托管，同时向那里派驻一支象征性的部队。[2]

尽管苏联代表团对在波茨坦会议上讨论朝鲜问题作了精心的准备，但波茨坦会议并未就朝鲜问题展开讨论。斯大林和莫洛托夫曾于 7 月 22 日建议讨论有关托管朝鲜的问题，丘吉尔却以"会议还有许多更紧急的问题需要讨论"为由，拒绝了苏联的建议。[3] 7 月 24 日，美苏军事代表只就在朝鲜半岛的军事合作进行了简单的磋商，达成的共识是，"苏联负责地面进攻，美国负责从海上和空中打击日本"，没有谈及对朝鲜的军事占领和朝鲜问题的政治解决。[4] 会议发表的公告重申了《开罗宣言》的精神，明确表示不允许日本继续拥有朝鲜。由于托管朝鲜只是口头协定，"这个协定的任何原本或者副本都没有，只不过是对这个问题交换过意见，无论美国方面抑或是苏联方面都表示过赞成在朝

---

① *FRUS*, *1945*, Vol. 2, Washington D. C.：Government Printing Office, 1960, p. 313.

② *FRUS*, *1945*, Vol. 2, p. 631.

③ *FRUS*, *1945*, Vol. 2, pp. 252 – 256.

④ Kathryn Weathersby, Soviet Aims in Korea and the Origins of the Korean War, 1949 – 1950：New Evidence from Russian Archives, *Working Papers*, No. 8, Cold War International Project, Woodrow Wilson International Center for Scholars, Washington D. C. , 1993, p. 12.

鲜必须建立托管制度的意见”，① 这就为之后相关国家对托管朝鲜的争论埋下了伏笔。

苏联对美国关于托管朝鲜设想的大体认可表明，苏联既没有打算独占朝鲜，但也不能容忍美国独占朝鲜，国际托管有助于苏联远东地区安全缓冲带的建立。然而，苏联对日宣战以后，朝鲜半岛权力真空的出现来得如此之快，大大超出了事先的预料。针对苏军已经占领大半个朝鲜的被动局面，为了保证远在菲律宾的美军能及时抵达朝鲜半岛，也为了保证美军有足够的兵力抢先在日本本土登陆，8 月 10 日，美国国务院 - 陆军部 - 海军部协调委员会连夜召开紧急会议，最后决定以北纬 38 度线为界作为美苏军队在朝鲜半岛对日军的受降分界线，以此来阻止苏军全部占领朝鲜。8 月 15 日，杜鲁门致电斯大林，通报了由他批准的即将下达给盟军最高统帅麦克阿瑟的“总命令一号”，其中谈到以北纬 38 度线为界，美苏军队分别在朝鲜南北部接受日军投降。杜鲁门认为，鉴于苏联已经同意托管朝鲜，美国“希望把这个国家划分为两部分只是为了接受日本投降，随后再使整个半岛受到共同的管制”，因为“国际会议上从来没有讨论过以三八线作为在朝鲜的分界线这个题目”。② 8 月 16 日，斯大林复信杜鲁门说，“您附有‘总命令一号’的信件已经收到，我基本上不反对这个命令的内容”，只是希望美国能同意整个千岛群岛和北海道北半部的日军向苏军投降（后来美国拒绝了苏军在北海道北半部接受日军投降的建议——引者注）”。③ 美国助理国务卿腊斯克回忆说，“苏联接受三八线，我多少有些吃惊。因为根据我们当时所处的军事位置来看，我认为他们可能会坚持更向南一些的分界线”。④ 9 月

① 沈志华编《朝鲜战争：俄国档案馆的解密文件》上册，第 64 页。
② 〔美〕哈里·杜鲁门：《杜鲁门回忆录》下，第 396 ~ 397 页。
③ *FRUS*, *1945*, Vol. 6, Washington D. C. : Government Printing Office, 1969, pp. 667 - 668.
④ *FRUS*, *1945*, Vol. 6, p. 1039.

初，当美军开始在朝鲜登陆时，苏联军队已经从占领的汉城、仁川等地退到了三八线以北。苏联在完全有可能占领朝鲜全境的情况下，为什么会接受美国的建议，现在公布的档案材料还不能提供这方面的证据，学者对这一问题只能进行一些合理的推测。比如说苏联当时关注的焦点不在朝鲜，或者说苏联在朝鲜的让步是为了和美国一同参与对日本本土的占领，或者说是为了在德国问题上争取美国的让步等。不管是什么原因，苏联这种不负责任的做法，无疑是朝鲜分裂的主要原因之一。于是，"原是临时为了处理日军投降事务和划分军事占领区域而确定的这条线，就变成了国际边界，而朝鲜就这样被分为两个军事、政治和经济单位——这不仅给朝鲜人民带来了悲惨的后果，而且也给其他人类带来了悲惨的后果"。①

　　尽管美苏都承认三八线不是永久的分界线，都追求朝鲜独立统一的政治前景，但是随着美苏矛盾的激化，各自对三八线的封闭变得越来越紧，朝鲜走向国家分裂的可能性越来越大。横亘在朝鲜半岛腰部的三八线，使作为朝鲜的重工业区的北方与作为朝鲜谷物主产区和交通枢纽的南方之间的经济联系被迫中断，北方煤电无法及时输送到南方，南方的谷物也无法及时提供给北方，这不仅使朝鲜正常的经济生活面临诸多困难，而且对占领军的管制也造成了一些负面影响，特别是对美国军政府在朝鲜南方的统治造成的冲击更大。为了减少这一屏障造成的消极影响，美国首先提出了美苏占领军司令官谈判的建议，希望允许南北之间自由往来，以发展统一的经济关系和单一的行政机构。苏联赞成美国关于建立统一的朝鲜政府和实现朝鲜经济政治统一的主张，但认为美国在南方占领区的政策"目的正好是为抵抗苏联政策的"，因此"恢复朝鲜统一的首要前提条件是制定并实施统一的占领政

---

① 〔英〕琼斯、休·博顿、皮尔恩:《国际事务概览 1939～1946: 1942～1946 年的远东》下册，第 640 页。

策"，① 且未来统一的朝鲜政府必须是一个对苏友好的政府。正如时任苏联外交部副部长马立克在 1945 年 12 月 10 日的一份报告中所说的那样，"我们主要的任务是采取措施使朝鲜政府成员和工作性质有助于使朝鲜成为我们在远东的一个安全据点，使朝鲜不变成某个对我们不友善国家手中的反苏工具"。② 这一目标与当时苏联推行的"安全带"战略是吻合的。应该承认，战后初期苏美都没有单独控制朝鲜半岛的设想，但它们都不能接受对方在朝鲜半岛建立绝对的优势。因此，双方虽然赞同尽快建立统一的朝鲜政府，但"事实上已经没有办法建立一个让美苏都感到满意的、统一的朝鲜政府了"。③

为了确保美苏两国对战后朝鲜政治走向的主导权，防止朝鲜国内外各种政治力量对美苏军事占领朝鲜政策形成冲击，1945 年 11 月 16 日，美国国务院发表声明，强调朝鲜半岛事务概由美苏"占领军司令就地解决，或由双方政府解决之"，并授权美国占领军司令，"与苏军将领解决因该国不自然划分而发生之任何地方问题"。④ 随后不久在莫斯科召开的苏美英三国外长会议，讨论了朝鲜问题。12 月 27 日发表的会议公报，包含了三大国关于朝鲜问题达成的协定。该协定规定，为了使朝鲜重新成为一个独立的国家，应成立一个临时的朝鲜民主政府，使之能够创造条件保证朝鲜在民主的原则下得到发展，尽快消除日本统治所造成的灾难性的影响，并发展朝鲜的工业、运输业和农业及朝鲜的民族文化。为此，首先由美苏驻朝军队司令部共同组成一个联合委员

---

① 沈志华编《朝鲜战争：俄国档案馆的解密文件》上册，第 52 页。
② 沈志华编《朝鲜战争：俄国档案馆的解密文件》上册，第 59 页。
③ Kathryn Weathersby, Soviet Aims in Korea and the Origins of the Korean War, 1949 – 1950: New Evidence from Russian Archives, *Working Papers*, No. 8, Cold War International Project, Woodrow Wilson International Center for Scholars, Washington D. C. , 1993, p. 19.
④ 转引自宋成有《中韩关系史：现代编》，社会科学文献出版社，1997，第 30 页。

会，与朝鲜各民主政党及社会组织咨商，就组建朝鲜临时政府提出建议。这些建议将送交中苏英美四国政府考虑，然后由苏美批准。其次，联合委员会要与朝鲜临时民主政府和朝鲜各民主党派和社会团体一起制定措施，以帮助托管期间朝鲜人的政治经济和社会发展、民主自治的发展乃至民族独立国家的建立。再次，联合委员会与朝鲜临时政府共同协商，以达成关于美英苏中四国对朝鲜实行为期 5 年的托管协定。最后，为了讨论当前影响朝鲜南北方的迫切问题，为了细化关于美苏司令部在建立行政和经济协调方面的措施，双方代表将在两星期内召开一次联席会议。① 这是盟国关于托管朝鲜的第一个书面文件，它"为未来对朝鲜的政策确定了基础"。② 《莫斯科新闻》（Moscow News）评论说，托管朝鲜的建议"将是战时主要盟国一方联合托管的第一次尝试。如果取得成功，有可能适用于日后解决诸多殖民地领土命运的问题"。③ 《消息报》的一篇文章也自信地认为，"托管朝鲜将促使美苏在尽快完成朝鲜经济重建和恢复朝鲜政治独立的政策上协调一致"。④ 协定达成的事实表明，苏联也希望组建一个统一的朝鲜政府，"因为朝鲜人和美国人都希望这样做，苏联反对这样做在政治上是不适宜的"。但是"如何在建立朝鲜统一政府的同时，保卫苏联的战略和经济利益，这是苏联非常关心的"。⑤ 显然，在

---

① *FRUS*, *1945*, Vol. 2, pp. 820 – 821.

② 〔英〕琼斯、休·博顿、皮尔恩：《国际事务概览 1939～1946：1942～1946 年的远东》下册，第 647 页。

③ Quoted in the *Manchester Guardian*, 31 December, 1945. Max Beloff, *Soviet Policy in the Far East 1944 – 1951*, London：Oxford University Press, 1953, p. 160.

④ *Izvestia*, 12 January, 1946. Max Beloff, *Soviet Policy in the Far East 1944 – 1951*, London：Oxford University Press, 1953, p. 160.

⑤ Kathryn Weathersby, Soviet Aims in Korea and the Origins of the Korean War, 1949 – 1950：New Evidence from Russian Archives, *Working Papers*, No. 8, Cold War International Project, Woodrow Wilson International Center for Scholars, Washington D. C. , 1993, p. 20.

美苏矛盾日益激化的情况下，美苏之间的政策协调并非易事，从而为协定的落实蒙上了阴影。

三 苏联与托管朝鲜政策的失败

"朝鲜半岛的分裂，甚至是暂时分裂，也是与朝鲜人要求立即统一和独立的愿望相悖的"。[①] 不管苏美的愿望如何，莫斯科协定关于托管朝鲜的决定，激发了朝鲜国内反对托管的民族主义浪潮。朝鲜南方的右翼政党领导的反托管运动，甚至与美国军政府形成了严重的对立，导致最初主张托管朝鲜的美国对托管政策产生了动摇。与此同时，让步同意托管朝鲜的苏联则坚决支持托管，对于朝鲜人民委员会中反对托管甚至以辞去委员职务表示抗议的右翼领导人，苏联军政府运用镇压和驱逐的手段，实现了与右翼民族主义者的决裂，朝鲜北方的各党派在苏联的影响下都开始支持托管。鉴于对托管问题的不同态度，朝鲜境内的政治力量明显分化为反托管、反苏、反共产主义的右翼势力和赞成托管、亲苏、亲共的左翼势力，从而使两种力量之间的斗争具有了浓厚的意识形态色彩，朝鲜国内的政治形势进一步恶化了。

为了尽快落实莫斯科协定，1946 年 1 月 16 日至 2 月 5 日，美苏两国占领军司令部代表在汉城进行了 15 次会谈，同意苏美各派五名代表组成联合委员会，会址设在汉城，着手协助组建朝鲜统一的临时政府事宜。2 月 15 日，美国军政府政治顾问佩宁霍夫（H. M. Benninghoff）在向国务院提交的分析报告中指出，"苏联明显打算至少要延长对朝鲜北方的占领。在苏联取得对朝鲜的政治优势之前或者由于政治需要而被迫改变态度之前，苏联明显有可能拒绝美国为了统一朝鲜并把它作为一个统一的经济和政治

[①] Max Beloff, *Soviet Policy in the Far East 1944 – 1951*, 1953, p. 157.

单位对待的努力"。①

由于苏美都想按照各自占领区的行政体系组建临时政府，都想让自己支持的政治力量成为朝鲜临时政府的主导力量，在联合委员会正式开始工作以前，2月9日，苏联支持已经在共产党领导下的朝鲜北方各党派和团体，成立了以金日成为主席的"朝鲜临时人民政府"。2月14日，美军司令部成立了以李承晚（Syngman Rhee）为主席、主要由右翼党派和团体组成的"民主议院"。2月24日，麦克阿瑟在给国务卿的电报中指出，"我将尽力保持南方朝鲜民主议院在朝鲜的威望，将尽力使朝鲜人支持民主议院，反对共产党"。② 虽然美苏都认同通过托管实现朝鲜的统一，但双方都希望未来统一的朝鲜是一个对自己友好的国家，鉴于当时美苏关系的现状，在联合委员会框架下解决朝鲜统一问题的困难可想而知。

3月20日，联合委员会第一次会议在汉城召开。苏联代表团团长什特科夫在发言中表示，"苏联特别关心的是，朝鲜应成为一个真正民主和独立的国家，一个对苏联友好的国家，并且将来不再成为进攻苏联的基地"。③ 尽管美苏代表都同意以拥护莫斯科协定作为参加咨商组织朝鲜临时政府的组织标准，但由于苏联"无论如何不能接受一个为李承晚、金九所把持的临时政府"，而美国"在任何情况下都不允许成立一个为共产党统治并成为苏联傀儡的临时政府"，④ 因此在具体讨论允许哪些民主政党和社会组织具备参加咨商会议的资格时，双方代表发生了激烈的分歧。苏联代表认为，"联合委员会不应与反对三国外长关于朝鲜问题的莫斯科决议的政党和团体协商"，因为"联合委员会是为执行莫

---

① *FRUS*, *1946*, Vol. 8, Washington D. C. : Government Printing Office, 1971, p. 636.

② *FRUS*, *1946*, Vol. 8, pp. 641 – 642.

③ *FRUS*, *1946*, Vol. 8, p. 653.

④ *FRUS*, *1946*, Vol. 8, p. 744.

斯科决议成立的，自然，联合委员会就应当只与同意并支持莫斯科决议的政党和组织协商并听取他们的意见和建议"。苏联反对那些进行反托管活动的政党和组织参加协商，目的是为了把朝鲜反共的右翼势力排除在临时政府之外，以保证将来的朝鲜政府是一个对苏友好的政府。美国代表团则认为，苏联所提参加协商的朝鲜政党和组织必须支持莫斯科决议，这一点"在莫斯科决议没有提及，并且也没有这个意思"，这个条件"超出了联合委员会的许可权"。① 美国代表以保证言论和表达自由为借口，声称如果不允许进行反对托管活动的政党和组织的人士参加咨商，就限制了他们的言论和表达自由，他们不应该因政治立场不同而受到惩罚，能否参加咨商的标准应该是这些政党和组织及其领导人是否以真正的民主为目标，是否愿意在组织临时政府和制订托管计划方面与联合委员会合作。尽管联合委员会就今后朝鲜政党和组织及个人与委员会合作的准则达成过一个临时协议，规定委员会在与各党派和组织进行磋商制订成立临时政府的计划后，它们应在提出有关托管的建议时与委员会合作，该协议还写入了委员会 4 月 18 日发表的第五号公报中，但是在随后讨论与哪些人士进行咨商时，苏联坚持那些反对托管的政党和组织的领导人不能作为代表与联合委员会商谈，甚至参加"民主议院"的个人也不能参加与联合委员会的商谈。美国代表认为这样做破坏了言论和表达自由的原则，也违背了刚刚达成的临时协议。经过 24 次冗长无果的谈判之后，美国代表建议搁置组建朝鲜临时政府的讨论，转而讨论朝鲜经济统一和消除三八线的问题，并宣称如果苏联拒绝，美国"除了休会以外，没有别的出路"。由于美国的建议超出了联合委员会的工作范围，苏联当然不愿意接受。5 月 6 日，联合委员会宣布无限期休会，并且没有确定下次开会的日期。从落实莫斯科协定的意义上看，联合委员会的工作可以说是毫无进

---

① 沈志华编《朝鲜战争：俄国档案馆的解密文件》上册，第71、72页。

展。6 月 22 日，曾在朝鲜南北方进行过调查的美国总统代表埃德温·保莱在给杜鲁门提交的报告中指出，朝鲜北方"正在复制共产党和鼓吹苏联式的纲领"，"使效忠于莫斯科成为效忠朝鲜的最高形式"。报告惊叹，"共产主义在朝鲜几乎比在世界其他任何地方都具备更好的条件来开始它的第一步"。"尽管朝鲜是一个小国"，"但是这个地方却是一个进行思想斗争的战场，而我们在亚洲的整个胜利就决定于这场战争"。[1]

联合委员会会谈的中断"是朝鲜分裂的一个决定性步骤"。[2]随后朝鲜南北方先后封锁了三八线，南北方的政治经济发展逐步走向对立，朝鲜分裂的危机不断加剧。为了加强对占领区的控制，苏联加快了在朝鲜北方建立政治实体的步伐。在实行土地改革、工业国有化的基础上，朝鲜共产党在北方的领导地位得以确立。1946 年初夏，北方的朝鲜共产党建立了独立的中央委员会。7 月 22 日，建立了共产党领导的"民主联合统一战线"。7 月 29 日，新人民党和共产党合并为朝鲜劳动党。8 月 28 ~ 30 日，朝鲜劳动党第一次代表大会召开，斯大林当选为名誉主席，金枓奉当选为主席，金日成当选为副主席。[3] 11 月，朝鲜北方通过选举产生了地方各级人民委员会，从这些委员中选出的代表于 1947 年 2 月参加了在平壤召开的人民代表大会，大会通过了人民委员会制定的土地改革等多项法令和一项发展国家经济的计划，并同意苏联和美国重新启动联合委员会的工作，讨论组织统一的朝鲜临时民主政府的事宜。大会最后选举产生了 237 人组成的朝鲜北方人民会议，金日成当选为常务委员会主席，一个受苏联领导并对苏友好的朝鲜临时政府初步形成。根据什特科夫的记载，北方的朝

---

①　〔美〕哈里·杜鲁门：《杜鲁门回忆录》下，第 401 页。

②　Max Beloff, *Soviet Policy in the Far East 1944 – 1951*, London: Oxford University Press, 1953, p. 164.

③　Andrei Lankov, *From Stalin to Kim Il Sung*, N. J. : Rutgers University Press, 2002, p. 32.

鲜人民会议选举基本上是按照苏联提供的方案进行的，各党派在人民会议中的席位也是苏联事先分配好的。与此同时，美国占领军司令部也通过成立朝鲜临时立法议院，尝试把立法责任交给朝鲜人。立法议院于 11 月开会，90 名议员中的一半通过选举产生，另一半由美军司令官任命，立法议院通过的法令需经过美军司令官签署方能生效。但此举并没有缓解美国占领军司令部在朝鲜南方面临的困境，相反还因为立法议院在反对托管问题上的团结，两者之间还形成了一定程度的对立。

与此同时，美苏司令官也在为联合委员会恢复工作交换过意见。1946 年 11 月 26 日，苏军司令官契斯季亚科夫（I. M. Chistiakov）致信美军司令官霍季（Hodge），提出重新召开会议的三点建议："1. 委员会必须与那些完全拥护关于朝鲜问题的莫斯科决议的民主政党和社会组织进行磋商。2. 这些党派和组织的代表，如果曾积极地表示过反对莫斯科决议，那就不得被提名参加磋商。3. 这些党派和组织不得在委员会的工作中反对莫斯科决议，也不得唆使他人反对。如果发生这种情况，委员会的成员在经相互同意后将决定哪些党派和组织不得参加磋商。"12 月 24 日，霍季在回信中提出三点修改意见："1. 凡在第五号公报的宣言上签过字，保证拥护莫斯科决议并保证与委员会协作以实现该决议的党派与组织，都有资格参加磋商。2. 朝鲜的党派和组织可以推选其自己的代表，但是联合委员会的成员在相互同意后可以要求调换被他们认为是反对执行莫斯科决议的代表。3. 任何个人和组织，一经签署第五号公报的宣言，就不得激起或煽动他人反对联合委员会，反对四大国，或反对莫斯科决议，否则将被排除，不得参加磋商。"[①] 尽管霍季一再向南方的朝鲜人解释，联合委员会的目标是贯彻而不是修改莫斯科决议，四大国托管是朝鲜不经过内战实现统一的唯

---

① 〔英〕琼斯、休·博顿、皮尔恩：《国际事务概览 1939～1946：1942～1946 年的远东》下册，第 694、695 页。

一可行的办法，但他的建议还是激起了南方朝鲜人反对托管的高潮，苏联司令官也照旧无法接受他的建议，两人关于重开联合委员会会议的努力没有成功。

1947 年 4 月 8 日，美国国务卿马歇尔致信苏联外交部长莫洛托夫表示，为了早日使朝鲜成为一个自由独立的国家，"我请求您劝说贵国政府，同意和美国尽快重新召开联合委员会，以便就推进莫斯科协定事宜进行磋商并达成协定，并于 1947 年夏和美国择定一个互相都能接受的日期，以便两国政府自此时起能够审核该委员会今后工作的进展"。① 4 月 19 日，莫洛托夫复信马歇尔，重申了莫斯科协定关于朝鲜问题的若干规定，批评了美国在朝鲜问题上的不合作立场，认为要打破目前联合委员会工作的僵局，"第一，要在朝鲜各民主党派和团体广泛参与的基础上，建立朝鲜临时民主政府，尽快实现朝鲜的政治经济统一，使之成为不受外国干涉的独立国家，结束目前被分割为两个地区的局面。第二，要在平等和普选的基础上，通过自由选举，建立全朝鲜的民主权力机构。第三，要帮助朝鲜人复兴朝鲜使之成为一个民主独立的国家，帮助朝鲜发展自己的民族经济和民族文化"。为此，莫洛托夫提议，"在正确适用莫斯科协定关于朝鲜问题相关规定的基础上，苏美联合委员会于 1947 年 5 月 20 日在汉城恢复工作，并于 7～8 月间报告有关建立朝鲜民主临时政府建议工作的详细结果，供苏美两国政府考虑"。②

5 月 2 日，马歇尔再次致信莫洛托夫，在对莫洛托夫提出的三点建议表示赞同的同时，他对信中所说的"正确适用"莫斯科协定表明了自己的理解，强调"联合委员会应在尊重思想自由的民主权利的基础上根据莫斯科协定迅速开展工作"，即"只要愿

---

① *FRUS*, *1947*, Vol. 6, Washington D. C.：Government Printing Office, 1972, p. 625.

② *FRUS*, *1947*, Vol. 6, p. 635.

意和联合委员会合作的朝鲜政党和团体，都不应被排除在组建朝鲜临时民主政府的协商工作之外，他们有权利对未来的朝鲜政府表达自己的看法"。① 5 月 7 日，莫洛托夫在给马歇尔的回信中，回顾了苏美两国驻军司令关于参加协商的朝鲜政党和团体资格的交换意见，表示"为了促进联合委员会迅速恢复工作，为了尽早组建朝鲜临时民主政府，苏联准备接受美国驻军司令霍季提出的修改意见"。②

在苏美两国外长的推动下，1947 年 5 月 21 日，苏美联合委员会在汉城恢复工作。委员会首先就朝鲜政党和团体参与协商工作的办法、程序和时间表展开讨论并达成了一致。6 月 12 日，委员会发表第十一号公报，公布了各政党和团体应遵守的程序。此后两周的时间内，委员会共收到了朝鲜北方 38 个、朝鲜南方 422 个政党和团体参加协商的申请，并于 6 月 25 日和 7 月 1 日分别在汉城和平壤与朝鲜代表举行会议，商定 7 月 5 日与双方同意的政党和团体代表开始进行协商。

在随后对哪些政党和团体具备协商资格的讨论中，苏美之间又产生了分歧。针对朝鲜南北方报名参加协商的政党和团体在数量上的差距，苏联代表要求把朝鲜南方参加协商的数目从 425 个减少到 118 个，因为他们认为其中一些团体并不支持莫斯科协定，也不是真正的社会组织。美国代表认为，苏联的要求是对双方之前已达成的协定的修改，如果接受将会导致联合委员会中的任何一方享有任意否决的权力，不利于委员会开展工作。在接下来的时间里，联合委员会的工作又在参加协商的朝鲜政党和团体资格问题上陷入了僵局。苏联坚持，凡是反对莫斯科协定的，都应排除在协商名单之外，美国则坚持，不管是否反对莫斯科协定，都有权利陈述自己对未来临时政府的看法。有学者认为，苏

① *FRUS*, *1947*, Vol. 6, p. 638.
② *FRUS*, *1947*, Vol. 6, p. 641.

联阻拦那些反对莫斯科协定的政党和团体参加磋商，"其真正意图在于增加左翼党派和团体在代表方面的比重"。[①] 因为朝鲜北方的人口只占朝鲜人口总数的 1/3，只有限制南方的代表数，才能保证参加协商的代表中对苏友好的代表占到半数左右。

在美国认定朝鲜问题无法通过联合委员会解决的情况下，8月12日，美国代表建议在朝鲜通过大选组建临时政府。苏联则坚持具有反苏倾向、会员不足1万名、反对莫斯科协定以及反对联合委员会的政党和团体不能参加大选，且南北双方应按照1：1的比例参加立法机构（此时北方人口约为1000万，南方人口约为2000万——作者注）。美方认为，苏联的建议是要在朝鲜建立一个共产党支配的临时政府，无论如何不能接受。8月26日，美国助理国务卿洛维特（Robert A. Lovett）建议，由负责托管朝鲜的美苏英中四国举行会议，商讨执行莫斯科外长会议协定的办法。苏联认为该建议违背莫斯科协定，指责"美国这样做是妨碍美苏联合委员会的工作"，于9月4日拒绝了美国的建议。[②] 此建议很明显使苏联在美、苏、英、中四方中处于一比三的劣势，削弱了其在解决朝鲜问题方面的地位和作用，苏联自然不会赞成。

9月16日，洛维特致电苏联外交部长莫洛托夫，对苏联拒绝参加四国会议表示遗憾，声称"由于美苏双边谈判不能促进朝鲜独立，苏联又不愿意参加与莫斯科协定相关的四国会议的讨论，现在只剩一条路可走。美国政府打算把朝鲜的独立问题提交即将召开的联合国代表大会……希望联大对此问题考虑的结果，对于饱受苦难的朝鲜人民来说，会促成其独立与自由的恢复"。[③] 杜鲁

---

① 〔英〕琼斯、休·博顿、皮尔恩：《国际事务概览1939~1946：1942~1946年的远东》下册，第699页。

② Max Beloff, *Soviet Policy in the Far East 1944–1951*, London: Oxford University Press, 1953, p.170.

③ *FRUS, 1947*, Vol.6, p.790.

门总统认为，苏联的态度使美国"再没有选择的余地……直接同俄国人进行关于朝鲜问题的谈判，是不会获得成功的"。① 于是，他指示国务卿马歇尔，把朝鲜问题提交即将在纽约成功湖召开的联合国大会。10 月 18 日，美国单方面在第二届联合国大会上提议，终止联合委员会的工作，协助建立朝鲜临时政府的工作宣告失败。②

"本来苏美两国有责任在落实托管朝鲜的问题上促成大国之间更大程度的合作，不幸的是由于两国在国家利益和对朝鲜态度方面的差异，导致这种合作失去了可能。"③ 苏美英中四国托管朝鲜的政策设想，却要依靠美苏联合委员会这种双边机制来落实，从一开始就注定了其失败的命运。"托管朝鲜计划的失败，可能重新激发大国在朝鲜半岛的争夺。"美国把朝鲜问题提交联合国，"就是希望以此来取代《莫斯科协定》，因为该协定已经成为解决朝鲜问题的绊脚石"。苏美作为战后初期影响朝鲜局势的两大主要力量，在决定朝鲜未来政治命运的问题上，没有注重考虑朝鲜民族的向好发展，更多的是考虑如何利用朝鲜来制约对方。在朝鲜统一的问题上，"美国不能接受使共产党控制朝鲜的解决办法，苏联也不能接受朝鲜与美国有联系的解决方法，因此找不到统一朝鲜并保证其独立的方式"。④ 随着双方矛盾的激化，苏美对联合委员会框架内的合作愈发没有诚意，朝鲜问题的复杂化不可避免。美国把朝鲜问题提交联合国，对于苏联来说是一个打击。如果说在美苏联合委员会框架下解决朝鲜问题，苏联还具有一半主导权的话，那么在联合国框架下，苏联的主导权则被大大削弱了。这不仅增加了朝鲜统一的难度，而且损害了东亚的安全与稳定。

---

① 〔美〕哈里·杜鲁门：《杜鲁门回忆录》下，第 406 页。
② *FRUS*，1947，Vol. 6，p. 837.
③ Myung Hyun Cho, *Korea and Major Powers：An Analysis of Power Structures in East Asia*，p. 179.
④ Myung Hyun Cho, *Korea and Major Powers：An Analysis of Power Structures in East Asia*，pp. 180，182，182.

四　苏联与联合国关于朝鲜问题的讨论

1946 年 9 月 17 日，马歇尔在第二届联大的全体会议上表示，要把朝鲜独立问题提交联合国大会。9 月 23 日，第二届联大讨论了马歇尔的议案。苏联代表维辛斯基（A. Vyshinskii）在会上指出，莫斯科协定已经规定了解决朝鲜问题的程序，而且根据联合国宪章关于大会职权的条文，朝鲜问题不能由大会审议，尤其在已有国际协定存在的场合，更不能由大会审议，将朝鲜问题列入联大议程是"非法的、不正确的"。[①] 然而，由于联合国成立初期，苏联对联合国的影响远不及美国，苏联的抗议没有任何结果，第二届联大还是把朝鲜问题列入了大会议程。

根据苏美当时在联合国的影响力，朝鲜问题提交联合国无疑不利于苏联对朝政策目标的实现。为了促成朝鲜问题仍能在美苏联合委员会的框架内得以解决，9 月 26 日，苏美联合委员会的苏联首席代表什特科夫在朝鲜发表声明说，"苏联代表团认为，在美苏两国军队撤出朝鲜的情况下，可以给予朝鲜人民自己组织政府的机会，而无须盟国的协助和参与。如果美国代表团同意所有军队应从 1948 年初撤出的建议，苏联军队准备与美国军队同时撤离朝鲜"。[②] 尽管这一建议得到朝鲜多数民主党派和社会团体的欢迎，但美国代表团并没有对此做出回应。10 月 9 日，苏联外长莫洛托夫致电美国国务卿马歇尔，抱怨美国迟迟不对苏联的建议作出答复，并且声明"由于美国阻止全朝鲜临时政府的建立，所以苏联的建议是目前唯一的也是公开的解决方案"。[③] 10 月 18 日，美国单方面在第二届联合国大会上提议终止美苏联合委员会

---

① 柴成文、赵勇田：《抗美援朝纪实》，中共党史资料出版社，1987，第 19、20 页。

② *FRUS*，*1947*，Vol. 6，p. 832.

③ Max Beloff, *Soviet Policy in the Far East 1944 – 1951*，London：Oxford University Press，1953，p. 171.

的工作，苏联宣布撤回在联合委员会的代表。10 月 21 日，苏联代表离开汉城，美苏协助建立朝鲜临时政府的工作宣告失败。①

10 月 17 日，美国向第二届联大政治委员会提出了关于朝鲜独立问题的提案。主要内容包括："在联合国监督下，美苏占领军当局在其管辖地域举行普选，按人口比例原则组成国会，建立全朝鲜政府。而后让全朝鲜政府组织自己的武装力量，外国军队则在朝鲜实现独立后尽早撤出。"联合国的监督责任"应通过联合国朝鲜临时委员会来履行"。② 10 月 23 日，苏联外长莫洛托夫在给出席第二届联大的苏联代表团团长维辛斯基的电报中指示："一、由于朝鲜问题已列入全体大会议程，我们认为再次发言提议从议程中取消是不合适的。二、在政治委员会讨论美国的朝鲜议案时，您应当从一开始就声明，委员会应遵循下述原则：（一）苏联政府曾主张并仍主张，朝鲜问题可以根据 1945 年莫斯科协定解决。（二）……为了加速使朝鲜成为一个独立民主的国家，苏联政府提出一项议案：美苏军队于 1948 年初同时撤出朝鲜，使朝鲜人有可能自己去建立朝鲜民主政府。（三）……由于上述苏联的提案包含更简单和更彻底的解决办法，苏联代表团坚持要求政治委员会在讨论美国议案之前首先讨论苏联这一提案。三、在政治委员会研究朝鲜问题时，您应建议邀请北、南朝鲜双方的朝鲜人民代表参加讨论朝鲜问题。您应在适当的时机说明：邀请那些在北、南朝鲜中由人民正式选出的人，而不是那些由外国军事当局任命的人，作为朝鲜人民的代表参加会议。四、一旦政治委员会转入讨论美国议案时，必须坚持邀请朝鲜人民参加和坚持要求确定外国军队撤出朝鲜的期限。如果我们提议的期限（1948 年初）遭到反对，可以同意改为 1948 年年中或年末。"③ 10 月 28 日和 29 日，苏联代

---

① *FRUS*, *1947*, Vol. 6, p. 837.

② *FRUS*, *1947*, Vol. 6, p. 834.

③ 沈志华编《朝鲜战争：俄国档案馆的解密文件》上册，第 92～93 页。

表向联大政治委员会提出了两项针对美国提案的反提案：一项是美苏军队于1948年初同时从朝鲜撤退，另一项是邀请朝鲜南北方选出朝鲜人民的代表参加朝鲜问题的讨论。[①] 10月31日，联大政治委员会表决通过了美国的提案，苏联的提案却遭到了否决。

11月5日，在苏联及五个东欧国家拒绝参加表决的情况下，联大政治委员会仍然通过了美国关于朝鲜独立问题的修正案。11月14日，该议案提交联合国大会讨论。苏联代表葛罗米柯（A. A. Gromyko）在会上指责美国的议案不是在解决朝鲜问题，只是在解决朝鲜问题的道路上设置障碍，声明如果没有朝鲜南北方的代表参加，苏联将不参加根据联合国大会表决成立的"联合国朝鲜临时委员会"，也不承认"联合国朝鲜临时委员会"的合法性。但是，大会最终还是通过了此项决议。主要内容包括：1. 为保证朝鲜代表的真实性，联合国决定成立一个临时委员会到朝鲜各地巡察，负责监督选出朝鲜的国民议会代表。之后，在委员会的监督下召开国民会议组建国民政府。朝鲜人可以与委员会就组建政府和组建政府之后的相关事宜进行协商。2. 通过这种方式建立的国民政府应组织自己的国家安全部队，解散国内一切军事和半军事组织，尽快承担起全朝鲜从军事到民政的职责，与上述委员会协商尽可能在90天内或其他任何适当的时间内安排占领国军队从朝鲜的撤出问题。3. 联合国朝鲜临时委员会由澳大利亚、加拿大、中国、萨尔瓦多、法国、印度、菲律宾、叙利亚、乌克兰等九国组成。4. 联合国临时委员会应随时向联大或"小型联大"[②] 报

---

① *FRUS*, *1947*, Vol. 6, p. 849.

② 1947年11月13日，第二届联大根据美国的提议，通过了设立"联合国临时委员会"的决议，决定由联合国全体会员国各派一名代表组成临时委员会，作为大会闭幕期间行使联合国大会职权的辅助机构，也称"小型联大"。苏联代表反对这个议案，认为该议案旨在削弱安理会的权力，破坏联合国宪章关于五大国一致的原则，但并没有能阻止"小型联大"发挥作用。

告朝鲜问题的解决情况。①

加拿大总理麦肯齐·金（Mackenzie King）起初对组建联合国朝鲜临时委员会表示反对。1948年1月3日，加拿大副外长皮尔森（Pearson）在与美国远东事务司主任巴特沃兹等人的谈话中表示，加拿大将撤回参加联合国朝鲜临时委员会的代表，因为"加拿大总理认为，鉴于苏联的态度，委员会的工作不会取得成效，并且将使联合国的声誉受到损害……如果委员会成立的时候他在渥太华，他是不允许加拿大参加的"；"假如为了把联合国作为西方民主国家反对苏联的一种工具，使一些小国被推到历史的前台，就更不应该这样做"。② 1月5日，杜鲁门在给麦肯齐·金的信中表示，"我们不希望委员会的工作会导致或者加剧现在与苏联的紧张形势，我向您保证，从我们这一方面将尽最大的努力来避免这种局面的出现。委员会有可能被拒绝进入朝鲜北部，但它的工作可以限在朝鲜南部，那里生活着两千九百万朝鲜人当中的两千万。我们希望委员会的工作能有助于朝鲜民主政府的最终建立"。③ 1月8日，麦肯齐·金复信杜鲁门，表示愿意派代表参加联合国朝鲜临时委员会的工作，但坚持如果苏联拒绝合作，委员会监督下的选举不能在全朝鲜进行，应向"小型联大"报告。④

"就这样，联合国朝鲜临时委员会合乎逻辑地成为美苏联合委员会的继任者。"⑤ 1948年1月8日，以印度代表梅农为主席的委员会一行35人抵达汉城。1月12日至15日，委员会在汉城举行

---

① *FRUS*，*1947*，Vol. 6，pp. 857 – 859.

② *FRUS*，*1948*，Vol. 6，Washington D. C.：Government Printing Office，1974，pp. 1079，1080.

③ *FRUS*，*1948*，Vol. 6，p. 1082.

④ *FRUS*，*1948*，Vol. 6，p. 1084.

⑤ Myung Hyun Cho，*Korea and Major Powers：An Analysis of Power Structures in East Asia*，pp. 182 – 183.

了第一次会议，宣布将根据联合国决议，监督朝鲜的国民议会代表选举并组建朝鲜政府。1 月 16 日，委员会致函苏联占领当局，要求会见苏军司令。由于苏联拒绝承认联合国临时委员会的合法性，所以公开发表声明称，"苏军占领当局将不与委员会发生任何关系"，① 驻朝鲜的苏军司令官还拒绝委员会成员进入三八线以北地区，甚至拒绝接受委员会邮发的信函，委员会的工作陷入了僵局。

2 月 4 日至 6 日，联合国朝鲜临时委员会召开了为期三天的全体会议，会议决定向"小型联大"提交建议案。建议案认为，委员会有三种工作路径可以选择："1. 临时委员会继续工作，在朝鲜南部地区监督进行选举，并成立一代表全朝鲜的政府；2. 临时委员会在南部朝鲜地区继续工作，组建一南朝鲜临时政府；3. 临时委员会可以研究讨论通过其他途径谋求朝鲜两部统一的办法。"② 委员会的建议案事实上代表了美国的意愿。在委员会代表到达朝鲜之前，1 月 6 日，美国国务卿马歇尔就在给驻朝鲜助理政治顾问兰登的电报中指示，联合国朝鲜临时委员会在朝鲜北方监督选举的"探索性的步骤"，"无论如何都可能会引起负面的或令人不满意的反应，或者没有任何反应。这样委员会可能决定或者在朝鲜南部进行选举，或者向小型联大报告"；"非常希望你在与委员会代表的谈话中强调，委员会应努力把注意力集中到不能推迟在朝鲜南部监督选举的重要性和紧迫性上来。委员会有充分的权力根据联大的决议主动采取这一步骤，因为毕竟 3000 万朝鲜人口中的 2000 万生活在南部朝鲜"。③ 2 月 12 日，《纽约时报》撰文称，委员会"具有

---

① Lenon Gordenker, *The Peaceful Unification of Korea*, Martinus, Martinus Nijhoff, The Hague, 1959, p. 55; Myung Hyun Cho, *Korea and Major Powers: An Analysis of Power Structures in East Asia*, p. 183.

② 《中央日报》1948 年 2 月 20 日。转引自余伟民、周娜《1945～1948 年朝鲜半岛南部地区的政治变动》，《史林》2003 年第 4 期，第 114 页。

③ *FRUS*, *1948*, Vol. 6, p. 1083.

监督在朝鲜可以选举的地方进行选举的职责"。① 2 月 18 日，美国驻联合国代表奥斯汀发表声明，"如果委员会的工作遇到朝鲜北方的抵制（似乎很有可能），委员会就应该首先设法在南部朝鲜建立政府"。②

2 月 24 日，"小型联大"首次举行会议讨论了朝鲜问题，苏联和东欧五国代表拒绝参会。会上，美国代表公开提议在朝鲜临时委员会可以进入的南部朝鲜进行选举，为此遭到许多国家代表的反对。加拿大代表认为，"联合国大会的决议并没有授权朝鲜委员会单独在朝鲜南方举行选举"，"小型联大""应该避免给朝鲜委员会规定任何细则，而只限于以报告形式提出建议，并且这种报告应该代表大多数人的意见……美国的决议案与加拿大政府的立场相违背的"。澳大利亚代表认为在朝鲜南部的选举"不能作为成立国家政府的基础"，赞成"苏美之间关于朝鲜问题继续谈判"。丹麦代表则表示，"由于有关的一方——苏联缺席会议，他将对美国的提案投不赞成票。埃及、挪威、委内瑞拉等国的代表也表达了类似的立场。中国国民政府代表表示支持美国的提案，坚持"苏联对联合国大会的决议案的否定态度，不会妨碍决议案的实施"。印度代表、联合国朝鲜临时委员会主席梅农也声明，"选举应具有全民性质，并在选举后应建立临时政府，该政府着手同北朝鲜当局进行关于成立国家政府的谈判。如果谈判没有获得结果，那么临时政府应该得到朝鲜国家政府的地位，联合国应予以承认"。③ 尽管如此，2 月 26 日，"小型联大"还是通过了美国的提案，授权联合国朝鲜临时委员会监督在朝鲜南部进行选举。2 月 28 日，联合国朝鲜临时委员会经过协商决定，5 月 10

---

① *The New York Times*, January 12, 1948. Myung Hyun Cho, *Korea and Major Powers: An Analysis of Power Structures in East Asia*, p.183.

② *The New York Times*, January 18, 1948. Myung Hyun Cho, *Korea and Major Powers: An Analysis of Power Structures in East Asia*, p.183.

③ 沈志华编《朝鲜战争：俄国档案馆的解密文件》上册，第 104、105 页。

以前监督朝鲜进行国民议会代表的选举。3月3日，美国占领军司令霍季公开发表声明，宣布南部朝鲜将于5月9日在联合国临时委员会监督下进行选举。①

苏美作为战后进入朝鲜半岛的两大外部力量，把握着战后朝鲜半岛事务的主导权。在决定朝鲜未来政治命运的问题上，都没有注重考虑朝鲜民族的向好发展，更多的是考虑如何利用朝鲜来制约对方。由于苏美矛盾的激化，托管朝鲜的莫斯科协定无法落实，而美国把朝鲜问题提交联合国的做法，削弱了苏联在朝鲜问题上的主动权。由于当时的联合国明显受美国操纵，苏联无法促使联合国在朝鲜问题上通过有利于自己的决议，更多的只能是揭露美国在朝鲜问题上的政治图谋，否认联合国关于朝鲜问题决议的合法性，拒绝与联合国在解决朝鲜问题方面开展合作，这在很大程度上加剧了朝鲜半岛南北之间的政治对抗。由于苏联坚决反对联合国代表进入三八线以北，联合国监督下的选举只能在南部进行，朝鲜的分裂不可避免。

五　苏联与朝鲜的正式分裂

朝鲜问题提交联合国以后，苏联一方面坚决抵制美国利用联合国按照自己的设想统一朝鲜的图谋，另一方面加快了帮助朝鲜北方独立建国的进程。1947年11月，朝鲜人民会议第三次会议决定启动宪法草案的准备工作。1948年2月，在参照苏联1936年宪法的基础上，所谓"朝鲜民主人民共和国临时宪法草案"起草完成。之后，草案被送到莫斯科，征求苏联专家的意见。4月24日，斯大林亲自主持召开了一次关于朝鲜问题的政治局会议。会议论及朝鲜临时宪法草案的问题时，只提出三点修改意见，并将这一决定通知了平壤。4月28日，朝鲜人民会议特别会议通过

---

① 后因5月9日正逢日食，选举改在5月10日进行。

了宪法草案。7月，根据苏联的建议，人民委员会通过决议，宣布在朝鲜统一之前，宪法暂时在朝鲜北方实行。在建国步骤基本完成的情况下，为了避免承担分裂朝鲜的责任，苏联和朝鲜都选择了不首先公开宣布建国的政策。

在美国宣布的朝鲜南方单独选举日到来之前，为了谴责朝鲜南方选举的非法性，4月19日至23日，苏联支持朝鲜北方在平壤召开了一次由全朝鲜政党和团体参加的各界代表联合大会。会议通过的决议宣布，联合国大会的决议是非法的，支持苏联关于外国军队立即撤出朝鲜半岛的倡议，外国军队撤出后举行全朝鲜的选举，以解决朝鲜统一问题。大会分别致电美苏两国政府，声明"在朝鲜突然造成这样政局的责任，应由美国统治者们负担"，"决不接受在朝鲜南部开始单独选举的建议"，"要求苏美两国政府实行同时撤退在朝鲜的苏美占领军，承认朝鲜人民有依其志愿、不受外人干涉而自由选举与组织民主政府的权利"。[①] 5月7日，苏联复电联合大会，表示"愿即撤退在朝鲜的苏联驻军而不稍延缓，但须与美国驻军同时撤退为条件"。[②] 联合大会的决议赢得了朝鲜民众的支持，甚至朝鲜南方的一些右翼人士也对决议表示支持，给美国军政府和朝鲜南方的临时立法院造成了很大压力。

5月10日，根据"小型联大"的决议，朝鲜南方在联合国临时委员会30余名观察家的监督下进行了单独选举。南方800万选民中，85%以上的选民参加了选举。尽管苏联塔斯社谴责这次选举"企图在南朝鲜成立分裂式的政权机构"，[③] 但并未能阻止美国依照选举结果在朝鲜南方单独建国的政治进程。5月31日，选举产生的国民议会举行首次会议，李承晚当选为国民议会主席。7

---

① 苏联外交部编《朝鲜问题参考文件》，章化农译，五十年代出版社，1951，第56、57页。

② 苏联外交部编《朝鲜问题参考文件》，第58页。

③ 苏联外交部编《朝鲜问题参考文件》，第59页。

月 17 日，国民议会通过了新制定的宪法。8 月 15 日 "大韩民国政府" 正式宣告成立，李承晚当选为总统。同一天，美国占领军司令霍季宣布，军政府在朝鲜停止履行职责，并于 9 月完成全部移交工作。美国政府对新成立的大韩民国政府立即予以承认，穆西奥（Muccio）作为大使级特别代表派驻朝鲜。

对于南方单独选举后朝鲜北方如何反应，苏联事先早有指示。1948 年 4 月 24 日，联共（布）中央政治局指示什特科夫，"如果朝鲜南方举行了单独选举，就会组织成立单独的朝鲜南方政府"，在这种情况下，必须向金日成建议，"召开一次朝鲜最高人民会议特别会议并作出如下决定：（a）在朝鲜统一以前，4 月北朝鲜最高人民会议通过的《朝鲜民主人民共和国临时宪法草案》仅在北朝鲜范围内有效；（b）根据宪法，应该举行全朝鲜最高人民会议选举"。[①] "大韩民国" 成立后，苏联国内新闻界立即谴责 "大韩民国是美国的傀儡"，"是美国向太平洋扩张的基地"。[②]朝鲜北方则按照苏联的指示，于 8 月 25 日进行了包括朝鲜南方在内的最高人民会议选举，朝鲜南方共选出 360 名代表参加最高人民会议，[③] 朝鲜北方选出 212 名代表（其中北方的朝鲜劳动党代表102 名）参加最高人民会议。9 月 2 日，第一次朝鲜最高人民会议在平壤召开，南北朝鲜劳动党代表共计 157 人，占总代表人数的27.5%，处于绝对优势，第二大党派只占 7%。[④] 9 月 8 日，会议通

---

① 转引自 Andrei Lankov, *From Stalin to Kim Il Sung*, N. J.：Rutgers University Press，2002，p. 46。

② Max Beloff, *Soviet Policy in the Far East 1944 - 1951*, London：Oxford University Press，1953，p. 172.

③ 南部的选举分两个阶段进行。首先每个地区选出 7 ~ 8 名代表，然后这些代表到海州集会，选出南方各省参加最高人民会议的 360 名代表。8 月 21 ~ 26 日，约1100 名南朝鲜代表齐聚海州，选出了参加最高人民会议的 360 名南方代表。Andrei Lankov：*From Stalin to Kim Il Sung*, N. J.：Rutgers University Press，2002，p. 46。

④ Andrei Lankov, *From Stalin to Kim Il Sung*, N. J.：Rutgers University Press，2002，p. 47.

过了朝鲜民主主义人民共和国宪法。9月9日，朝鲜民主主义人民共和国正式成立，金日成任内阁首相，金科奉（Kim Doo Bong）任最高人民会议主席。

9月10日，朝鲜最高人民会议照会苏美两国政府，要求苏美两国占领军同时撤出朝鲜，刚刚成立的朝鲜民主主义人民共和国政府，"团结了南北两地绝大多数的朝鲜人民实行通力合作，完成政治统一"，在外国军队撤出以后足以保证"全朝鲜的安宁秩序均无问题"。9月18日，苏联最高苏维埃主席团照会朝鲜最高人民代表会议主席金科奉，告知已经指示苏联部长会议，于当年12月底即撤回苏联驻朝鲜的军队，并希望"至迟在本年年底，美国政府亦即撤回驻南朝鲜的美国军队"。① 获悉苏联即将撤军的消息后，美国驻苏大使馆照会苏联外交部，表示美国从朝鲜撤军和建设朝鲜为统一与独立国家的问题正在研究当中，结果"将由出席联合国大会的美国代表团，届时向大会会议提出报告"。② 显然，美国无意接受与苏联同时从朝鲜撤军的建议。

10月7日，联共（布）中央政治局建议朝鲜向苏联及其他民主国家发出建交邀请，以赢得相应的国际承认。10月8日，金日成以朝鲜民主主义人民共和国首相的名义致电斯大林，"希望苏联政府允与朝鲜民主主义人民共和国建立外交关系，互换两国大使"。10月12日，斯大林复函金日成，声明苏联愿意与朝鲜建立外交关系并互派大使，发展两国的经济合作关系。12月，第三届联大通过了由美国等国提出的承认南部选举结果的决议案，并宣布"大韩民国"是朝鲜唯一合法政府，南北之间的矛盾空前激化。苏美两国先后从朝鲜撤军后，朝鲜南北方之间的政治对立进一步加剧。尽管朝鲜北方根据苏联的建议，通过建立祖国统一民主阵线，提出了和平统一朝鲜的具体计划，并向联合国递送了这

---

① 苏联外交部编《朝鲜问题参考文件》，第63、64页。

② 苏联外交部编《朝鲜问题参考文件》，第67页。

一计划，但此举并未得到联合国的回应，朝鲜分裂的局面无法逆转。

　　朝鲜分裂是战后大国推行权力政治的结果，大国强加给朝鲜的外部因素在朝鲜分裂的过程中发挥了主要的作用。苏联作为朝鲜分裂的始作俑者之一，对战后朝鲜局势的发展负有不可推卸的历史责任。根据近代以来大国角逐朝鲜半岛的历史经验，大国对抗经常成为朝鲜国内政治力量有所作为的机会。由于美苏都不希望统一的朝鲜加入对方的阵营，南北政权分别不断地要求美国和苏联支持统一朝鲜，在和平统一前景渺茫的情况下，战争就无法避免。

第三章
苏联与朝鲜战争的爆发

在和平统一朝鲜的所有努力宣告失败以后，相互对立的朝鲜南北政权都希望通过军事手段解决统一问题，由此导致了"三八线"附近军事摩擦和交火事件的频繁发生。1950 年 6 月 25 日，朝鲜爆发了大规模的内战。这场战争既是外部力量影响朝鲜事务的结果，也是朝鲜半岛内部两种政治力量博弈的结果。冷战结束以前，苏联一直宣称自己与朝鲜战争的爆发没有关系。冷战结束以后，随着俄国对苏联冷战初期外交档案的解密，加之其他相关国家解密档案的印证，苏联与朝鲜战争爆发的关系也逐渐浮出水面。那么，苏联在支持武力统一朝鲜的问题上究竟经历了怎样的一个决策过程呢？

一　最初的反对

大韩民国与朝鲜民主主义人民共和国的建立，加剧了朝鲜南北之间的政治对立。"在南北方的经济联系完全被割断以后，南北领导人之间的怨恨也进一步上升了。"[①] 为了尽快确立对全朝鲜

---

① Tae – Ho Yoo, *The Korean War and the United Nations*: *A Legal and Diplomatic Historical Study*, Louvan, 1964, p. 22.

的政治权威，南北政权都试图通过武力实现朝鲜的统一。然而，"没有超级大国的支持，不管是南方，还是北方，都没有能力进攻对方"。① 对于朝鲜北方来说，除非得到苏联的认可和援助，否则仅凭借自身的力量是无法实现武力统一的。对于苏联来说，在美苏合作解决朝鲜问题的努力失败以后，保证自身在三八线以北的影响、维持朝鲜半岛现状和避免美苏军事对抗是最现实的利益诉求，因此苏联当时对支持朝鲜武力统一并无兴趣。

苏联军队撤出朝鲜以后，朝鲜南方的军队不断在三八线附近挑起军事摩擦，甚至公开叫嚣战争，由此导致了金日成对南方发动军事进攻的担心。为此，1948 年金日成曾向斯大林建议，希望苏联与朝鲜签订一个友好互助条约，以建立苏朝之间的同盟关系，但是没有得到斯大林的认可。1949 年 1 月 19 日，苏联驻朝大使什特科夫在发给莫斯科的电报中谈到此事时说，"对于金日成曾表示希望同苏联签订友好互助条约一事，我已向金日成和朴宪永（Park Hen Yong）解释说，在目前国家分割为两个部分的情况下，签订这个条约是不妥的。这会被南朝鲜反对派利用来反对朝鲜人民民主主义共和国政府，从而维持国家的分裂状态"。他认为，"这个通报，使得金日成和朴宪永有点不安"，金日成婉转地向他提出，"如果由于某种原因不能签订这个条约，那么必须签订一个苏联援助朝鲜的秘密协定"。② 然而，这个愿望也没能满足，朝鲜方面寻求苏联支持武力统一的第一步没能成功迈出。

苏联拒绝与朝鲜签订友好互助条约的主要原因，就是要避免为武力统一朝鲜承担义务，避免在朝鲜陷入与美国的直接对抗（当时美军尚未撤出朝鲜）。斯大林关于拒绝签约的解释，表面上

---

① 〔美〕约翰·刘易斯·加迪斯：《冷战：交易·谍影·谎言·真相》，翟强、张静译，社会科学文献出版社，2013，第 46 页。

② 沈志华编《朝鲜战争：俄国档案馆的解密文件》上册，第 113 页。

看是为了防止朝鲜的分裂，实质上是为了暂时维持朝鲜的现状。3月上旬，金日成一行访问了莫斯科。沈志华先生主编的《朝鲜战争：俄国档案馆的解密文件》，收录了关于3月5日斯大林与金日成的谈话记录，但其中没有关于武力统一朝鲜的内容。苏联外交官贾丕才则回忆说，在3月5日的会谈中，斯大林曾告诉金日成，"我国人民已疲于战争，他们需要休养生息，因此对于进行新的战争的主张他们是决不支持的"。① 美国学者凯瑟琳·威瑟比在一篇题为《对此应该惧怕吗？斯大林与美苏战争的危险》的文章中，引用了一份3月7日金日成与斯大林的会谈记录，其中谈到了武力统一朝鲜的问题。根据会谈记录，金日成向斯大林提出，"目前的形势使通过军事手段解放全国不仅是必需的，而且是可能的。朝鲜南方的反革命势力是不会同意和平统一的，除非他们认为自己的力量强大到足以向北方发动攻击，否则将会使国家的分裂无限期地延续下去。对于我们来说，现在是把主动权掌握在自己手中的最好机会，我们除了有活动在南方的游击队的支持以外，我们的军事力量比南方强大，并且那些蔑视亲美政权的南方人，无疑也会支持我们"。斯大林当即表示，"你们不应该首先进攻南方。第一，朝鲜人民军还没有取得对南方军队压倒性的优势，据我了解，在数量上你们还在他们后面。第二，南方仍然驻扎着美国军队，一旦冲突发生美军将会干涉。第三，不应该忘记，三八线的协定在美苏之间仍然有效，如果我们这边破坏了协定，有足够的理由相信美国将会干涉"。金日成回应说，"这是不是意味着在不久的将来没有统一朝鲜的机会？我们的人民非常渴望再次团结起来，摆脱反革命政权及其美国主子的奴役"。斯大林解释说，"如果对方有进攻的打算，迟早它会发动进攻的。作为对敌方进攻的反应，你将有发起反攻的好机会。到那时，你的

---

① 〔俄〕尼·特·费德林等：《毛泽东与斯大林、赫鲁晓夫交往录》，彭卓吾译，东方出版社，2004，第134页。

行动将会得到所有人的理解和支持"。① 显然，这是一种拖延的说法，斯大林此时并不支持朝鲜向南方发动进攻，他告诫金日成，"必须保证三八线的和平，这非常重要"。②

5月20日，朝鲜南方向外界公布了美军将从朝鲜撤出的消息后，针对南方军队在三八线附近的不断集结，苏联一方面通过增加对北方的军事援助加强其防御力量，③ 另一方面则指示北方通过建立"祖国统一民主阵线"，继续推进和平统一进程。5月31日，什特科夫在与金日成等朝鲜领导人会晤时，建议祖国统一民主阵线代表大会（即成立大会）通过致各政党、社会团体和朝鲜人民的呼吁书，阐述关于和平统一的十项计划。金日成等人认为，"在实现这个计划和在自由环境下进行普选时，左派党和社会团体一定能赢得选举胜利"。根据他们的估计，"投给左派的票在北朝鲜约占80%，在南朝鲜则占65%～70%"。④

6月25～28日，来自朝鲜南北方的71个政党和社会团体的676名代表，在平壤召开了祖国统一民主阵线成立大会。大会听取了关于国际国内形势的报告，提出了当前民主阵线的任务，通过了民主阵线的纲领，祖国统一民主阵线中央委员会，中央委员会第一次会议选举产生了主席团，并决定出版《祖国统一民主阵线报》。尽管一些与会代表认为，现有条件下在朝鲜南方实行自由选举是不可能的，甚至有人担心和平统一的计划

① 转引自 Kathryn Weathersby, "Should We Fear This?" Stalin and the Danger of War with America, *Working Papers*, No. 39, Cold War International Project, Woodrow Wilson International Center for Scholars, Washington D. C. , 2002, p. 4。

② Evjueni Bajanov, "Assessing the Politics of the Korean War 1949 – 1951", *Cold War International History Project Bulletin*, Issue 6–7, Winter, 1995/1996, p. 54.

③ 援助清单请参见沈志华编《朝鲜战争：俄国档案馆的解密文件》上册，第193～198页。

④ 具体可参见沈志华编《朝鲜战争：俄国档案馆的解密文件》上册，第201～202页。

会被认为是对李承晚政府合法性的承认，但经过金日成的解释以后达成了共识。大会向朝鲜各政党和社会团体即全朝鲜人民发出的呼吁书，阐述了苏联建议的和平统一朝鲜的详细计划。①

尽管朝鲜对于祖国统一民主阵线关于和平统一朝鲜的宣言进行了广泛的宣传，但并没有得到李承晚政权的积极响应。7月9日，李承晚在记者招待会上发表声明，声称祖国统一民主阵线"只是一贯的欺骗和宣传"，朝鲜"应在联合国或者类似联合国机构的监督下进行选举"。由于朝鲜北方的和平统一计划被李承晚认为是其发动军事进攻的"最后通牒"，并加强了三八线附近地区的军事部署，朝鲜半岛的紧张形势没有得到缓解。

事实上，苏联建议的和平统一计划并不是一个现实可行的计划，什特科夫也认为，"李承晚和美国将反对这个朝鲜统一计划"。但是，如果李承晚和美国真的反对，"他们在政治上就输了，而左派在政治上就赢了，因为国家和平统一的思想在人民群众中深得人心"。由此可见，苏联此时推动和平统一朝鲜的计划，纯属争取政治主动的策略之举。如果像苏联认为的那样，美国从朝鲜撤军是在武力统一朝鲜的问题上"松开了南朝鲜反动派的手脚"，那么此时北方和平统一朝鲜的计划就是苏联捆绑朝鲜手脚的尝试，原因是苏联尚不希望朝鲜爆发大规模军事冲突，但事实上于事无补。②

1949年6月底美军从朝鲜撤退完毕以后，苏朝双方不断得到南方即将发动军事进攻的消息，为此加强了三八线附近的戒备工作，苏联也加大了对朝鲜北方的军事援助，"主要目的是为了加

---

① 可参见沈志华编《朝鲜战争：俄国档案馆的解密文件》上册，第210～211、263～266页。

② 以上引文见沈志华编《朝鲜战争：俄国档案馆的解密文件》上册，第220、202页。

强朝鲜的防御能力，并非鼓励朝鲜北方发动进攻"。① 针对南方意在夺取瓮津半岛部分地区的军事部署，8 月 12 日，金日成等人在和苏联驻朝大使什特科夫的会谈中表示，"当前形势下，用和平方式统一国家是不可能的"；美军撤退以后，朝鲜统一的"障碍已经消除"；"他们不想承担拖延国家统一的责任。当他们看到不能用和平方式统一国家时，便产生向南朝鲜政府发动武装进攻的方式来统一国家的想法。他们认为，无论朝鲜北方还是南方的人民，都会支持他们的这个措施。他们显然认为，如果现在不用武装方式实行统一，那么统一问题就会拖延许多年"。9 月 3 日，金日成又派私人秘书文日（Mun Il）拜访了苏联驻朝代办顿金（G. I. Tunkin）。会谈中，文日说，"金日成请求准许对南方采取军事行动，夺占瓮津半岛及从瓮津半岛以东到开城附近的部分南朝鲜地区，以缩短防线"；"金日成认为，如果国际局势许可，他们准备继续向南方挺进。金日成相信，他们能够在两周，至多两个月内，夺取南朝鲜"。顿金要求文日转告金日成，"这是一个十分重大和严肃的问题，必须加以认真、周密的考虑"，"不要仓促行事，暂时不要对这个问题做出任何决定"。9 月 14 日，顿金在给外交部长维辛斯基的电报中报告说，瓮津半岛战役"一定会导致北方和南方的内战……现在发动内战，对北朝鲜是不适宜的。在目前的国内外形势下，如果北方能够不需要任何先决条件迅速地结束战争……进攻南方的决定才是正确的"。而 9 月 15 日，什特科夫在给斯大林的电报中却说，"无论朝鲜南方还是北方的内部政治形势对我们的朋友都是有利的……人民军的人数和他们拥有的物质保证现在不能保证彻底打垮南朝鲜军队并占领南朝鲜"，但是，"在有利的情况下，可以进行仅仅占领瓮津半岛和开城地区的局部战役"。②

---

① Zhihua Shen, Danhui Li, *After leaning to One Side*: *China and Its allies in the Cold War*, Washington D. C. : Woodrow Wilson Center Press, 2011, p. 17.

② 以上分见沈志华编《朝鲜战争：俄国档案馆的解密文件》上册，第 250、230、250 页。

"从军事的角度看，尽管朝鲜南方人口多，但北方的军事力量无疑要比南方强大。"① 9月24日，联共（布）中央政治局会议讨论了朝鲜问题，会议通过的决议认为，夺取瓮津半岛和开城地区的战役，"是北朝鲜和南朝鲜之间战争的开端"。对于这场战争，"北朝鲜无论在军事方面还是政治方面都没有做好准备"。"如果军事行动由北方主动发起并变为持久战争，那么这可能给美国人提供以各种方式对朝鲜事务进行干涉的借口。""目前争取朝鲜统一的任务要求集中最大力量：第一，在南朝鲜开展游击运动，建立解放区和准备全民武装起义，以便推翻反动政权和成功地解决整个朝鲜统一的任务；第二，进一步全力加强朝鲜人民军的力量。"10月4日，什特科夫根据联共（布）中央的指示，向金日成和朴宪永通报了苏联的决定。当天，什特科夫致电斯大林说，"金日成和朴宪永勉强接受了通报"。② 也有学者对这份决议的解读不同，认为"该决议表明苏联不再坚决反对朝鲜领导人武力统一朝鲜的想法，而是命令朝鲜好好地准备进攻。朝鲜领导人考虑到该决议在语气的一些变化，加紧向苏联施压，以便使苏联支持他们武力统一朝鲜"。③ 这种看法应该是源于对决议后半部分内容的推理或猜测，意即苏联对朝鲜应该如何行动争取统一的建议，表明其反对朝鲜发起武装进攻的态度已经改变，这样的推理未免有点牵强。

新中国成立后，10月21日毛泽东曾致电斯大林，征求他对武力统一朝鲜的意见。10月26日，莫洛托夫为斯大林起草的以副外长葛罗米柯的名义给毛泽东的回电认为，"我们赞同您的意见，目前，朝鲜人民军（还）不应实施进攻行动"。④ 11月5日，

① Max Beloff, *Soviet Policy in the Far East 1944–1951*, 1953, p. 179.

② 沈志华编《朝鲜战争：俄国档案馆的解密文件》上册，第256、262页。

③ Evjueni Bajanov, "Assessing the Politics of the Korean War 1949–1951", *Cold War International History Project Bulletin*, Issue 6–7, Winter, 1995/1996, p. 87.

④ 沈志华：《毛泽东、斯大林与朝鲜战争再议》，《史学集刊》2007年第5期，第52页。

葛罗米柯转发的斯大林给毛泽东的正式回电表示，"我们支持你们所说的问题的那种意见，同时我们将依照这种精神向朝鲜朋友提出我们的劝告"。11 月 20 日，葛罗米柯在给什特科夫的电报中，指责他"没有严格地、坚定地贯彻中央关于防止三八线形势复杂化的指示"。① 赫鲁晓夫（N. S. Khrushchev）在他的回忆录中曾谈到，1949 年底，金日成在莫斯科与斯大林就"用武力解决南朝鲜的问题"进行了秘密会谈。② 《不确定的伙伴》一书的作者援引对中国旅美学者陈兼先生的采访，认为毛泽东在 1949 年底与斯大林谈话时就同意金日成发动进攻，并认为美国不会干涉，理由是师哲③在其回忆录的手稿中，曾谈到斯大林告诉毛泽东，金日成也在莫斯科，并讨论了对朝鲜问题的看法。没有其他方面的辅证，仅凭回忆录判断历史并不完全可靠。根据目前俄罗斯解密的苏朝领导人之间的电报往来和会谈或会议记录看，并没有发现金日成 1949 年底莫斯科之行的蛛丝马迹。因此 1949 年底金日成访苏一事，尚不能肯定。即便是师哲回忆录手稿中谈到斯大林与毛泽东谈到金日成来莫斯科，如《不确定的伙伴》一书所述，斯大林也是对毛泽东说金日成"高估了有利因素，低估了不利因素"，④ 显然是不同意发动进攻。

事实上，毛泽东访问苏联之初，确实有一个朝鲜代表团在莫斯科，即金枓奉率领的参加斯大林 70 寿辰庆祝活动的朝鲜代表团，还给斯大林赠送了颇具特色的生日礼物。1950 年 2 月 3 日，苏联驻朝使馆关于朝鲜庆祝斯大林 70 寿辰活动的调查报告中谈及金枓奉的莫斯科之行，但没有谈及斯大林单独会见朝鲜代表团的事情。或许是赫鲁晓夫和师哲的回忆录把金枓奉来莫斯科误记

① 沈志华编《朝鲜战争：俄国档案馆的解密文件》上册，第 276、281 页。

② 〔苏〕赫鲁晓夫：《赫鲁晓夫回忆录》，第 532 ~ 533 页。

③ 毛泽东第一次访问苏联时中方的俄文翻译。

④ Serge Goncharov, John Lewis and Xue Litai, *Uncertain Partners*: *Stalin Mao and the Korean War*, pp. 130, 325.

成金日成来莫斯科，这也有可能。试想想，如果 1949 年底金日成已经和斯大林见过面的话，为什么还要在 1950 年 1 月 17 日这么短的时间内向什特科夫要求希望尽快会见斯大林呢？因此可以认为，至少到 1949 年底，斯大林仍然不希望改变朝鲜半岛的现状，不同意金日成发起对南方的军事行动，因为"这样的行动对苏联的利益是非常危险的，并有可能导致对手发起大规模的战争"。[①]

二　谨慎的支持

朝鲜领导人对武力统一的渴望并没有因为苏联的反对而减弱。就在给斯大林贺寿的朝鲜代表团返回平壤的第二天，即 1950 年 1 月 17 日，金日成邀请苏联驻朝大使什特科夫参加了朝鲜欢送驻华大使李周渊（Lee Joo Yon）赴任的午宴。宴会期间，金日成谈到统一朝鲜的问题时说，"如果将南朝鲜人民的解放和祖国的统一事业拖延下去，我就会失去朝鲜人民对我的信任"。然后他进一步表示，"在莫斯科时，斯大林同志曾告诉他，不要向南方进攻，当李承晚军队向北方进攻时，可以对南朝鲜进行反攻。但是，李承晚至今未发动进攻，南朝鲜人民的解放和国家的统一便拖延下来，所以他想，必须再到斯大林那里去一趟，接受指示并获准让人民军发起进攻，解放南朝鲜人民"；"他不能自行发动进攻，因为他是共产党员，是个守纪律的人，斯大林同志的指示就是法律"；"如果现在不能会见斯大林，那么，他在毛泽东从莫斯科返回后，将设法去见毛泽东"，因为"毛泽东曾答应他在中国战争结束后将给予援助"。另外，金日成还亲自向什特科夫询问，

[①] Telegram from Stalin to Shtykov, 30 October 1950, APRF. Kathryn Weathersby, "Should We Fear This?" Stalin and the Danger of War with America, *Working Papers*, No. 39, Cold War International Project, Woodrow Wilson International Center for Scholars, Washington D. C. , 2002, p. 8.

"他能否同斯大林同志会面，讨论南方的形势和对李承晚军队发动进攻的问题"，并抱怨说，"为什么不许可他进攻瓮津半岛，本来人民军在三天之内就能拿下这个半岛，如果发动一次总攻，人民军几天之内就能进入汉城"。1月19日，什特科夫致电苏联外交部长维辛斯基，汇报了这一情况。什特科夫认为，宴会上金日成虽然"有些醉意"，谈话时处于"兴奋状态"，但是"他说这些话不是偶然的，而是预先想好的，目的是倾诉情怀，试探我们对这些问题的态度。在整个谈话中，金日成一再强调，他希望听取斯大林同志对朝鲜南方形势的看法"。

1月30日，斯大林在给什特科夫的回电中说，"我理解金日成同志的不满，但他应当理解，他想对南朝鲜采取如此大的举措，是需要充分准备的。此举必须组织得不冒太大风险。如果他想同我会谈此事，那么，我随时准备接见他并同他谈。请把此事转告金日成并告诉他，在这件事上我准备帮助他"。收到电报的当天，什特科夫就约见了金日成，转达了斯大林意见。1月31日，什特科夫在给斯大林的电报中报告说，"金日成十分满意地听取了我的转告。看来，您同意接见他并准备在此事上向他提供援助一事，给他留下了极为深刻的印象"。"为了再听准确些"，金日成甚至问"是可以就这个问题去会见斯大林同志喽？"什特科夫做了肯定的回答。[①] 为了防止泄露苏联改变决策的消息，2月2日，斯大林再次致电什特科夫，要他告诉金日成，对于即将讨论的问题一定要"要高度保密"，"不仅不能告诉中国同志，而且也不能告诉朝鲜领导集体内部的任何人"。[②]

---

① 以上引文分见沈志华编《朝鲜战争：俄国档案馆的解密文件》上册，第305~306、309、310页

② Telegram from Stalin to Shtykov, 2 February 1950, APRF. Kathryn Weathersby, "Should We Fear This?" Stalin and the Danger of War with America, *Working Papers*, No. 39, Cold War International Project, Woodrow Wilson International Center for Scholars, Washington D. C. , 2002, p. 9.

"对于金日成来说，苏联的支持就意味着统一朝鲜的梦想能很快实现。"[1] 为了趁热打铁，2月4日，金日成约见什特科夫，请求他向苏联政府提出建议，看"他们能否着手再组建3个步兵师，以便把军队总人数增加到10个师"，并请求斯大林同志，"让他把苏联政府1951年提供的贷款用于1950年。他们想把这批贷款用于为计划组建的3个步兵师购买苏联的装备"。2月7日，什特科夫致电外交部长维辛斯基汇报了这一情况。2月9日，维辛斯基回电指示什特科夫，要他告知金日成，"可以着手组建3个补充师"，"可以请求在1950年使用1951年的贷款"。2月23日，华西列夫斯基中将到达朝鲜，接替了什特科夫兼任的朝鲜人民军苏联军事顾问团总顾问一职。3月9日，金日成照会什特科夫，希望苏联政府于1950年按照以前提交的申请单，向朝鲜提供1.2亿~1.3亿卢布的军事技术物资，用于加强人民军的力量。3月14日，金日成再次照会什特科夫，提出了使用1951年苏联贷款为新组建的3个人民军步兵师所购买的装备、弹药和军事技术器材的详细清单。[2] "由于苏联的支持和援助，金日成的军队才发动了对朝鲜南方的进攻，试图在他的领导下实现朝鲜的统一。"[3]

3月21日，什特科夫打电报告诉斯大林，说"金日成请我向斯大林转达他的请求，即他同朴宪永想在4月初与斯大林同志会晤"，讨论"国家南北方统一的途径与方法、国家经济发展远景"等问题。3月24日，什特科夫告知金日成，斯大林同意接见他和朴宪永。3月30日，金日成一行动身前往莫斯科。目前俄国解密

---

[1] Charles K. Armstrong, *Tyranny of the Weak: North Korea and the World 1950 - 1992*, Ithaca: Cornell University Press, 2013, p. 17.

[2] 分见沈志华编《朝鲜战争：俄国档案馆的解密文件》上册，第317、318、323~327页。

[3] William Whitney Stuck, *The Korean War: An International History*, Princeton University Press, 1995, p. 3.

的苏联档案中，只有一份斯大林和金日成讨论朝鲜北方经济发展的记录，[1] 没有讨论武力统一朝鲜的会谈记录。但是，有一份联共（布）中央国际部关于金日成访苏的报告，回顾了斯大林和金日成关于武力统一朝鲜的谈话内容。报告主要内容如下。

斯大林确信地告诉金日成，国际形势发生了很大的变化，容许在统一朝鲜的问题上采取更为积极的姿态。

国际上，中国共产党对国民党的胜利改善了在朝鲜采取行动的环境。中国不再忙于内战，有能力和精力援助朝鲜。如果需要的话，中国完全可以派军队到朝鲜，并且这也不会对中国其他方面的需要造成任何影响。中国人的胜利具有重要的鼓舞作用，它表明了亚洲革命力量的强大和反革命力量及其西方和美国主子力量的虚弱。美国人离开了中国，不敢在军事上挑衅新中国。

现在中国已经与苏联签订了同盟条约，美国甚至在挑战亚洲共产党的问题上变得更加犹豫不决。根据来自美国的情报，由于苏联现在拥有了原子弹和苏联在平壤地位的巩固和加强，主流的倾向确实是不干涉。

无论如何，我们必须再次权衡采取军事行动正反两面的影响。首先，美国会不会干涉？其次，军事行动只有在得到中国领导人的同意后方可采取。

金日成的意见是美国不会干涉，既然美国人知道朝鲜背后有中国和苏联，并且会帮助朝鲜，就不会冒战争的风险。至于说毛泽东，他一直支持我们统一国家的愿望。他在多个场合说过，等中国革命胜利了，中国将会帮助我们。需要的话，中国将提供军队。不过，我们要依靠自己的力量统一朝鲜，我们相信能做到这一点。

---

① 　沈志华编《朝鲜战争：俄国档案馆的解密文件》上册，第329、332～335页。

斯大林强调对战争的全面准备是必需的。首先，军队必须提高到一个较高的战备水平。你们必须既组建主力进攻师，还要组建预备队。各师必须拥有更多的用于运动战的武器和机械化装备。你在这方面的请求将全部得到满足。

然后还必须制订详细的作战计划。计划基本上分为三个阶段：第一，部队在三八线附近指定地区的集结。第二，朝鲜最高权力机构发出和平统一的新建议，这些建议肯定会遭到对方的反对。然后，在这些建议遭到反对后进行反攻。我同意你关于进攻瓮津半岛的想法，这有助于伪装谁首先发起了军事行动。在你发起进攻和朝鲜南方发起反攻之后，你就有机会扩大战线。战争应该是速决战，让南方人和美国人没有时间反应，没有时间进行强硬的反抗，也没有时间寻求国际支持。

斯大林还说，朝鲜不应该指望苏联直接参与战争，因为苏联要在其他地方，尤其是要在西方应对严峻的挑战。他再次告诫金日成，一定要和毛泽东同志商量，并且说毛泽东对东方问题有很好的理解。斯大林重申，苏联不打算直接介入朝鲜事务，尤其是如果美国冒险向朝鲜派兵的话。

金日成给斯大林详细分析了美国不会干涉的理由。北方的进攻是迅速的，将在三天内赢得战争的胜利；南方游击队的活动正日益增强，到时候他们将举行起义；美国人没有时间准备，等他们反应过来，全朝鲜人正热情支持新政府呢。

朴宪永详细阐述了南方游击运动的情况，他预言将有20万党员领导群众参加起义。

双方同意北方军队到1950年夏全面动员完毕，到时候

朝鲜总参谋部在苏联顾问团的帮助下，制订出具体的作战
计划。①

　　根据这份报告可以认为，在这次与金日成等人的会谈中，斯
大林同意了北方武力统一朝鲜的计划，理由是"国际形势发生了
很大变化"。那么，1950 年国际形势发生了哪些有利于武力统一
朝鲜的变化呢？应该说，中国革命的胜利、苏联核爆炸的成功、
北约的成立与苏联和西方关系的恶化、美国把朝鲜和台湾划在西
太平洋防御圈之外的声明、美国对日政策的调整等，都属于斯大
林所说的国际形势变化的范畴，但斯大林在会谈中只谈到，"苏
联现在拥有了原子弹"，"中国共产党对国民党的胜利改善了在朝
鲜采取行动的环境"，"中国已经与苏联签订了同盟条约，美国甚
至在挑战亚洲共产党的问题上变得更加犹豫不决"。拥有原子弹
和中国革命的胜利是发生在 1949 年中的事情，和 1950 年初斯大
林决定准备帮助金日成有很大关系，但不是最直接的关系。1950
年 1 月 30 日，当斯大林指示什特科夫转告金日成，"在这件事情
上我准备帮助他"时，新的中苏同盟条约和关于长春铁路和旅
顺、大连的协定草案刚刚谈妥，因此中苏结盟才是斯大林决定支
持金日成采取军事行动最直接的原因。俄国学者祖布克也持同样
的看法，他认为"中苏同盟为朝鲜战争的爆发铺平了道路"。②

　　中苏结盟使苏联在支持武力统一朝鲜的同时给自己留有余
地。之前苏联之所以反对武力统一，主要是担心美国的武装干

① Report on Kim Il Sung's Visit to the USSR, March 30 – April 25, 1950, Prepared by the International Department of the Central Committee of the All – Union Communist Party (Bolshevik), APRF. Kathryn Weathersby, "Should We Fear This? Stalin and the Danger of War with America", *Working Papers*, No. 39, Cold War International Project, Woodrow Wilson International Center for Scholars, Washington D. C., 2002, pp. 9 – 11.

② Vladslav M. Zubok, *A Failed Empire: the Soviet Union in the Cold War from Stalin to Gorbachev*, Chapel Hill: the University of North Carolina Press, 2007, p. 79.

涉，并因此卷入与美国的军事冲突。中苏结盟使苏联的这种担心大大减轻了，"苏联值得为朝鲜发起军事行动冒险"。① 如果美国没有武装干涉，朝鲜顺利完成统一，苏联在远东的战略优势可得到进一步加强；如果美国出兵干涉，苏联就可以利用中国做挡箭牌，避免与美国在朝鲜军事对抗的风险，除非美国把战争扩大到中国，那有可能就是第三次世界大战了，苏联躲不过也不能躲。因此，斯大林在同意金日成武力统一的同时一再告诫他，"如果遇到强大的抵抗，我一点儿也帮不上忙，你们必须请求毛泽东提供所有的帮助"。② 正如美国前国务卿基辛格所言，斯大林这样做的目的"实际上就是要把苏联可能要承担的责任转嫁到中国身上"。③

三　把风险推给中国

中国政府对于武力统一朝鲜的问题原则上是一贯支持的，因为朝鲜的统一事业在革命阵营上来说，也属于世界无产阶级革命的组成部分。针对当时的形势，中共对朝鲜半岛形势的基本立场是：如果南方首先发起军事行动，北方一定要无所畏惧，审慎应对；如果北方想首先发起军事行动，则要等待有利时机。早在1949年5月初，金日成就派朝鲜劳动党中央委员、朝鲜人民军政治部主任金一（Kim Il）访问过北平。5月14日，金日成向什特科夫通报了金一访问北平的情况。他说，在与毛泽东的会谈中，金一提出了朝鲜劳动党中央希望把中国人民解放军编成内的朝鲜师（指由满洲朝鲜人组成的师）转属朝鲜政府的请求，毛泽

① Charles K. Armstrong, *Tyranny of the Weak：North Korea and the World 1950 - 1992*, p. 17.
② Serge Goncharov, John Lewis and Xue Litai, *Uncertain Partners：Stalin, Mao and the Korean War*, p. 145.
③ Henry Kissinger, *On China*, New York：The Penguin Press, 2011, p. 126.

东表示可以让 3 个朝鲜师携带全部装备返回朝鲜，并提醒说，"朝鲜随时可能发生军事行动，金日成应估计到这种情况，并做好周密准备"。毛泽东还说，"在朝鲜的战争可能是速决的，也可能是持久的。持久战对你们不利，因为这样日本就可能卷进来，并帮助南朝鲜'政府'。你们不用担心，因为有苏联在旁边，有我们在东北。必要时，我们可以给你们悄悄地派去中国士兵"。① 这则史料说明毛泽东原则上是支持朝鲜统一的，这也符合中共支持世界无产阶级革命的一贯原则。但是，这并不能说明毛泽东同意朝鲜立即发动对南方的进攻，西方学者基于中共同意中国人民解放军编成内的朝鲜师回国的事实，抓住毛泽东所言"必要时，我们可以给你们悄悄地派去中国士兵"，断言中共同意朝鲜采取军事行动，甚至共同策划了朝鲜战争，未免有些断章取义，应该注意毛泽东前面还有一句，"你们不用担心，因为有苏联在旁边"。

另一则史料可以印证上述判断。5 月 17 日，毛泽东通过联共（布）驻中共中央代表科瓦廖夫向斯大林通报了与金一会谈的情况，通报明确反映了毛泽东当时反对朝鲜立即进攻南方的立场。对于美国撤军以后南方可能对北方发动的进攻，毛泽东认为，如果南方的军队中"有日军参加"，北方的反击行动"就要审慎"，因为"出现这种形势是有可能的"。毛泽东还向斯大林通报说，"如果美国人走了，日本人也没有来，即使在这种情况下，我们也劝朝鲜同志不要向南朝鲜发动进攻，而是等待更有利的形势。因为在这个进攻过程中，麦克阿瑟能够迅速把日本部队和武器调到朝鲜来，而我们又不可能迅速地有力地给予支援，因为我们的全部主力已到长江以南去了"；"类似北朝鲜进攻南方这样的行动，只有在 1950 年初国际形势有利于这一点时，才可以采取。当日军入侵朝鲜时，我们能迅速派出自己的精锐部队消灭日军"。

---

① 沈志华编《朝鲜战争：俄国档案馆的解密文件》上册，第 187 页。

最后，毛泽东也没忘记强调，"所有这些步骤只有和莫斯科协调后，我们才会采取"。①

9月14日，苏联驻朝代办顿金致电外长维辛斯基，汇报了9月12日他与金日成会晤的情况。根据电报内容，金日成谈道，"今年春天，在毛泽东同朝鲜代表金一谈话时，毛泽东曾说，按照他的意见，北方现在不应该发动军事行动，因为，第一，这在政治上不利；第二，中国朋友正忙于自己国内的事，不会给他们有力的帮助"。② 这与毛泽东之前向斯大林通报的看法是一致的。新中国成立后不久，即10月21日，毛泽东还致电斯大林，征询苏联对朝鲜实行武力统一的意见。根据11月5日斯大林的回电内容，两人都认为朝鲜当时不应该发起对南方的军事行动。

出人意料的是，1950年1月底，斯大林的态度就发生了一百八十度的转变。更让人感到不解的是，斯大林改变决策时，毛泽东正在莫斯科访问，斯大林不仅没有把这一决定告诉他的中国客人，而且还指示苏联驻朝大使什特科夫，要他转告金日成一定要高度保密，不能让中国同志知道此事，甚至命令要通过海路运送苏联援助朝鲜的物资，避免经中国东北进入朝鲜。有学者认为，斯大林之所以这样做，是为了"在没有中国参加或者反对的条件下，独自制订朝鲜战争的相关计划，然后造成一个既成事实，让毛泽东不得不选择同意朝鲜采取军事行动并提供援助。毛泽东访苏期间曾谈到苏联援助解放台湾的事情，但遭到了斯大林的拒绝。因此，斯大林很难确信毛泽东当时会在中国没有完成统一大业的情况下肯帮助朝鲜人"。③ 这样的推断有一定道理。毛泽东对斯大林突然改变态度是有怨气的。1956年3月31日，他在与苏

---

① 沈志华编《朝鲜战争：俄国档案馆的解密文件》上册，第190页。

② 沈志华编《朝鲜战争：俄国档案馆的解密文件》上册，第239页。

③ Evjueni Bajanov, "Assessing the Politics of the Korean War 1949 – 1951", *Cold War International History Project Bulletin*, Issue 6 – 7, Winter, 1995/1996, p. 87.

联驻华大使尤金（P. F. Yudin）的谈话中说，"关于朝鲜问题，我在莫斯科的时候，没有谈论过大力增强朝鲜力量的事情，更没有谈论过进攻南方的事情。后来金日成到了莫斯科并达成了某种协定，可是没有人认为有必要事先征求我的意见"。①

1950 年 4 月，斯大林在同意金日成武力统一朝鲜的同时，要求金日成必须到北京亲自征求中国同志的意见。金日成一行从莫斯科回来后，便接到朝鲜驻华大使李周渊的来信，信中谈到他与毛泽东和周恩来会见时讨论了金日成与毛泽东会见的问题。会谈期间，毛泽东还问起打算什么时候统一国家的问题，并建议如果打算近期行动，金日成应对中国进行非正式的访问。由于朝鲜劳动党中央并没有授权李周渊与毛泽东讨论金日成访问北京的事情，所以他被召回平壤，听取了对相关问题的指示。5 月 10 日，李周渊返回北京后，根据朝鲜劳动党中央的指示，会见了毛泽东，讨论了金日成来访的问题，但并没有透漏金日成在莫斯科与斯大林会谈的结果。5 月 12 日，李周渊报称，毛泽东同意金日成按照原定计划，5 月 13 日访问北京。为了防止走漏消息，金日成和朴宪永去北京与毛泽东会晤一事，甚至都没有在朝鲜劳动党中央委员会内部讨论过。

5 月 3 日，斯大林曾在给毛泽东的电报中谈道，"朝鲜同志来过我们这里。同他们会谈的结果，将于日内向您专门通报"。② 但是，直到金日成到达北京时，斯大林也没有向毛泽东通报会谈的结果。5 月 13 日，金日成一行抵达北京，与中国领导人进行了会谈。由于毛泽东对金日成与斯大林的会谈一无所知，所以当金日成告诉他斯大林已经同意发起军事行动的决定时，他甚至都不敢相信自己的耳朵。当天晚上，毛泽东委托周恩来前往苏联驻华使

---

① Dieter Heinzig, "Stalin, Mao, Kim and Korean War Origins 1950: A Russian Documentary Discrepancy", *Cold War International History Project Bulletin*, Issue 8 – 9, Winter 1996/1997, p. 240.

② 沈志华编《朝鲜战争：俄国档案馆的解密文件》上册，第 353 页。

馆，通过大使罗申（N. V. Roshchin）向斯大林求证金日成所言是否属实。罗申在当晚 11 时 30 分发给斯大林的电报中说，在与毛泽东的会谈中，"朝鲜同志通知了菲利波夫①同志的如下指示：现在的形势与过去不同了，北朝鲜可以开始行动，但是，这个问题必须同中国同志和毛泽东本人讨论"；"毛泽东同志想得到菲利波夫同志本人对这一问题的说明……中国同志请求速速回电"。5 月 14 日，斯大林在给毛泽东的回电中说，"鉴于国际形势已经改变，同意朝鲜人关于统一的建议。同时补充一点，这个问题最终必须由中国和朝鲜同志共同解决。如果中国同志不同意，则应重新讨论解决这个问题。会谈详情可由朝鲜同志向您讲述"。② 显而易见，"斯大林很自然地把反对朝鲜采取军事行动产生的责备完全放在了毛泽东身上"。③

斯大林要求金日成征求毛泽东意见这件事情表明，"此前斯大林与毛泽东是有共识的，即北朝鲜不应急于发动统一战争"。④ 从表面上看，毛泽东可以反对甚至否决斯大林的决定，阻止这场战争的发生，这也符合中国的战略利益。然而，从现实的角度看，"毛泽东没有拒绝满足斯大林期待援助朝鲜的理由"。⑤ 刚刚与苏联结盟的新中国，如果反对斯大林的决定，不仅很难取信于斯大林，而且会影响到不久前签订的《中苏友好同盟互助条约》及相关协定的落实。如果中苏同盟因此而面临危险，新中国的内外处境将不堪设想。因此，在得到斯大林的确认后，毛泽东没提什么反对意见，或者可以像西方学者所说的那样只是"勉强赞

① 指斯大林。
② 沈志华编《朝鲜战争：俄国档案馆的解密文件》上册，第 383、384 页。
③ Henry Kissinger, *On China*, New York：The Penguin Press, 2011, p. 128.
④ 牛军：《冷战与新中国外交的缘起 1949～1955》（修订版），社会科学文献出版社，2013，第 235 页。
⑤ Kathryn Weathersby, "Should We Fear This? Stalin and the Danger of War with America", *Working Papers*, No. 39, Cold War International Project, Woodrow Wilson International Center for Scholars, Washington D. C., 2002, p. 13.

成"，① 但同时也没有做什么具体承诺，因为金日成并没有告知毛泽东具体的作战时间和计划，也没有向中国提出具体的援助要求，访问北京前他曾告诉什特科夫，"他不再向毛泽东要求援助了，因为在莫斯科他的一切要求已经得到了满足，他在那里得到了所需要的足够的援助"。② 由此可见，在决定武力统一朝鲜的问题上，金日成和斯大林事先都没有征求过中国领导人的意见，金日成事后的告知只是斯大林保证苏联置身事外的一步棋，一些西方学者谴责中国参与策划了朝鲜战争没有依据。早在 1960 年，美国著名学者艾伦·惠廷（Allen S. Whiting）就指出，"没有证据可以证明中国参与了朝鲜战争的策划和准备工作"。③ 冷战结束以来解密的多国档案再次证明了惠廷的看法，中国确实没有参与朝鲜战争的策划和准备工作。近年来，一些西方学者在不得不承认中国没有参与策划朝鲜战争的同时，忽视毛泽东反对斯大林决定的后果，强调毛泽东所以没有反对金日成发动进攻，意在"把朝鲜的军事行动看作是对中国革命的一次防御，是保护其远东外围地区的一种方式，是对美帝国主义的一次有效打击"。④ 实际上，这并不是中国领导人主观上刻意要追求的结果，而是朝鲜的军事行动客观上可能产生的效果，并且产生这些效果的前提是朝鲜的军事行动必须取得成功。

四　苏联为什么要打"中国牌"？

苏联为什么要在朝鲜战争的问题上打"中国牌"呢？由于目

① William Stueck, "The Korean War", Melvyn P. Leffler & Odd Arne Westad ed., *The Cambridge History of the Cold War*, Vol. 1, The Cambridge University Press, 2010, p. 274.
② 沈志华编《朝鲜战争：俄国档案馆的解密文件》上册，第 382 页。
③ Allen S. Whiting, *China Cross the Yalu: the Decision to Enter the Korean War*, New York: Macmillan Company, 1960, p. 45.
④ Charles K. Armstrong, *Tyranny of the Weak: North Korea and the World 1950 – 1952*, p. 17.

前没有可依据的档案材料，回答这一问题只能结合具体史实和相关史料，进行必要的逻辑推理，以下两个方面的因素值得注意。

首先，这可能是苏联让步签订中苏新约使出的一个撒手锏。中国革命胜利之际，正是国际上美苏冷战正酣之时。1949 年初，中国共产党在客观分析国际国内形势的基础上，做出了未来新中国外交将实行"一边倒"（即倒向以苏联为首的社会主义阵营一边）的战略决策，中苏结盟就成为实现"一边倒"战略的关键。尽管中苏两党之间存在诸多矛盾和龃龉，但中共始终从中国革命的大局出发，把苏联作为最可能争取的朋友。1949 年 1 月底至 2 月初，米高扬对西柏坡的秘密访问，打开了中苏结盟的大门。6 ~ 8 月，刘少奇对莫斯科的秘密访问，奠定了中苏结盟的基础。同年 12 月，毛泽东正式访问苏联，中苏结盟进入最后阶段。

1945 年 8 月苏联与国民政府签订的《中苏友好同盟条约》，是当时中苏结盟的最大障碍。刘少奇在莫斯科与斯大林会谈时，斯大林曾表示"1945 年签订的中苏条约是不平等的，"[1] 但没有主动谈及条约的存废问题，希望"等毛泽东到莫斯科后再决定这个问题"。[2] 新中国成立后，怎样解决这个问题，关系到新中国的外交如何开局。中共希望废除这个不平等条约，在平等的基础上另订新约，以体现中苏之间新型的国家关系，为彻底肃清帝国主义在中国的特权和影响奠定基础。为此，在出访苏联之前，毛泽东通过多种渠道向苏方表达了签订中苏新约代替旧约的愿望。在他看来，此举对于新中国"至关重要，它决定着新中国以后的发展前途"。[3] 12 月 16 日，毛泽东在到达莫斯科车站后的公开讲话

---

[1] 师哲回忆、李海文整理《在历史巨人身边：师哲回忆录》，中央文献出版社，1991，第 405 页。

[2] 《刘少奇给联共（布）中央和斯大林的报告》，《当代中国史研究》1997 年第 2 期，第 107 页。

[3] "Mao's Conversation with Yudin, 31 March 1956", *Cold War International History Project Bulletin*, Issue 6 – 7, Winter 1995/1996, p. 165.

中也声明了这一点。

到达莫斯科的当天晚上，毛泽东就与斯大林进行了第一次会谈。当毛泽东谈及如何处理 1945 年的中苏条约时，斯大林表示，"因雅尔塔协定的缘故，目前不宜改变原有中苏条约的合法性"，希望"寻求一种可行的办法，在形式上保留，而在实际上修改现行条约"。[①]"这次会谈证明是一次不愉快和无效果的对话。"[②] 12 月 24 日，在与斯大林的第二次会谈中，毛泽东提议，"为了签订条约，让周恩来到莫斯科来"，斯大林认为"这样做不妥，因为资产阶级的报纸会叫嚷整个中国政府都在莫斯科"，变相地拒绝了毛泽东的建议。此后一段时间里，斯大林甚至不愿与毛泽东进行任何会晤。[③]

与东欧各国党的领导人相比，毛泽东最大的特点就是敢于向斯大林表达自己的不同意见。在没有安排任何公开活动的一周时间里，毛泽东向前来探望他的苏联领导人表达了自己的不满，而且拒绝外出参观访问，甚至表示想提前回国。当然，这更多的是一种斗争策略，并不一定是真实的想法。与此同时，由于得不到中苏谈判的消息，西方媒体大肆散布毛泽东被斯大林"软禁"、中苏关系紧张的谣言，这也给苏联造成了很大压力，最终斯大林同意了毛泽东关于废除旧约、另订新约的要求。1950 年 1 月 2 日晚，莫洛托夫等人到毛泽东下榻的别墅，表示同意签订新约代替旧约。[④] 至此，中苏结盟的最大障碍以苏联的让步得以解决。

---

① 沈志华：《关于 1950 年中苏条约谈判的部分俄国档案文献》，《党史资料研究》1998 年第 5 期，第 3、4 页。

② Chi – kwan Mark, *China and the World since 1945：An International History*，New York：Routledge，2012，p. 20.

③ "Mao's Conversation with Yudin, 31 March 1956"，*Cold War International History Project Bulletin*，Issue 6 – 7，Winter 1995/1996，p. 165.

④ 中华人民共和国外交部、中共中央文献研究室编《毛泽东外交文选》，世界知识出版社、中央文献出版社，1994，第 120 ~ 122 页。

1950 年 2 月 14 日，《中苏友好同盟互助条约》及相关协定
在莫斯科正式签订，中苏结盟的目标终于实现。根据相关协定，
在不久的将来，中国将完全收回苏联根据 1945 年中苏条约获得
的权益，这不能不说是新中国外交的重大胜利。尽管斯大林也
认识到中苏结盟的战略意义，但因此失去在中国的既得权益，
尤其是即将失去在东北亚的不冻港和出海口（旅顺和大连），
确是一件难以释怀的事情。早在雅尔塔会议上，斯大林就表示，
俄国军队在 1904～1905 年日俄战争中的失败"给我们留下了痛
苦的回忆，给我们的国家留下了污点。我国人民相信击溃日本、
洗雪污点的时间将会到来。我国人民，老一代的人们，等待这
一天已经有 40 年。这个时刻终于到来了"。① 雅尔塔会议"关于
满洲的各项协定的总的结果是，苏联得到了实质上是帝俄从 1898
年至 1904 年期间享受过的同样的法定的权利"。② 俄国学者列多
夫斯基认为，"斯大林改变保持 1945 年条约和协定继续有效的立
场，不是因为对日战争已经结束，而是另有更重要的斯大林不便
透露的原因"。③ 改变苏联在朝鲜半岛的政策，通过支持金日成武
力统一，弥补苏联因签订中苏新约面临的利益损失，或许就是斯
大林不便透露的原因之一。如果战争获胜，凭借苏联对朝鲜半岛
的影响，可以通过控制仁川和釜山两港替代旅顺和大连的作用；
如果战争失败，东北亚地区的紧张形势将迫使中国同意苏联军队
继续留驻旅顺和大连，并继续控制长春铁路。

还有一种因素应该考虑，即毛泽东在废除旧约问题上的据理
力争，对于在各国党中间享有极高威望的斯大林来说，一定在心
里积压了很大的怨气。支持朝鲜武力统一，除了可以弥补苏联因

---

① 〔俄〕A. M. 列多夫斯基：《斯大林与中国》，陈春华译，新华出版社，2001，
第 340 页。

② 〔英〕琼斯、休·博顿、皮尔恩：《国际事务概览 1939～1946：1942～1946 年
的远东》上册，第 276 页。

③ 〔俄〕A. M. 列多夫斯基：《斯大林与中国》，第 155 页。

签订中苏新约在远东丧失的战略利益以外，也可以消散一下斯大林心中的怨气。毛泽东在莫斯科和斯大林第一次会谈时就表示，"现在，最重要的问题是保障和平。中国需要三到五年的和平喘息的时间，用这段时间来恢复战前的经济水平和稳定全国的局势。解决中国最重要的问题，取决于和平的前景"。斯大林认同毛泽东的看法，说"实际上谁也不会同中国打仗"。① 然而，就在中苏新约的基本原则确定以后，即 1 月 30 日，斯大林改变了对朝鲜问题的态度。此时毛泽东就在莫斯科，并刚刚结束了与斯大林的第三次会谈，但斯大林没有向他的中国客人透漏半点消息。4 月中旬，斯大林同意了金日成武力统一朝鲜的计划。直到金日成 5 月 13 日到北京通报与斯大林会谈的结果，毛泽东才得知真相。1956 年 3 月 31 日，毛泽东在与苏联驻华大使尤金的谈话中说，"关于朝鲜问题，我在莫斯科的时候，没有谈论过大力增强朝鲜力量的事情，更没有谈论过进攻南方的事情。后来金日成到了莫斯科并达成了某种协定，可是没有人认为有必要事先征求我的意见"。② 毛泽东也承认这也许是他"虎口夺食"付出的代价，③ "斯大林在谋求苏联地缘政治利益的同时，却把行动的风险转嫁给了中国"。④

其次，这还可能是苏联用来检验中共真假马列政党的一块试金石。尽管中共领导的新民主主义革命从一开始就得到苏联的支持和帮助，但自从 1936 年红军到达陕北以后，"中共与苏联的关系就处于一种互不信任、互不协调的状态"。⑤ 抗日战争期间，苏

---

① 沈志华：《关于 1950 年中苏条约谈判的部分俄国档案文献》，《党史研究资料》1998 年第 5 期，第 3 页。

② Dieter Heinzig, "Stalin, Mao, Kim and Korean War Origins 1950: A Russian Documentary Discrepancy", *Cold War International History Project Bulletin*, Issue 8-9, Winter 1996/1997, p. 240.

③ 沈志华主编《中苏关系史纲 1917~1991》，新华出版社，2007，第 112 页。

④ Henry Kissinger, *On China*, New York: The Penguin Press, 2011, p. 126.

⑤ 沈志华：《毛泽东、斯大林与朝鲜战争》，广东人民出版社，2007，第 47 页。

联希望中共大规模出兵与日军作战，帮助苏联解除后顾之忧，但中共坚持打游击战争，"苏联对此很不满意，认为中共不愿支持苏联"。① 1940 年秋，斯大林在与苏联驻华武官崔可夫的谈话中说，中国共产党依靠的是"最贫穷、受压迫最深和没有文化的农民"，"对成长中的工人阶级估计不足"，党内"民族主义倾向相当严重"，队伍中"国际主义团结发扬得不够"；② "中国共产党和中国工人阶级要成为反侵略斗争的领导者，还显得太孱弱"，"蒋介石有美国和英国的援助，毛泽东是永远得不到这些大国的援助"，所以苏联只能援助国民党，这样"蒋介石即使不能打退日本侵略者，也能长期拖住它"。③ 延安整风运动进一步加深了斯大林对中共的不满和猜忌，1944 年 6 月 22 日，他在与美国特使哈里曼的谈话中说，"中共不是真正的共产党人，是人造奶油式的共产党，一旦经济状况改善，他们就会放弃共产主义"。④

抗日战争胜利前夕，中共一厢情愿地认为，作为共产党执政的国家，苏联一定会帮助中共争取中国革命的全面胜利。为此，1945 年 3 月，毛泽东在中共七大的总结报告中表示，他相信"国际无产阶级的援助一定要来的，要不然马列主义就不灵了"。⑤ 殊不知早在当年 2 月的雅尔塔会议上，斯大林已经与罗斯福达成了支持蒋介石和平统一中国的共识。日本投降以后，斯大林多次致电毛泽东，要求他去重庆与蒋介石谈判，希望中共寻求维持国内和平的办法，走和平发展的道路。如果一旦爆发内战，中华民族将面临覆灭的危险。⑥ 斯大林还告诉前往莫斯科的中共代表，"在

---

① 胡乔木：《胡乔木回忆毛泽东》，人民出版社，1994，第 88 页。
② 〔苏〕瓦·伊·崔可夫：《在华使命：一个军事顾问的笔记》，万成才译，新华出版社，1980，第 34 页。
③ 〔苏〕瓦·伊·崔可夫：《在华使命：一个军事顾问的笔记》，第 35 页。
④ *FRUS, 1944*, Vol. 6, Washington D. C.: Government Print Office, 1967, pp. 899 – 900.
⑤ 《毛泽东在七大的报告和讲话集》，中央文献出版社，1995，第 199 页。
⑥ 师哲回忆、李海文整理《在历史巨人身边：师哲回忆录》，第 308 页。

中国开展武装斗争是没有前途的，中国同志们应该找到某种同蒋介石妥协相处的安排"。① 国共和谈破裂后，虽然在《中苏友好同盟条约》允许的框架内，苏军没有阻止中共军队走小路进入东北，也向进入东北的中共军队提供了一定的支持，但苏联对中共的支持却因与美蒋关系的变化时紧时松。在 1945 年 12 月举行的苏美英三国外长会议上，苏美在中国问题上再次达成妥协，苏联承认国民政府是中国合法政府，声明不能有两个政府，两支军队。12 月 30 日，斯大林在会见到访的蒋经国时说，"苏联政府对中国共产党的行为不满"，"中国共产党人再也不会来征求建议了。他们知道苏联政府不同意他们的观点"。当蒋经国请求斯大林向中共提出建议时，斯大林表示，"如果他们来征求建议，他就向他们提出，会不会这样，天晓得"。② 马歇尔来华调停国共冲突期间，中共曾希望苏联能充当"东北的马歇尔"，进行有利于中共的调停，但苏联拒绝了中共的请求，并敦促中共下决心停战，与国民党合作进行民主改革。

　　中国内战爆发以后，由于苏联对中共实力估计不足，加之缺乏信任，所以没有公开支持中共领导的斗争，而是力图在国共之间保持中立。随着美苏矛盾的激化和中国革命形势的迅猛发展，从 1948 年夏天开始，苏联一方面开始向中共提供一定的军事援助，进一步增强两党的联系；另一方面受苏南冲突的影响，苏联又试图在国民党和共产党之间进行调处。驻华大使罗申向国民党官员表示，这么做"是因为他们害怕毛泽东成为亚洲的铁托"。③ 毛泽东后来在与苏联驻华大使尤金的谈话中也表示，"斯大林的不信任和怀疑态度可能是由南斯拉夫事件引起

---

① 〔南〕弗拉吉米尔·杰吉耶尔：《铁托传》下册，叶周等译，三联书店，1977，第 118 页。

② 《斯大林与蒋经国会谈记录（1945.12～1946.1）》，陈春华译，《中共党史资料》第 61 辑，中共党史出版社，1997，第 197～199 页。

③ 沈志华：《毛泽东、斯大林与朝鲜战争》，第 65 页。

的"。① 因此，为了增强斯大林对中共的信任，苏南冲突爆发后，中共公开支持共产党情报局关于南斯拉夫党的决议，指责南共领导人"陷入了资产阶级民族主义和资产阶级政党的泥坑"，号召要在党内加强阶级教育和国际主义教育。② 与此同时，毛泽东还多次致电斯大林，希望亲自去莫斯科商讨关于建国的政策和策略问题，却被斯大林多次婉拒，取而代之的是米高扬对西柏坡的秘密访问。

1949 年在中国革命即将取得全面胜利的情况下，苏联不得不放弃了调停国共冲突的努力，对华政策迅速调整为与未来新中国结盟的政策。结盟谈判过程中，毛泽东不愿为了苏联的既得利益在废除中苏旧约的问题上让步，不可避免地引起了斯大林的猜疑。在斯大林看来，维护苏联的利益就是维护国际无产阶级的利益，这样的同盟者才可靠。中共究竟是不是真正的马列主义政党，有没有国际无产阶级的团结精神，斯大林心中还没有明确的答案。毛泽东曾告诉尤金，"在莫斯科逗留期间，我更强烈地感觉到对我们的这种不信任"。③

国外学者普遍认为，斯大林对毛泽东的不信任是金日成成功说服斯大林同意其进攻南方的关键因素。如美国学者柯庆生也认同，"正是斯大林怀疑毛泽东可能成为铁托主义者或者亚洲的列宁，才使得金日成撬动东亚共产主义运动的努力成为可能"。④ 这种说法看上去虽然有些绝对，但也有一定道理。对于斯大林来说，毛泽东是否

① "Mao's Conversation with Yudin, 31 March 1956", *Cold War International History Project Bulletin*, Issue 6 - 7, Winter 1995/1996, p. 165.

② 《中国共产党中央委员会关于南斯拉夫共产党问题的决议》，1948 年 7 月 1 日，转引自牛军《从延安走向世界：中国共产党对外关系的起源》，福建人民出版社，1992，第 272 页。

③ "Mao's Conversation with Yudin, 31 March 1956", *Cold War International History Project Bulletin*, Issue 6 - 7, Winter 1995/1996, p. 166.

④ 柯庆生：《东亚社会主义同盟与美国的遏制战略（1949 ~ 1969）》，《冷战国际史研究》(4)，世界知识出版社，2007，第 33 页。

同意朝鲜采取军事行动，是否愿意在金日成无法速战速决甚至招致美国武装干涉的情况下挺身而出，就成为其检验毛泽东是否是亚洲铁托、中共是否是真正马列主义政党的一块试金石。中国政府抗美援朝的决策和行动，最终让斯大林放弃了心中的猜忌，中苏两党之间的信任最终得以确立，并成为真正意义上的同盟者。"朝鲜战争给毛泽东和斯大林的关系注入了活力"。① 对于这一点，毛泽东感受颇深。1956 年 3 月，他在与尤金的谈话中表示，"使斯大林对中共的信任程度有所加强的重要因素，是您的中国之行和朝鲜战争，即中国人民志愿军的参战"。② 1958 年 7 月，毛泽东和尤金再次谈到这个问题。他告诉尤金，"你们一直不相信中国人，斯大林很不相信。中国人被看作第二个铁托"；"你对斯大林说⋯⋯'中国人是真正的马克思主义者'。但斯大林还是怀疑。只是到了朝鲜战争时才改变了他的看法，也改变了东欧和其他各国兄弟党对我们的怀疑"；"从那个时候起，两国开始合拢了，才有一百五十六项"。③ 诚然，中国政府决定抗美援朝的原因主要是出于国家安全的考虑，但斯大林对毛泽东的不信任确实对中国的决策发挥了一定的作用。

五　苏联缺席安理会关于朝鲜问题的讨论

1950 年 6 月 25 日，朝鲜战争爆发。同一天，联合国安理会通过了美国提出的议案，要求朝鲜立即停止军事行动，并将军队撤回三八线以北。6 月 27 日，在美国总统杜鲁门宣布武装干涉朝鲜并派第七舰队进驻台湾海峡的同时，联合国安理会再次通过美

---

① 〔美〕罗斯·特里尔：《毛泽东的后半生》，曾胡等译，世界知识出版社，1989，第 16 页。

② "Mao's Conversation with Yudin, 31 March 1956", *Cold War International History Project Bulletin*, Issue 6 - 7, Winter 1995/1996, p. 166.

③ 中华人民共和国外交部、中共中央文献研究室编《毛泽东外交文选》，第 323、326、325 页。

国的提案，指责朝鲜拒绝停止军事行动并拒绝把军队撤回三八线以北是对和平的破坏，建议联合国会员国向朝鲜南方提供必要的帮助。7月7日，联合国安理会在美国的操纵下通过决议，要求会员国按照决议提供军队和其他援助，交由美国领导的司令部使用。决议称各国提供的军队为"联合国军"，授权美国任命"联合国军"指挥官，使用联合国的旗帜，授予司令部"联合国全权"。7月8日，美国远东军司令麦克阿瑟被杜鲁门任命为"联合国军"总司令，全面介入朝鲜战争。

美国可以如此堂而皇之地借用联合国名义干涉朝鲜战争，与苏联缺席安理会讨论有很大关系。众所周知，1950年1月13日，苏联为了支持新中国恢复在联合国合法席位的斗争退出了安理会，此举和朝鲜半岛的形势并无直接关系。朝鲜战争爆发后，根据时任苏联外交部副部长葛罗米柯的回忆，在安理会召开讨论朝鲜形势的会议前，苏联常驻联合国代表马立克从纽约打电报给莫斯科，询问"苏联代表是否应该参加为讨论美国提交给安理会的一封信而召开的会议"。当晚，斯大林打电话给葛罗米柯，问他"在目前情况下应该下达什么指示？"葛罗米柯回答说，"外交部已起草了一项指示，正在送您审批。这项指示的实质是：第一，坚决驳回对朝鲜民主主义人民共和国和苏联的指控，并且同样坚决地控告美国参与发动对朝鲜民主主义人民共和国的侵略。第二，一旦有人建议要安理会通过旨在反对朝鲜民主主义人民共和国，或者反对它和苏联的决议，马立克就应该立刻使用否决权，阻止通过这类决议。"斯大林听了葛罗米柯的汇报，虽然用激烈的言辞谴责了美国提交安理会的敌视苏联和朝鲜的信件，却出乎意料地说，"我认为，苏联代表不应该参加安理会会议"。①

葛罗米柯提醒斯大林说，"如果我们的代表不出席会议，安

---

① 〔苏〕安·安·葛罗米柯：《永志不忘：葛罗米柯回忆录》上，伊吾译，世界知识出版社，1989，第261页。

理会就可能通过任何决议，甚至打着‘联合国部队’的旗号从其他国家派遣军队到南朝鲜去”。葛罗米柯回忆说，“这一理由并没有给斯大林留下特别的印象。我感到，他不准备改变自己的观点”；“然后，斯大林实际上口授了一项指示……40分钟后，这项指示就发给了我国驻安理会的代表”；“正如人们所知道的那样，我提醒过斯大林的事情发生了，安理会通过了华盛顿强加给它的决议。被派往南朝鲜的各个国家的武装部队都被贴上了‘联合国部队’的标签。当然在这个事件中斯大林明显地感情用事，没有很好地权衡自己的行动。这似乎不符合他的思维方式，但事实正是如此”。① 然而，“感情用事”四个字是不能说明问题的。斯大林作为一个精于韬略的政治家和外交家，不可能在如此重大的问题上“感情用事”，那么应该如何评价斯大林的这个决定呢？

由于苏联是为了支持恢复新中国在联合国的合法席位退出安理会的，似乎只有在这一问题得到解决后再返回安理会才合乎逻辑。尽管我们不能像一些西方学者那样，认为苏联当时退出安理会与朝鲜战争的爆发有关，但支持恢复新中国的合法席位不应成为苏联在朝鲜战争爆发后不返回安理会的理由。在当时的条件下，朝鲜问题远比中国的联合国席位问题重要，苏联不返回安理会确实是一次错误的决策。联合国秘书长赖伊在6月27日安理会开会前曾对马立克说，“在我看来，你们国家的利益要求你参加下午的安理会讨论”，马立克立即表示他“不会参加”。② 诚然，“如果认为苏联出席安理会并投了否决票，美国就不可能对共产党人在朝鲜的挑衅作出反应，这种逻辑上的假定都是讲不通的”。③ 但是，“马立克的缺席却使安理会决议获得通过成为可能”。④ “由于苏联大

---

① 〔苏〕安·安·葛罗米柯：《永志不忘：葛罗米柯回忆录》上，第262页。

② Lie, *In the Course of Peace*, p. 333.

③ 〔美〕约翰·斯帕尼尔：《杜鲁门与麦克阿瑟的冲突和朝鲜战争》，钱宗起、邹国平译，复旦大学出版社，1985，第41页。

④ Lie, *In the Course of Peace*, p. 333.

使未出席安理会、行使否决权，使得杜鲁门可以组织起抗御行动，以联合国的名义出兵，变成是威尔逊主义的'自由对抗独裁、善恶势不两立'的精神，让美军合理地在朝鲜介入战事。"①

对于苏联代表缺席安理会的后果，斯大林不会不清楚，那么斯大林为什么不允许苏联代表返回安理会呢？在目前俄国解密的苏联档案中，没有发现这方面的内容。根据苏联对朝鲜战争的立场和态度来分析，返回安理会也会使其面临两难的选择：如果使用否决权，会被西方国家指责苏联策划了朝鲜战争；如果不使用否决权，则会失去社会主义国家的信任，也有悖于自己一贯的政治立场。这两种结果是苏联都要避免的，所以不允许苏联代表返回安理会的决策，并不像葛罗米柯所言是斯大林"感情用事"，而是苏联民族利己主义外交传统作祟的结果，目的就是为了证明苏联与朝鲜战争无关。6月27日，杜鲁门向莫斯科发出照会，希望苏联从中斡旋以便尽快恢复朝鲜战前的状态。7月4日，葛罗米柯在谴责安理会决议非法的同时表示，这场战争是"朝鲜人之间的内战"，"苏联不能采取行动。"②

在缺席安理会讨论的日子里，苏联拒绝承认安理会决议的法律效力，谴责美国对朝鲜的武装干涉，呼吁应邀请中华人民共和国代表参加安理会关于朝鲜问题的讨论，但这些对朝鲜的形势都无济于事。随着朝鲜战事的发展，在意识到缺席安理会并不能约束美国反而使自己更加被动的情况下，苏联利用担任轮值主席国的机会，于8月1日返回了安理会。鉴于社会主义阵营国家对苏联缺席安理会的质疑和苏联在是否返回安理会问题上决策的改变，斯大林在8月27日给捷克斯洛伐克总统哥特瓦尔德（Gottwald）的电报中进行了解释。其中谈到，起初苏联没有返回安理

① 〔美〕亨利·基辛格：《大外交》，顾淑馨、林添贵译，海南出版社，1997，第429页。

② 〔美〕沃尔特·拉费伯尔：《美国、俄国和冷战1945~2006》，牛可等译，世界图书出版公司，2011，第89页。

会的目的有四，"第一，表明苏联与新中国团结一致；第二，强调美国的政策荒诞愚蠢，因为它承认国民党政府这个稻草人是中国在安理会的代表，却不允许中国的真正代表进入安理会；第三，认定安理会在两个大国代表缺席的情况下做出的决定是非法的；第四，让美国放开手脚，利用安理会中的多数再做些蠢事，从而在公众舆论面前暴露美国政府的真实面目"。斯大林认为，正是由于苏联没有返回安理会，"美国陷进了对朝鲜的军事干涉，败坏了自己在军事和道义上的威望"，"美国的注意力从欧洲被引向了远东"。"假设美国政府还继续被牵制在远东，并使中国加入解放朝鲜和争取本国独立的斗争"，"美国会在这场斗争中无力自拔"，"第三次世界大战就会不定期拖延，这就为巩固欧洲的社会主义争取了时间。更不要说美国和中国的斗争会在亚洲和整个远东地区引发革命了"。关于返回安理会的解释则是，"我们可以退出安理会，也可以根据国际形势的变化返回安理会"。① 显然，中国的联合国席位问题不是阻碍苏联返回安理会的主要因素。

斯大林对苏联缺席安理会的解释明显牵强附会。首先，朝鲜战争爆发后，苏联代表返回安理会，阻止美国干涉朝鲜战争，更符合中国的安全利益，也有利于加强中苏团结。其次，美国以联合国的名义出兵朝鲜，不仅没有败坏自己在军事和道义上的威望，而且还赢得了一定的国际支持。再次，美国武装干涉朝鲜战争虽然牵制了它的一部分力量，但其军事战略重点仍是加强北约。参谋长联席会议主席布雷德利认为，美国应"尽可能快地熬过这场战争，使我们的部队和海军力量脱身，把一些陆军师送回国内，作为可用兵力的基础，把另外一些送往欧洲，以帮助支撑北约"。② 最后，斯大林谈到中国加入朝鲜战争，有利于进一步牵

---

① 沈志华：《斯大林、毛泽东与朝鲜战争再议：根据俄国档案文献的最新证据》，《史学集刊》2007 年第 5 期，第 56 页。

② 赵学功：《巨大的转变：战后美国对东亚的政策》，天津人民出版社，2002，第 54 页。

制美国的力量，推迟第三次世界大战的爆发，这更是一厢情愿的事情，因为此时他对中国是否愿意介入朝鲜战争尚无把握。所谓"巩固欧洲的社会主义、引发亚洲的革命"的说法，不过是历史经验主义的认识。时代不同了，战争引起革命，革命制止战争的逻辑已不适应战后世界发展的潮流。

斯大林的电报明显言不由衷。对于这份电报的实际价值，可以做如下几点判断。首先，这份电报发出的时间是 1950 年 8 月27 日，此时朝鲜战争已经爆发两个月之久，苏联代表已经返回了安理会，电报内容能否反映朝鲜战争爆发时苏联政府决策的真相，值得质疑。其次，斯大林发出这份电报的原因是因为捷克斯洛伐克总统哥特瓦尔德不能理解苏联缺席安理会讨论的做法，所以该电报的功能更多地体现为政策解释，其决策效用微乎其微，作为决策研究的依据缺乏说服力。再次，苏联缺席安理会的决定在其他国家看来是一次错误决策，对于苏联来说却是一次利己决策，这符合苏联的现实利益和外交传统。然而，这一决策行为既不符合社会主义国家外交决策的原则，也有损于苏联的国际威望。为苏联利己主义的决策戴上国际道义的光环，使其具有利他主义的功能，恐怕是斯大林发出这份电报的主要目的。如果苏联缺席安理会的决定果真是出于斯大林在前述电报中的"崇高目的"，为什么相关内容在葛罗米柯的回忆录中没有丝毫的流露呢？由此可见，这份电报对于回答为什么苏联在朝鲜战争爆发之初缺席安理会的讨论几乎没有什么价值，研究者一定要审慎分析，避免掉入历史档案的迷魂阵。要想揭开这一事件的真相，仍有待于新资料的进一步发现。

尽管朝鲜战争起源于 1945 年美苏在朝鲜半岛划分占领区所导致的分裂，但是如果没有苏联的支持，就没有现在我们所说的朝鲜战争。苏联同意朝鲜采取军事行动可以产生一举两得的效果。如果朝鲜的军事行动成功，苏联在远东的战略地位将进一步得到巩固；如果美国武装干涉，朝鲜的军事行动受挫，由此而导致的中朝、中苏和苏朝边境地区的紧张局势将迫使中国政府把注意力转移到上述地区来，推迟解放台湾的行动。对于苏联来讲，朝鲜半岛比台湾重要得多，与其支持毛泽东解放台湾的行动，不如支持金日成在朝鲜采取行动。决策过程中唯一不变的是，苏联绝对不能公开卷入朝鲜战争，不能引发美苏之间的军事冲突。为此，朝鲜战争爆发之初，苏联宁愿缺席安理会的讨论，任凭美国操纵安理会通过武装干涉朝鲜战争的决议，也不愿给西方国家制造苏联参与策划朝鲜战争的借口，单方面地寄希望于朝鲜的速胜和危急时刻中国的援助，反映了苏联外交明显的民族利己主义特征。

第四章
苏联与中国的抗美援朝

朝鲜战争爆发时，中国的解放战争尚未全部结束，国内反动势力的活动仍很猖獗，中国人民解放军正在积极部署解放台湾的军事行动，国内经济凋敝、满目疮痍，面临艰巨的经济恢复和政权巩固任务，根本无暇顾及朝鲜的战事。因此，无论从哪个角度讲，新中国都没有精力和实力援助朝鲜。如果像金日成所预料的那样，朝鲜战争的确是一场速决战，美国来不及干涉战争就已结束，那么也不存在中国出兵朝鲜的问题。然而，美国对朝鲜的武装干涉，不仅使朝鲜的战局发生了明显的逆转，而且给中国的领土安全造成了极大的压力。在"联合国军"越过三八线和苏联不断施压的情况下，中国领导人不得已做出了抗美援朝、保家卫国的艰难选择。苏联怎样影响了中国的决策和行动，就是本章要探讨的主要内容。

一　敦促中国出兵

由于战前朝鲜领导人并没有向中国提出援助请求，战争初期朝鲜人民军的战事进展得也比较顺利，因此朝鲜战争爆发之初，中国政府并没有正式考虑过出兵朝鲜的问题，仍然是集中精力处理内部事务。6月30日，中国政府颁布了《土地改革法》，展开了一场全国规模的土地改革运动。中央复员委员会下达了毛泽东和周恩来共同签署的《军委、政务院关于1950年复员工作的决定》，正式开始了中国规模最大的一次军队复员工作。当天，周恩来在与海军司令员兼政委萧劲光谈到朝鲜战争爆发后中央对时局的估计和政策时指出，"我们在外交上要谴责美帝国主义侵略台湾，干涉中国内政；在军事上陆军继续复员，加强海军、空军建设，推迟解放台湾的时间"。①

美国对朝鲜的武装干涉，提升了苏联对中国是否愿意援助朝鲜的关注。从1950年7月初开始，斯大林就通过苏联驻华大使罗申探询中国政府对朝鲜战争的态度。罗申在7月2日给斯大林的电报中说，在当天与周恩来的会谈中，周恩来谈到如果美国人越过三八线，中国军队将装扮成朝鲜人进行抵抗，并询问苏联能否为进入朝鲜的部队提供空中掩护。② 周恩来这样讲并不意味着中国已经决定出兵，某种程度上可以认为是中国对苏联试探中国态度的一种反应。罗申的报告引起了斯大林的关注，7月5日，斯大林指示罗申通知周恩来，中国应该"立即集中9个中国师于中朝边境，以便在敌人越过三八线时，志愿军进入北朝鲜作战，这个做法是正确的。我们将尽力为这些部队提供空中掩护"。③ 斯大林一方面竭力避免苏联卷入朝鲜战争，一方面又非常希望中国出兵朝鲜，这种己所不欲却施于人的做法，体现了苏联外交大国沙文主义的传统。一句笼统的"将尽力为这些部队提供空中掩护"看上去似乎是一个答案，实际上却有许多不确定性。"尽力"的含义是什么？"空中掩护"的具体内容是什么？这些关键的问题

① 中共中央文献研究室编《周恩来年谱1949~1976》上卷，中央文献出版社，1997，第52页。
② Evjueni Bajanov, "Assessing the Politics of the Korean War 1949-1951", *Cold War International History Project Bulletin*, Issue 6-7, Winter, 1995/1996, p.89.
③ 沈志华编《朝鲜战争：俄国档案馆的解密文件》上册，第431页。

都没有答案。7月8日，斯大林再次电示罗申，要他通知毛泽东，"朝鲜人抱怨说，在朝鲜没有中国的代表。应当尽快派出代表，以便于联系和迅速解决问题，当然，如果毛泽东认为有必要与朝鲜联系的话"。①

尽管中国当时没有正式考虑出兵朝鲜的问题，但军事部署上还是进行了一些调整。7月13日，中央军委做出了《关于保卫东北边防的决定》，并将驻防河南的第13兵团改编为东北边防军，北调辽宁安东（今丹东）、凤城一线，沿鸭绿江布防，以确保东北的安全。② 此举的主要目的是战略防御，属于有备无患的"绸缪之计"，③ 并不是有学者所认为的是"中国有可能干涉朝鲜战争的一个关键性步骤"。④ 同一天，斯大林电示罗申，要他转告毛泽东或周恩来，询问中国"是否已决定在朝鲜边境部署9个中国师"，如果决定的话，苏联准备"派去一个喷气机歼击机师——124架飞机，用于掩护这些部队"。⑤ 7月22日，毛泽东在给斯大林的电报中说，"关于对中朝边境线地区我军部队提供空中掩护、我航空兵改装喷气式飞机并接受苏联两个航空兵师的全部武装装备的问题，我们已进行了研究，对于您的这一提议特表示欢迎，并对您和苏联政府所给予的援助和支持表示感谢"。⑥ 由于当时朝鲜人民军还在向南推进，"联合国军"也没有越过三八线，因此毛泽东没有提及出兵朝鲜的问题。从8月中旬开始，朝鲜人民军的推进遇到了"联合国军"的强力阻滞，朝鲜战局陷入了僵持。

---

① 沈志华编《朝鲜战争：俄国档案馆的解密文件》上册，第437页。
② 当时东北是中国驻军最少的一个战略区，正规部队只有一个从事农业生产的第42军，东北的全部兵力不足20万。
③ 薄一波：《若干重大决策与事件的回顾》上，中共中央党校出版社，1991，第43页。
④ Chen Jian, *China's Road to the Korean War: the Making of the Sino - American Confrontation*, New York: Columbia University Press, 1994, p. 217.
⑤ 沈志华编《朝鲜战争：俄国档案馆的解密文件》上册，第450页。
⑥ 沈志华编《朝鲜战争：俄国档案馆的解密文件》中册，第483页。

由此，中国政府开始大规模调整军事部署，积极进行战备工作，以避免在万不得已、非出兵不可时仓促上阵。然而，是否出兵朝鲜此时还没有提上议事日程。

求胜心切、急速向南推进的朝鲜人民军，给麦克阿瑟的军事冒险提供了可能。尽管中国领导人早在 7 月初就告诉苏联领导人，要他们提醒金日成，警惕美国军队在仁川或人民军的其他后方实施登陆的危险性，但这个建议显然没有受到苏、朝领导人的重视。9 月 15 日，为了解除朝鲜人民军对釜山的包围、切断人民军后方补给线并围歼人民军主力，麦克阿瑟指挥作为"联合国军"主要组成部分的美国海军陆战队，打响了代号为"铁铬行动"（Operation Chromite）的仁川两栖登陆战。此役虽然在军事上具有很大的冒险性，却收到了决定性的作战效果。这次战役不仅切断了朝鲜人民军的后方补给线，并对朝鲜人民军形成围攻之势，使"联合国军"牢牢控制了朝鲜战场的主导权。朝鲜战局的急转直下，给中国造成了巨大的安全压力，从 9 月下旬开始，中国领导人开始正式考虑是否出兵朝鲜的问题。

对于刚刚从战火中走出来的新中国来说，出兵朝鲜虽然是一次异常艰难的抉择，但"让中国默认美国沿着日本侵略中国东北和华北的老路，把战火烧到中国的家门口，这是绝对不可能的"。① 为了防止以美国为首的"联合国军"向北推进，威胁中国东北边界的安全，中国政府并没有示弱。9 月 25 日，中国人民解放军代总参谋长聂荣臻在会见印度驻华大使潘尼迦（K. M. Pannikkar）时说，"中国对美国突破三八线决不会置之不理"，中国将"不惜任何代价制止美国的侵略行径"。② 9 月 30

---

① Henry Kissinger, *On China*, New York: The Penguin Press, 2011, p. 132.
② 转引自〔美〕约瑟夫·格登《朝鲜战争：未透露的内情》，于滨等译，解放军出版社，1990，第 331 页。

日，周恩来总理在全国政协为新中国成立一周年举行的庆祝大会上谈到新中国的外交政策时说，"中国人民决不能容忍外国的侵略，也不能听任帝国主义者对自己的邻人肆行侵略而置之不理"。① 用一位美国学者的话来说，中国的立场"并不是好战的"，却是"毫不含糊"的，"倘若麦克阿瑟把战火烧到或烧过中国边境，中国将介入"。②

中国政府的警告并没有引起美国的重视，10 月 1 日，朝鲜南方的军队首先越过三八线向北推进。9 月 30 日，苏联驻朝大使什特科夫转发了朝鲜方面前一天交给他的金日成向斯大林的求援信，请求在敌人越过三八线以北的时刻，苏联能给予朝鲜"特别的援助"，即"直接军事援助"。金日成在信中还说，"如果由于某些原因不能做到这一点，那么请帮助我们在中国或其他人民民主国家建立国际志愿部队，对我们的斗争给予军事援助"。斯大林变相地拒绝了由苏联向朝鲜提供直接军事援助的要求。10 月 1 日，斯大林回电指示，"敌人将力图占领北朝鲜，因此必须毫不延迟地动员全部力量，不让敌人越过三八线，同时也要做好同敌人在三八线以北战斗的准备"；"应全力加快新编部队和兵团的组建，这些部队的武器装备已经在运往朝鲜的路上。同时必须采取更有利的措施把部队从南方撤出……在南方……必须转而进行游击活动……搞乱和惊扰敌人的后方"；"关于派武装力量援助的问题，我们认为最能接受的援助形式是派志愿军。关于这个问题，我们还得先同中国同志们进行协商"。

同一天，斯大林还致电苏联驻华大使罗申，要他尽快转告毛泽东或周恩来，说"我正在远离莫斯科的地方休假，对朝鲜局势不甚了解（事实上应该是非常了解——引者注）。但是，从今天莫斯科给我的报告中，我得知朝鲜同志陷入了困境"；"如果您认

① 《周恩来选集》下，人民出版社，1984，第 37 页。
② 〔美〕罗斯·特里尔：《毛泽东的后半生》，第 13 页。

为能为朝鲜人提供援军，哪怕五、六个师也好，应即刻向三八线开进，从而使朝鲜同志能在你们部队的掩护下，在三八线以北组织后备力量。中国部队可以以志愿者身份出现，当然，由中国的指挥员统率"。斯大林还向中国领导人隐瞒了金日成向苏联请求直接军事援助的消息，故作姿态地表示，"我没有向朝鲜同志谈过这件事，而且也不打算谈。但我并不怀疑，当他们得知此事后将会很高兴"。① 斯大林对中国出兵的要求看上去是那么的客气，而实际上却使中国没有回旋的余地。

毛泽东最初在出兵问题上的态度还是比较积极的。10 月 1 日，在接到斯大林要求中国出兵的电报和金日成的求援信以后，中央书记处连夜召开了紧急会议（毛、周、刘、朱参加，任弼时因病没有出席）。根据中国公布的档案材料，10 月 2 日，毛泽东曾起草过一份给斯大林的电报，说"我们决定用志愿军的名义派一部分军队至朝鲜境内和美国及其走狗李承晚的军队作战，援助朝鲜同志"。② 这一材料证明，10 月 1 日夜中央书记处会议讨论的结果，出兵的意见是占了上风的。但是，这份电报并未发出，所以俄国公布的档案材料中没有这份电报，而是 10 月 3 日由驻华大使罗申转发的 10 月 2 日毛泽东给斯大林的另一份决定暂不出兵电报。③

10 月 2 日召开的中央书记处会议，讨论了出兵朝鲜的问题。会上多数人认为在出兵问题上应该谨慎从事，尤其是在苏联没有就军事援助做出具体承诺的情况下，中国出兵朝鲜面临的困难更大。因此，毛泽东在当天由罗申转发给斯大林的电报中表示，

---

① 以上引文分见沈志华编《朝鲜战争：俄国档案馆的解密文件》中册，第 565、573、574、571 页。

② 《建国以来毛泽东文稿》第 1 册，中央文献出版社，1987，第 539 页。

③ 关于这份电报的争论可参见沈志华《中苏联盟与中国出兵朝鲜的决策：对中国和俄国文献资料的比较研究》，《当代中国史研究》1996 年第 5 期，第 34～39 页。

"我们原先曾打算，当敌人向三八线进攻时，调动几个师的志愿军到北朝鲜帮助朝鲜同志。但是，经过慎重考虑，我们现在认为，这一举动会造成严重的后果"；"中共中央的许多同志认为，对此必须谨慎从事……目前最好还是克制一下，暂不出兵"。罗申在电报中还补充说，"毛泽东的答复证明，中国领导人改变了对朝鲜问题的最初立场"，"我们暂时不清楚中方改变立场的原因"。我们可以把中国决定暂不出兵的决定理解为对苏联的一种试探，斯大林要求中国出兵将了中国一军，中国决定暂不出兵等于是反将了苏联一军。但中国并没有把门关死，在决定暂不出兵的同时，毛泽东还告诉斯大林"对此问题尚未作出最后决定。这是我们的初步电报，我们想同您商量一下。如果您同意，我们准备立刻让周恩来和林彪同志飞到您的休养地，同您讨论这件事，并报告中国和朝鲜的局势"。

毛泽东的电报无疑让斯大林感到非常生气。10月5日，他在给毛泽东的回电说，"中国领导同志曾多次声明，如果敌人越过三八线，就准备派几个军去援助朝鲜同志。因此，我理解中国同志之所以准备派兵去朝鲜，是为了防止朝鲜变为美国和未来军国主义日本反对中国的军事基地，这与中国是利害攸关的"。斯大林列举了诸如美国没有做好发动世界大战准备、苏联作为中国的后盾将迫使美国不得不在朝鲜问题上让步、美国将被迫放弃台湾并拒绝同日本单独媾和等有利于中国出兵的国际形势，并进一步提醒毛泽东，"如果中国只是消极地等待，而不是进行一场认真的较量，再一次使人信服地显示出自己的力量，那么中国将得不到这些让步……甚至连台湾也得不到"。斯大林还在信中劝说中国领导人，不要担心中美开战的问题，中苏"联合起来将比美国和英国更有力量"。①

---

① 以上分见沈志华编《朝鲜战争：俄国档案馆的解密文件》中册，第576、577、581、582页。

"表面上看，斯大林的电报似乎表明苏联已经准备好与美国开战，以防止朝鲜成为美国势力范围的一部分……实际上，斯大林并不愿意苏联和美国发生任何直接冲突，但他却要求中国承担这样的义务。""斯大林的这份电报使毛泽东陷入了一种两难的困境。"① 从理论上来讲，中国出兵朝鲜关系到加强国际团结的问题；从现实的角度看，尤其在朝鲜人民军面临崩溃的情况下，中国也应该出兵。然而，中国军队装备落后，空军几乎等于零，出兵朝鲜只有仰仗苏联的援助，特别是苏联的空中掩护，这也是个现实的问题。同一天，中共中央召开了政治局扩大会议，再次讨论了出兵朝鲜的问题。会上争论十分激烈，很多人认为"不到万不得已的时候，最好不打这一仗"，② 但会议最后还是做出了由彭德怀率军于 10 月 15 日入朝作战的决定。彭德怀认为，"出兵援朝是必要的。打烂了，等于解放战争晚胜利几年。如美军摆在鸭绿江岸和台湾，它要发动侵略战争，随时都可以找到借口"。③ 10 月 6 日，周恩来主持召开了军委扩大会议，讨论了政治局扩大会议关于出兵的决定，部署了国内防空和东南沿海的战备准备工作及如何支援入朝作战的各项工作。由于尚未就苏联如何向中国作战部队提供援助进行磋商，是日，毛泽东告诉苏联驻华大使罗申，他同意斯大林对国际形势及今后可能发展的前景所做的评价，关于中国派兵到朝鲜的问题，他认为"最适宜的不是派出 5~6 个师，而是最起码要派出 9 个"。关于中国军队到达朝鲜的时间问题，毛泽东虽然表示"准备在最近几天出动"，但坚持"急于出动是不合适的，应该给美国人机会，使其将自己的部队向北方集结，分散驻扎……便能顺利地将他们分批歼灭"。另外毛泽东还谈到了希望苏联向中国提供技术装备、空中掩护、运输

① Henry Kissinger, *On China*, New York: The Penguin Press, 2011, pp. 139, 140.
② 师哲回忆、李海文整理《在历史巨人身边：师哲回忆录》，第 494 页。
③ 《彭德怀自述》，人民出版社，1981，第 258 页。

工具和人员培训等援助的问题，并建议派周恩来等人去苏联与斯大林商讨相关事宜。① 10 月 8 日，毛泽东下令将东北边防军改编为中国人民志愿军，任命彭德怀同志为志愿军总司令兼政委，迅即向朝鲜境内出动。② 同一天，斯大林致信金日成，向他通报了中国愿意出兵的消息。③

10 月 10 日，周恩来一行抵达莫斯科。11 日，周恩来前往斯大林的休养地索契（Sochi）与他进行了会谈。周恩来首先谈了中国出兵面临的困难，并强调还是不出兵最好。但他告诉斯大林，"只要苏联同意出动空军给予空中掩护，中国就可以出兵援朝；同时要求苏联援助中国参加抗美援朝所需的军事装备并向中国提供各种类型的武器弹药"。斯大林表示，"可以完全满足中国抗美援朝所需的飞机、大炮、坦克等军事装备，但苏联空军尚未准备好，须待两个月或两个半月才能出动空军支援志愿军作战"。④ 斯大林的决定对于正在积极部署入朝作战的中国领导人来说，简直是当头一棒。当晚，周恩来向毛泽东电告了会谈的情况。10 月 12 日，代总参谋长聂荣臻通知彭德怀，由于"苏联空军暂时无法出动配合中国志愿军入朝作战"，"原定方案有变化！主席命你和高岗明日回京面商"。⑤ 与此同时，中央下令暂时停止了出兵的军事行动。

"在这件事情上，斯大林不愧是一个老到的政治高手。"当得知中国决定暂不出兵的消息时，斯大林又走了一步更为精妙的棋，把中国推上了出兵的道路。斯大林在与周恩来联名给毛泽东的电报中说，"既然中国在出兵的问题上犹豫，最好的办法就是

① 沈志华编《朝鲜战争：俄国档案馆的解密文件》中册，第 588、589 页。
② 参见中央文献研究室编《建国以来重要文献选编》第 1 册，中央文献出版社，1992，第 418 页。
③ 沈志华编《朝鲜战争：俄国档案馆的解密文件》中册，第 592 页。
④ 中共中央文献研究室编《周恩来年谱 1949~1976》上卷，第 85 页。
⑤ 王焰主编《彭德怀年谱》，人民出版社，1998，第 442 页。

让朝鲜同志进行有组织的撤退，把他们的军队、武器、物资和部分工作人员撤退到中国东北，这样金日成可以在东北组织一个流亡政府。朝鲜军队的伤病员可以撤退到苏联，他个人并不介意美国人出现在苏联的亚洲边界线上，因为苏联已经在欧洲的边界线上面对美国人了"。① 这是一种变相的施压，让金日成在东北组建流亡政府以便伺机再战比美国兵临鸭绿江的危险更大，它有可能成为美国扩大战争的借口，中国面临的安全威胁更大，毛泽东除了决定出兵之外别无选择。10 月 13 日，中共中央政治局紧急会议最后决定，即使苏联空军暂时不能出动，中国也将立即出兵抗美援朝。外国学者现在也认为，"决定出兵朝鲜对于中国来说并不是件容易的事情"。②

同一天，苏联驻华大使罗申把毛泽东再次决定出兵的消息电告了斯大林，并转达了毛泽东"希望空军能够尽快到达，无论如何不迟于两个月"的要求。同一天，周恩来也收到了毛泽东决定最后出兵的电报，并连夜约见莫洛托夫，请他把中国最后决定出兵的消息尽快通知斯大林。10 月 14 日，斯大林致电金日成说："经过犹豫和若干暂时的决定后，中国同志终于做出了出兵援助朝鲜的决定。我为终于做出的这个有利于朝鲜的最后决定感到高兴"；"与中国军队出动有关的问题，您需要同中国同志一起共同决定。中国军队所需的技术装备将由苏联提供"。③

10 月 14 日，周恩来致电斯大林，询问"苏联政府除派出志愿空军参加朝鲜的作战外，可否加派掩护空军驻扎于中国近海各大城市等问题"。下午 3 时，毛泽东再次打电报给周恩来，要求苏联明确答复两个问题：（1）提供军事援助，究竟是用租借办

---

① 转引自 Henry Kissinger, *On China*, New York: The Penguin Press, 2011, p. 142。

② Evjueni Bajanov, "Assessing the Politics of the Korean War 1949 – 1951", *Cold War International History Project Bulletin*, Issue 6 – 7, Winter 1995/1996, p. 89.

③ 沈志华编《朝鲜战争：俄国档案馆的解密文件》中册，第 597、601 页。

法，还是用钱买。只要能用租借办法，使中国政府明年能够保持20 万美元预算用于经济文化等项建设及一般军政费用，则我军可以放心进入朝鲜进行长期战争，并能保持国内大多数人的团结；（2）只要两个或两个半月后苏联出动志愿空军配合中国志愿军作战，并出动空军掩护中国沿海城市，我们也不怕空袭。晚 21 时30 分，周恩来收到了毛泽东关于志愿军出动时间和整个部署的电报。当斯大林确信中国已经决定出兵后，却让莫洛托夫通知周恩来，"苏联将只派空军到中国境内驻防，两个月或两个半月后也不准备进入朝鲜境内作战"。① 10 月 18 日，周恩来回到北京。在当天召开的中央会议上，周恩来介绍了与斯大林和莫洛托夫等人会谈的情况，鉴于斯大林虽不同意出动空军掩护志愿军入朝作战，但毕竟答应向中国提供军事援助，会议决定中国人民志愿军按原计划于 19 日入朝作战，"中国被斯大林系上了美国在朝鲜的战车"。②

中国政府最后决定出兵朝鲜，除了美国扩大战争给中国国家安全造成的巨大威胁外，还有一部分压力则来自苏联。新的中苏同盟刚刚建立，依靠苏联援助而进行的经济恢复和建设工作尚未全面展开，当时的中国无论对内对外都需要苏联的支持与帮助。因此，维护中苏同盟关系，对于中国来说与维护国家安全的利益是一致的，这种关系对于中国远比对苏联重要。中国没有必要也没有理由因为出兵问题而使中苏同盟面临威胁。如果坚持不出兵，让朝鲜的军队撤退到中国东北，并在东北组织流亡政府，美国也许会借口追剿朝鲜的残余部队把战火燃到中国境内，中美之战还是不可避免。因此，在苏联坚持不介入朝鲜战争、朝鲜又面临生存危险的情况下，某种程度上说，中国不出兵面临的危险更大。由于中苏之间的信任还没有完全建立起来，如果中苏同盟因

① 中共中央文献研究室编《周恩来年谱 1949 ~ 1976》上卷，第 86 ~ 87 页。
② Henry Kissinger, *On China*, New York: The Penguin Press, 2011, p. 143.

此而面临危险，新中国的内外处境将不堪设想。1966 年 8 月 9
日，苏联外交部在向勃列日涅夫等人递交的一份关于朝鲜战争的
背景报告中认为，"在斯大林的压力下，中国政府只是在中国的
安全确实受到威胁，朝鲜民主主义人民共和国真正面临生死存亡
的关键时刻，才决定派遣志愿军进入朝鲜"。[1] 这份材料在强调中
国出兵朝鲜是由于朝鲜的生存和中国的安全受到威胁的同时，也
肯定斯大林对中国出兵朝鲜施加了压力。因此有学者认为，中国
决定出兵朝鲜，"斯大林的压力起了至关重要的作用"，[2] 还是有
一定说服力的。

斯大林要求中国出兵，实际上是要求中国冒险。对于中美双
方在军事实力上的差距，斯大林不会不清楚。从军事的角度讲，
斯大林不会不清楚空中掩护对于入朝作战的中国部队来讲有多么
重要。中国的空军是在苏联的帮助下于 1949 年 11 月刚刚组建起
来的，尚不具备掩护作战的能力。但是，为了苏联自身的利益，
斯大林拒绝为入朝作战的中国部队提供空中掩护，这就进一步加
大了中国出兵朝鲜的危险性。因此，有的西方学者认为，"中国
虽然是为了自己的安全而战，但也不得不火中取栗"，[3] 这种看法
也是有一定道理的。在朝鲜战争的问题上，斯大林打"中国牌"
的做法，也说明中国在中苏同盟中仍处于相对被动的地位。

二　提供武器装备

朝鲜战争爆发时，中国人民解放军兵种构成单一，武器装备
落后。除陆军的编制比较齐整之外，空军和海军的建设刚刚起

---

① 沈志华编《朝鲜战争：俄国档案馆的解密文件》下册，第 1347 页。
② 牛军：《新中国外交的形成及其主要特征》，《历史研究》1999 年第 5 期，第
　　35 页。
③ A. Doak Barnet, *China and the Major Power in East Asia*, Washington D. C.：
　　Brookings Institution, 1977, p. 31.

步，根本无法满足国家空防和海防的需要。入朝作战的志愿军，没有坦克和摩托化部队，也没有防空和反坦克武器，更没有海空军协同作战。志愿军不仅武器装备落后陈旧，而且枪支弹药严重不足，通信器材和其他保障器械更是非常短缺，这种"小米加步枪"的部队要与拥有核武器和现代化装备的"联合国军"开战，"从军事学的角度看本是无法想象的"。中国抗美援朝的决策和行动虽然"使西方所谓的'威慑战略'面临极大的尴尬"，[①] 但依靠这样的装备显然是不可能与以美国为首的"联合国军"相抗衡的，这个不足就需要依靠苏联的援助来弥补。抗美援朝战争期间，苏联向中国提供的武器装备，不仅满足了志愿军前线作战的需要，而且推动了中国军队的现代化改造，这一点应该给予肯定。苏联的援助具体如下。

（1）陆军装备。抗美援朝第一次战役结束后，志愿军陆军武器供应出现了严重短缺。1950 年 11 月 7 日，毛泽东在给斯大林的电报中表示，"志愿军部队直接参加朝鲜军事行动的为 12 个军，计 36 个师，仅有 6 个步枪和机枪弹药指数。今后随着军事行动的发展，我们在保障军队弹药方面势必出现很大困难"。为此毛泽东请求斯大林"研究一下关于在 1951 年 1 月和 2 月这一时期给 36 个师供应步兵武器装备的问题"。具体品种名称和数量是："一、苏式步枪 14 万支。二、步枪子弹 5800 万发。三、苏式自动枪 26000 支。四、自动枪子弹 8000 万发。五、苏式轻机枪 7000 挺。六、轻机枪子弹 3700 万发。七、苏式重机枪 2000 挺。八、重机枪子弹 2000 万发。九、飞行员用手枪 1000 支。十、飞行员用手枪子弹 10 万发。十一、梯恩梯炸药 1000 吨"。11 月 9 日，周恩来会见苏联驻华军事总顾问扎哈罗夫，得知斯大林复电同意供给中国所需的步兵武器，并将于翌年 1～2 月内交货。[②] 中

---

① Henry Kissinger：*On China*，New York：The Penguin Press，2011，p. 133.

② 沈志华编《朝鲜战争：俄国档案馆的解密文件》中册，第 616、617 页。

方利用这批武器装备，为 34 个志愿军步兵师更换了装备。另外
两个师的武器被分给军校、军区，作为训练的补充消耗。

随着志愿军第二批部队大规模入朝，志愿军对武器装备的需
求急剧增加。1951 年 5 月 25 日，毛泽东派总参谋长徐向前率团
赴莫斯科与苏联政府商谈购买苏联 60 个步兵师的武器装备问题。
由于中国此次的武器需求量较大，朝鲜战争也进入了相持阶段，
所以这次谈判进展得并不顺利。最初苏联总参谋部只答应在 1951
年提供 16 个师的装备（其中包括给朝鲜的 3 个师的装备），其余
的则需要在 1952 ~ 1953 年提供。为此，毛泽东于 6 月 21 日致电
斯大林，表示苏联总参谋部的意见“与朝鲜战场的需要和时间是
相抵触的”，希望斯大林研究一下“从 7 月到今年年底按每月 1/6
的比例提供全部轻武器、大炮、坦克、飞机、汽车。汽车备件及
燃滑油料、药品和其他军用物资的可能性。① 6 月 24 日，斯大林
回电毛泽东说，“要在一年内完成这些订货实际上是不可能的，
一般地说也是不可思议的。我们的厂家和军事专家们认为在今年
内提供 10 个师以上的武器装备就是完全不可思议的。只有
在……三年内有可能完成 60 个师的订货，但仍有很大困难……
我曾千方百计想缩短这个期限，哪怕缩短半年也好，但遗憾的
是，经过检查，结果没有可能”。② 这一问题的谈判一直持续到
10 月中旬，最后双方达成的协议是，1951 年只能解决 16 个师的
装备，其余 44 个师按照每年 1/3 计算至 1954 年完成。③

这 60 个师的武器装备是按照苏联的编制配备的，每个师
（14963 人）包括三个步兵团、一个炮兵团、一个坦克自行火炮
团、一个独立高炮营和一个独立五七反坦克营，配备步兵武器
13938 件、炮 303 门、汽车 262 辆、特种车 84 辆、马车 517 辆和

---

① 沈志华编《朝鲜战争：俄国档案馆的解密文件》中册，第 818 页。
② 沈志华编《朝鲜战争：俄国档案馆的解密文件》中册，第 825 页。
③ 洪学智：《抗美援朝战争回忆》，解放军文艺出版社，1991，第 184 页。

马 1136 匹。苏联向中国提供这批武器实际装备了 56 个师，中国向朝鲜人民军无偿赠送了 3 个师的装备，还有 1 个师的装备拆散开分给各军校训练使用。装备这批武器的志愿军真正到朝鲜前线作战的仅 3 个师，主要原因是部队换装后战争已快结束，且苏联的装备不适合山地作战。①

新中国成立时，人民解放军拥有汽车共 24000 多辆，这些车辆或是从敌军手里缴获，或是由东北军区从苏联购买。志愿军入朝的时候，只有 1300 辆汽车随军作战。由于车辆不足，加上敌机的轰炸，汽车损失惨重，部队运输力严重不足。为此中国领导人多次致电斯大林，希望苏联提供紧急援助。从 11 月下旬开始，苏联援助的汽车源源不断地开往朝鲜前线，到 1950 年底就达 5000 辆。此后苏联又满足了中方希望 1951 年购买 12000 辆汽车的请求。到朝鲜战争结束时，全军拥有的 71000 多辆汽车，主要是从苏联购进的。②

除此之外，抗美援朝战争期间，志愿军入朝作战的 53 个独立高射炮营、2 个火箭炮师、5 个野战炮师、1 个城防炮师、13 个工兵团、10 个铁道兵师的武器装备和工程器材，基本上都是从苏联购进的。③

（2）空军武器装备。新中国成立后，盘踞台湾的国民党军队利用自身海空军实力强大的优势，加强了对东南沿海地区重要军事目标和经济目标的狂轰滥炸。当时的中国人民解放军可以起飞的飞机只有 113 架，这些飞机一部分是是从国民党军队手里接收或缴获的，一部分是起义的国民党军队带过来的，其中还不全是作战飞机，仅能勉强应对北京的空防任务。为了帮助中国提高空

① 王亚志回忆，沈志华、李丹慧整理《彭德怀军事参谋的回忆：1950 年代中苏军事关系见证》，复旦大学出版社，2009，第 32 页。
② 王亚志回忆，沈志华、李丹慧整理《彭德怀军事参谋的回忆：1950 年代中苏军事关系见证》，第 43～44 页。
③ 沈志华：《毛泽东、斯大林与朝鲜战争》，第 224 页。

防能力，应中国领导人的请求，1950 年 3 月 13 日，苏联派巴季茨基中将率领的混合航空兵团进驻上海、徐州等地，成功解除了国民党军队对上海的空袭威胁。1950 年 6 月 19 日，中国人民解放军第一支航空兵部队——空军第 4 混成旅成立。在苏联空军的帮助下，通过 4 个月的换装带飞训练，10 月 19 日，接管了上海的空防任务。巴季茨基兵团奉调回国，119 架飞机作价移交中国。

朝鲜战争爆发后，中国面临的空防压力急剧上升。1950 年 8 月，苏联派别洛夫率领的航空兵师进驻中国东北担任防空任务，之后别洛夫师的 138 架飞机也作价移交中国，作为第二批中国空军的装备。1950 年 10 ~ 12 月，苏联还向中国的东北、华东、华北、中南地区派出了 13 个航空兵师，协助执行这些地区的防空任务。派驻中国的苏联航空兵师，除了执行防空任务之外，还负责培训中国空军，以便他们能在较短的时间内接管上述地区的空中防务。1951 年 7 月，苏联军队陆续回国，并向中国空军有偿转交了 12 个师的军事装备，共有图 - 2 活塞轻轰炸机师 1 个、米格 - 15 喷气师 1 个、米格 - 9 喷气师 7 个、拉 - 9 活塞歼击机师 1 个、伊尔 - 10 活塞强击机师 2 个，中国人民解放军空防能力得到了明显提高。

志愿军入朝作战时，中国的空军还在组建过程中，全部作战部队只有一个混成旅，包括 4 个团，各种飞机 117 架，根本无法配合中国志愿军在朝鲜作战。早在中国参战前，7 月 13 日，斯大林就通过驻华大使罗申电告毛泽东，准备向中国派遣一个喷气式歼击机师 124 架飞机，用于掩护部署在朝鲜边境的中国军队，并且还说"打算用两三个月的时间，在我们飞行员的帮助下，教会中国飞行员，然后将全部装备移交给你们的飞行员。我们考虑，在上海的航空师也这样做"。7 月 22 日，毛泽东通过罗申致电斯大林，提议"在巴季茨基喷气机团的基础上于最近两个月内建立一个改装训练中心……培养 160 名机组人员，以便使用你方交给我们的喷气式飞机"。7月25日，斯大林委托外交部长维辛斯基，指示罗申转告毛泽东或周恩来，同意"拟议的训练中国的喷气式飞机飞行员的方式和期限"。8月27日，斯大林致电苏联驻华武官科托夫，要他拜访周恩来，面呈关于苏联同意向中国华东地区和东北地区派遣苏联军事顾问——防空专家和空中专家的复电，表示苏联"即将向中国派出38名顾问，其中10名为防空专家，28名为空军专家……38名顾问将于最近动身前往中国"。①

1950年11月，苏联空军参战后，志愿军空军第4师第10团28大队进驻浪头机场，开始与苏联空军并肩作战。11月28日，中国志愿军空军首次升空和美军交战。29日，第28大队队长李汉击落敌机1架。从1950年12月底开始，中国空军1个师在苏联空军的带领下，进行了实战练习，学习空战和指挥经验。1951年3月，以刘震为首的志愿军空军司令部成立。到1951年5月，中国从苏联得到的歼击机航空兵师已经达到10个，其中6个米格-9歼击机师，4个米格-15歼击机师。

由于米格-9在性能上无法与美国的F-80甚至是F-84和F-86相抗衡，导致志愿军空军无法派往朝鲜前线作战。为了提高志愿军空军的战斗力，1951年5月22日，斯大林致电毛泽东，主动建议由苏联无偿提供372架米格-15歼击机并改装6个米格-9歼击机师。他说："为使中国歼击机航空兵师能够成为更加富有战斗力的歼击机航空兵，应用米格-15歼击机取代米格-9歼击机。为此，需要从苏联给你们运去372架米格-15飞机……我们打算将这372架米格-15飞机无偿提供给你们，仅付从苏联到中国的运费即可，运费可从军事贷款中扣除。你们的已经学会米格-9的飞行员可以很容易地掌握米格-15飞机"；"我们已经拟订了将372架飞机运往中国的计划：第一批为62架，6月20

---

① 分见沈志华编《朝鲜战争：俄国档案馆的解密文件》中册，第450、483、487、514页。

日以前运抵；其余各批也将陆续抵达，保证你们到 8 月初以前能得到全部 372 架飞机"。① 这批飞机到达后，从 1951 年 9 月中旬起，志愿军空军开始以师为单位轮番出动作战。由于米格 - 15 的作战性能与美军的 F - 86 相当，且飞行性能略优于 F - 86，给美国空军造成了很大威胁。"美国空军参谋长惊呼，中共在一夜之间就成了空军强国之一。"《美国空战史》一书认为，"共军米格由于占有数量上的优势，所以 11 月份在平壤以北他们到处取得了主动地位，而'联合国军'所有飞行员则只能对共军飞行员发动的进攻进行抵抗而已"。②

　　1952 年 4 月初，毛泽东致电斯大林，希望苏联在 1952 年向中国 20 个航空兵团提供飞机，4 月 9 日，斯大林回电表示，"在 1952 年底以前剩下的 9 个月中，我们只能给您提供 15 个团的飞机，即 450 架"。4 月 22 日，毛泽东再次致电斯大林，对苏联向中国提供 15 个航空兵团的飞机表示感谢，另外又提出 1952 年向苏联购买 100 架米格 - 15 的请求，以补充当时 19 个米格 - 15 歼击机团飞机不足的问题。③ 1952 年，随着美国在朝鲜战场上使用 F - 86 战斗机数量的增加，苏联从 8 月开始向中国提供米格 - 15 的改进型米格 - 15 比斯，截至年底，苏联提供的 360 余架米格 - 15 比斯飞机共改装了 6 个空军师。据估计，抗美援朝期间，苏联向中国出售的米格 - 15 飞机约 1000 架。④

　　除了歼击机，苏联还向中国出售轰炸机。1952 年 9 月，在与周恩来、彭德怀和金日成会谈中，斯大林答应卖给中国 3 架教练机和 60 架伊尔 - 28 喷气式轻型轰炸机。当年 10 月，这些飞机飞抵中国齐齐哈尔机场，中国用它们组成了 8 个伊尔 - 28 轰炸机

① 沈志华编《朝鲜战争：俄国档案馆的解密文件》中册，第 769 页。
② 转引自齐德学《抗美援朝纪实》，华夏出版社，1997，第 115 页。
③ 沈志华编《朝鲜战争：俄国档案馆的解密文件》中册，第 1165、1170 页。
④ 王亚志回忆，沈志华、李丹慧整理《彭德怀军事参谋的回忆：1950 年代中苏军事关系见证》，第 48 页。

师。伊尔－28 是当时世界上最先进的喷气式轻型轰炸机之一，也是斯大林在世时卖给中国的唯一的苏联空军现役装备。另外，苏联还积极向中国推销已近淘汰的图－4 轰炸机，中方考虑到要维护中苏关系，于 1953 年 1 月，接收了 10 架图－4 轰炸机，用作训练器材，组建了一个独立飞行团。[①]

抗美援朝战争期间，中国空军在苏联的帮助下，从小到大，取得了长足的发展。前线作战的志愿军空军共击落敌机 330 架，击伤 95 架，被击落 31 架，被击伤 151 架。[②] 美军的"绞杀战"不仅未能"窒息"志愿军空军的前线部队，而且使中国空军在苏联的帮助下愈发壮大，为抗美援朝战争的胜利做出了重大贡献。

（3）海军武器装备。1949 年中国人民解放军占领南京的同一天，即 4 月 23 日，华东军区海军领导机构成立，人民海军从此诞生。新中国成立之初，为了实施解放海南和台湾的军事目标，海军的建设变得尤为重要。但此时的中国并不具备自行研制海军舰艇的能力，海军的建设主要依靠苏联的帮助。朝鲜战争爆发前，中国曾经制订过一个发展海军的三年计划，准备向苏联购买和在国内制造 205 艘战斗舰艇、420 架飞机、36 个海岸炮兵连装备等。后来由于朝鲜战争爆发，空军武器装备的需求量大增，中国向苏联海军装备订货大幅减少。

1950 年 8 月，中国购买的第一批 6 艘鱼雷快艇运抵青岛。志愿军入朝以后，10 月 28 日，毛泽东在给斯大林的电报中表示，"鉴于目前中国军事形势的发展，我们急需苏联提供下列海军武器装备：鱼雷快艇、漂雷、装甲舰、猎潜艇、扫雷器材、海军岸炮和鱼雷歼击机。因此，我拟派海军司令员萧劲光和顾问库兹明同志一起乘飞机赴莫斯科，以便就申领上述武器装备问题及中国

---

① 王亚志回忆，沈志华、李丹慧整理《彭德怀军事参谋的回忆：1950 年代中苏军事关系见证》，第 49 页。

② 齐德学：《抗美援朝纪实》，第 116 页。

海军未来建设问题同苏联海军负责同志进行谈判"。次日，斯大林回电表示，"同意萧劲光等同志来莫斯科"。① 现在解密的俄国档案中没有关于这次谈判的记录，根据周恩来 11 月 28 日给萧劲光的电报来看，谈判进展得并不顺利。周恩来在电报中说，"为了更快地与苏方商定我之海军建设计划，同意你们再直接与布尔加宁一谈"；"如果三年计划一时不易谈定，最好只谈明年度最少限度的并只能用车运的海军防御设备"。② 随着朝鲜战事的发展，中国购买苏联军用物资的总价值超出了苏联给中国的军事贷款总额，中方不得不放慢了建设海军的计划。1951 年 3 月 27 日，周恩来致电斯大林，"请苏联政府将萧劲光同志同苏联海军部所确定的向中国海军提供必备设备的计划，从 1951 年开始分 3 年完成"。根据电报内容，1951 年请领的物资包括鱼雷艇 30 艘（其中 18 艘为 1950 年的供货计划）及其所需的弹药和设备。③ 到 1951 年底，中国用从苏联购买的鱼雷艇达 36 艘，海岸炮兵连火炮 252 门，组建了 4 个鱼雷艇大队和 63 个海岸炮兵连。另外，还有 275 人被派到旅顺苏联海军基地，学习潜水艇等方面的技术。④

　　1951 年中期，朝鲜战争进入了相持阶段。1951 年 12 月 22 日和 1952 年 1 月 28 日，斯大林两次致电毛泽东，建议中国注意加强海岸防御。根据斯大林在电报中的援助计划，1952 年 3 月 28 日，毛泽东向苏联提出了总额约为 18 亿卢布的订货计划，希望在 1955 年底以前全部到位。毛泽东还建议派萧劲光等于 4 月上旬赴莫斯科，与苏联海军部的同志进行谈判。4 月 9 日，斯大林回电表示同意。4 月 24 日，萧劲光一行抵达莫斯科。1952 年的订货与中国海军建设的五年计划是这次谈判的主要内容。苏联虽然同

---

① 沈志华编《朝鲜战争：俄国档案馆的解密文件》中册，第 607、608 页。

② 中共中央文献研究室编《周恩来年谱 1949~1976》上卷，第 101 页。

③ 沈志华编《朝鲜战争：俄国档案馆的解密文件》中册，第 725~728 页。

④ 王亚志回忆，沈志华、李丹慧整理《彭德怀军事参谋的回忆：1950 年代中苏军事关系见证》，第 56 页。

意从 1952 年至 1957 年向中国提供舰艇 255 艘、18 个飞行团的飞机和 50 个海岸炮连的火炮，但坚持中国用外贸现汇的形式付款。由于抗美援朝战争仍在进行中，中方无力承担这笔费用，苏联拒绝以贷款形式供货，最终导致协议搁浅。9 月，中国再次派代表到莫斯科，落实中国 1952 年和 1953 年向苏联海军部的订货。苏联方面只答应尽快解决当年的订货，1953 年的订货延迟到研究中国海军建设的五年计划时一并解决。

1953 年 1 月 7 日，为防备美军在平壤至安东一线的朝鲜西海岸地区实施登陆作战，毛泽东致电斯大林，请求苏联根据 1952年的海军器材申请单在 1953 年 2 月向中国提供鱼雷快艇、水雷、鱼雷、岸炮和海军航空设备等，以便"向朝鲜派出中华人民共和国的海军作为志愿军"。1 月 27 日，斯大林回电表示，派中国海军志愿军到朝鲜的想法是正确的，苏联将"拨给你们 10 艘鱼雷艇、83 架飞机（其中图 – 2 型轰炸机 32 架，拉 – 11 型歼击机 35架）、26 门 37 毫米火炮和 8 门 130 毫米火炮以及适用于这些火炮的弹药。鱼雷、水雷、空投炸弹及其他军需品均按您的电报拨给。已向海军部下达指示，于第一季度向你们发出上述装备"；另外，"我们打算再补派 3 位海军航空兵方面的顾问"。① 这是苏联第一次大批量地向中国提供海军武器装备。只是等这批装备运抵中国时，朝鲜战争已接近尾声。由于美国海军并没有在朝鲜西海岸登陆，所以志愿军海军也没有开赴朝鲜前线，这批装备后来大都被用在了国内的海防上。

在苏联向中国提供的军事装备中，以次充好、以旧冒新的现象时有发生。尤其到了战争后期，苏联提供的装备中甚至包括第二次世界大战期间使用过的武器和美国提供的租借物资中的剩余装备。在为中国军工企业提供的武器图纸中，有许多武器在苏联

① 分见沈志华编《朝鲜战争：俄国档案馆的解密文件》下册，第 1262 ~ 1264、1273 页。

已经下令停止生产，还有许多海军装备的主机也都是翻修过的。1952 年 8 月，当彭德怀在莫斯科向斯大林提出援助中国军队伊尔 - 20 新型轰炸机时，斯大林却要求以中国购买苏联即将淘汰的 120 架图 - 4 轰炸机作为交换的条件。结果，由于中国的支付能力有限，只买了 10 架。对于苏联来说，援助中国并不是无条件的。当朝鲜局势恶化、苏联希望中国出兵扭转危局并进一步扩大战果时，苏联援助中国的态度是主动和积极的。当朝鲜战争进入相持阶段、作战双方形成均势、战争在某种意义上变为一场消耗战的时候，苏联援助中国的热情便大打折扣，因为积极的援助对于苏联来说已没有太大的实际利益。

三 协调中朝分歧

由于中国并没有参与朝鲜战争的策划，中朝之间也没有讨论过中国出兵援助的问题，中国决定抗美援朝又属情急之举，因此志愿军进入朝鲜以后，在军队指挥、作战目标、铁路运输等问题上难免产生一些分歧。特别是有些分歧一方面涉及国家主权，另一方面又确实是军事需要，很难判断孰是孰非。当中朝双方争执不下时，苏联的态度对于化解这些分歧发挥了至关重要的作用。

首先是关于军队指挥权的问题。志愿军入朝作战之后，中朝军队的统一指挥问题立即凸显出来。由于事先并没有进行讨论，朝鲜方面也不了解志愿军的规模大小，想当然地认为军队指挥权应由朝鲜领导人掌握。后来得知志愿军将有几十万人分批入朝作战之后，也认识到由朝鲜人指挥志愿军并不现实，所以建议双方指挥所合在一起，但没有明示指挥权的问题。鉴于朝鲜战争爆发以来人民军指挥能力不足和战斗力严重下降的现实，加之斯大林在 10 月 1 日建议中国出兵时明确表示志愿军"当然由中国的指挥员统率"，当时并不存在朝鲜人指挥志愿军的问题，志愿军也没有立即提出统一指挥的问题。然而，随着朝鲜战事发展，两军之间因语言不通、地形不熟、行动不协调等问题，给志愿军行军作战造成了很多不便，甚至还发生了多起人民军误击志愿军的事件。为此，志愿军总部通过北京委托中国驻朝使馆人员向朝方提出了协调统一行动和人民军总部靠近志愿军总部的问题。朝方坚持只派参谋担任通信联络，不同意两军总部靠近，更不同意采取联合的形式。对于中方希望人民军协同志愿军作战的要求，朝方也没有予以回应。

显而易见，即使在人民军战斗力严重低下的情况下，朝鲜领导人也不愿意放弃人民军的指挥权。其一，军队指挥权是一个涉及国家主权的问题，朝鲜领导人不愿意放弃或分享的心情应该能够理解。其二，鉴于历史上中朝两国的特殊关系，此时要他们放弃人民军的指挥权，从民族情感上来讲也难以接受。但是，如果人民军和志愿军的指挥权不统一，扭转战局乃至取胜的军事目标根本无法实现。由于在军事实力和作战经验方面，志愿军具有绝对的优势，因此把军事指挥权集中在志愿军手里也是大势所趋。在中朝之间协商无法取得进展的情况下，11 月 12 日，毛泽东首先致电彭德怀，与朝鲜同志商谈时要"注意方式，采取委婉曲折的与温和的态度。并要有这样的精神准备，即有些意见通不过，争论和分歧在相当长的时期内存在着。要待打了很多的胜仗、中国同志的意见在事实上多次证明是正确的，那时才会被朝鲜同志所赞同和信服……此间拟向菲利波夫同志有所建议，待有结果再告你"。① 次日，毛泽东在给斯大林的电报中说，彭德怀"希望金日成同志和史蒂科夫（什特科夫——引者注）同志能常驻前方，并由金日成、史蒂科夫、彭德怀组织三人小组，负责决定军事政策，包括建军、作战、正面战场和敌后战场以及与作战有关的许多现行政策，求得彼此意见一致，以利战争进行"。毛泽东进一

① 中共中央文献研究室、中国人民解放军军事科学院编《建国以来毛泽东军事文稿》上卷，军事科学出版社、中央文献出版社，2010，第 348 页。

步表示，"我们同意这个提议，现特电告，请求您的指示。如您认为可行，即请由您处向史蒂科夫同志和金日成同志提出为妥"；"现在重要问题是朝、苏、中三国在那里的领导同志们能很好地团结，对各项军事政治政策能取得一致的意见，朝鲜人民军和中国人民志愿军在作战上能有较好地配合……胜利是有把握的"。[①]

11月16日，斯大林回电完全赞成由中国同志统一指挥中朝军队，并将这一决定同时电告了金日成和什特科夫，苏联驻华军事顾问也表示同意。[②]在接到斯大林的电报之后，金日成主动提出去北京与毛泽东商谈军队统一指挥的问题。12月3日，金日成在与毛泽东的会谈中说，斯大林有电报指示中朝军队应统一指挥，因中国志愿军有经验，应由中国同志为正职，朝鲜同志为副职，朝鲜劳动党政治局会议对此已同意。双方商定，人民军和志愿军成立联合司令部，彭德怀为司令员兼政委，朝鲜人金雄为副司令员，朴一禹为副政委，联合命令即由彭、金、朴三人署名下达。联合司令部统一指挥作战问题及前线一切活动，后方动员、训练、军政、警备等由朝鲜政府直接管辖，联合司令部可向后方提出要求和建议。金日成返回朝鲜后，12月7日，又同彭德怀再行商议，商定数日内组成联合司令部，他自己保证今后不再直接干预军事指挥。12月8日，周恩来代表中共中央起草了关于成立中朝联合司令部的协议。[③]在征得金日成的同意后，中国人民志愿军与朝鲜人民军联合司令部正式成立，简称"联司"。鉴于联合司令部的建立涉及主权问题，中共中央指示彭德怀等，联合司令部"对外不公开，仅对内行文用之"。[④]从第三次战役开始，志

① 转引自军事科学院军事历史研究部编《抗美援朝战争史》第2卷，军事科学出版社，2000，第167~168页。
② 军事科学院军事历史研究部编《抗美援朝战争史》第2卷，第168页。
③ 协议内容参见军事科学院军事历史研究部编《抗美援朝战争史》第2卷，第168~169页。
④ 军事科学院军事历史研究部编《抗美援朝战争史》第2卷，第168页。

愿军和人民军就在联合司令部统一指挥下作战，战斗力明显加强。1951 年 3 月，在苏联驻朝军事顾问的支持下，参照联合司令部的组织原则，又成立了中朝空军联合集团军司令部，中朝军队统一指挥权的问题得到了解决。

其次是志愿军是否继续向南进攻的问题。志愿军入朝作战取得第二次战役的胜利后，"联合国军"被迫全面向三八线以南撤退。考虑到部队连续作战、补给不足、气候寒冷等实际情况，彭德怀作为联合司令部司令员，主张志愿军立即休整过冬，以备来年再战。朝鲜领导人认为，志愿军应该继续发动进攻并越过三八线，以全面的胜利来结束战争，于是在要不要越过三八线的问题上，中、朝产生了严重分歧。早在 12 月 4 日，中国驻苏大使王稼祥因回国述职向苏联副外长葛罗米柯辞行时，就询问过苏联对志愿军越过三八线的看法，葛罗米柯认为志愿军应该"趁热打铁"。虽然葛罗米柯声明这只是"个人看法"，[①] 但作为外交部副部长，他的看法并不仅仅代表他个人，而应该代表苏联政府，最起码苏联"不希望志愿军在第二次战役后就此止步"。[②] 基于对朝鲜战场形势的乐观判断，苏联对此时以印度为首的 13 个亚非国家向联大提出的 13 国停火议案明确持反对态度。毛泽东虽然也同意彭德怀不能盲目乐观、应稳扎稳打、做长期打算的主张，但为了配合正在联合国安理会控诉美国武装侵略台湾的中国代表团的政治斗争，同时也顾及苏联希望志愿军越过三八线的基本立场，决定在第三次战役结束以后收兵休整。12 月 31 日，志愿军发起了入朝之后的第三次战役，"联合国军"全线向南撤退，志愿军迅速突破三八线，并于 1951 年 1 月 4 日攻占了汉城。

第三次战役虽然突破了三八线并攻占了汉城，但并没有对"联合国军"的有生力量造成重创，此次战役进展顺利的主要原

① 沈志华编《朝鲜战争：俄国档案馆的解密文件》中册，第 635 页。

② 牛军：《冷战与新中国外交的缘起 1949~1955》（修订版），第 317 页。

因在于"联合国军"有组织地撤退。由于洞察到"联合国军"引诱志愿军深入攻坚的战略意图，在部队到达三七线之后，1月8日彭德怀下令停止进攻并开始休整。朝鲜领导人和苏联驻朝大使拉祖瓦耶夫（V. N. Razuvaev）都表示反对，他们认为志愿军应该乘胜追击，扩大胜利成果，避免给敌人造成喘息的机会。1月9日，彭德怀收到毛泽东转发来的斯大林的电报，斯大林询问"为了避免国际上对中国的责难，中国人民志愿军可否控制'三八线'以北及海岸两侧，可令朝鲜人民军追击"。1月10日，金日成到彭德怀的指挥部进行了会谈，彭德怀向他说明了斯大林的态度。金日成虽表示同意志愿军休整，但坚持时间要尽量缩短，并建议可先出动3个军南进，其余休整一个月。彭德怀认为目前的中心任务是消灭敌人，而不是扩大地盘，金日成则称扩大地盘和消灭敌人一样重要。当天，彭德怀就金日成主张缩短休整时间和继续南进的问题致电毛泽东说，"由于部队伤亡很大，现兵源不足，供给极差，体力削弱，难以继续作战，必须修整补充"。[①] 1月11日，彭德怀、金日成与星夜赶来的朴宪永再次进行了会谈。金日成和朴宪永认为，斯大林所说让人民军单独前进，是指目前形势有利，只要继续追击，美军就一定会退出朝鲜，希望志愿军在半个月内派3个军继续南进，其他部队休整一个月后转入进攻。彭德怀坚持不能心存侥幸，一定要考虑如果美军不撤退怎么应对。志愿军休整补充需要两个月甚至三个月，没有相当的准备，一个师也不能南进。如果一定要继续进攻，可由朝鲜人指挥已经休整两个月的人民军4个军团向南前进，志愿军负责后防，最终金日成勉强同意志愿军休整两个月。[②]

1月14日，毛泽东在给金日成的电报中指出，"我们必须进

---

① 王焰主编《彭德怀年谱》，第465、466页。

② 参见彭德怀传记组《彭德怀全传》（三），中国大百科全书出版社，2009，第932～935页。

行充分的准备，才能继续作战。不然，我们就会重犯朝鲜军队 1950 年 6 月至 9 月所犯过的错误"；"中朝两国同志必须耐下心来，进行必要的准备"。① 1 月 15 日，同样的电报也转发给了斯大林。金日成在随后两天与彭德怀的会谈中，只好承认人民军单独南进具有冒险性，中方坚持利用两个月的时间进行休整是正确的，中朝之间在军事策略上的分歧再次在苏联的影响下化解。不过，从总的战略方针来看，第三次战役之后，苏、中、朝领导人思想上都有速胜的情绪，都希望通过发动新的进攻把"联合国军"赶出朝鲜半岛，这也是当时拒绝联合国停火议案的一个重要原因，最终还是在志愿军没有得到充分休整的情况下发动了第四次战役。由于第四次和第五次战役取得的胜利相对有限，交战双方在三八线附近形成了僵持的局面，三国领导人对朝鲜战争的长期性终于有了明确的认识，第五次战役之后开始认真考虑通过谈判实现停战的问题。

再次是统一指挥朝鲜铁路运输的问题。随着志愿军和人民军的战线不断向南推进，后方补给线也越拉越长。在朝鲜遭受战争破坏和资源不足的情况下，前线部队的物资和装备供应根本无法就地解决，绝大部分需要从中国运往朝鲜前线。由于朝鲜北部多山地，志愿军汽车数量不足，加之"联合国军"的狂轰滥炸，公路运输能力相对有限。因此，在没有空军掩护和配合的情况下，铁路就成为补给志愿军和人民军的生命线。为了保障铁路运输线的畅通和高效，协调中朝双方的运输任务，志愿军入朝作战之初，彭德怀就向东北局提出过加强铁路运输和统一指挥的问题。11 月 16 日，彭德怀与高岗面谈时，又提出了建立中朝铁路联合指挥机构的设想。经过中朝双方的协商，12 月底，东北军区铁道运输司令部成立（后改为东北军区军事运输司令部），主要负责组织支前运输，指挥抢修铁路。与此同时，在朝鲜成立了中朝共

---

① 沈志华编《朝鲜战争：俄国档案馆的解密文件》中册，第 663～664 页。

管的朝鲜铁道军事管理局。1951 年 1 月，在东北军区后勤工作会议上，周恩来明确提出了建立一条打不垮、炸不烂的钢铁运输线的任务。经过中朝双方的共同努力，到 1951 年 4 月，朝鲜铁道军事管理局所辖的 1391 公里线路中有 1321 公里通车。

在铁路线大体恢复通车的同时，铁路运输内部管理混乱的问题凸现出来。中朝共管的朝鲜铁道军事管理局，管理方针不明确，运力分配不科学，组织机构不健全，导致出现运输秩序混乱和运输效率不高的现象。为了保障铁路运输的畅通高效，建立统一调度、统一指挥的铁路运输机制迫在眉睫。事实上，金日成 1950 年 12 月访问北京的时候，中朝双方就确定了建立联合铁路运输司令部的基本原则。金日成回国后曾对柴成文说，"中国同志已经和我们就军事管理铁路的问题商量了好几次，但我们有些同志就是愚蠢，不理解没有军事上的胜利就什么也不能做"；"由于这件事在北京已经谈妥，所以请你转告高岗同志，由他委任铁路人员去办"，但具体组建联合司令部的会谈并不顺利。① 根据中方代表 1951 年 2 月 19 日的报告，朝鲜虽然同意组建联合军事运输司令部，中国人任正职，朝鲜人任副职，但反对中国提出的"军需运输优先"的原则，希望考虑朝鲜经济恢复的需要，反对对朝鲜铁路实行军事管制，坚持朝鲜交通省应与联合军运司令部联合办公，参与对铁路的管理。为了尽快达成协议，尽管中方做了一些让步，比如同意"在目前作战时期，朝鲜铁路行政仍需朝鲜交通相管辖"，但是在具体细节的讨论过程中，由于朝方的要求反复不定，导致双方基本想法差距太大，会谈无法取得明显进展。

事实上，中朝争执的关键是联合军事运输司令部领导权的归

---

① 转引自 Zhihua Shen and Danhui Li, *After Leaning to One Side：China and Its Allies in the Cold War*, Washington D. C.：Woodrow Wilson Center Press, 2011, pp. 83 - 84。

属问题。中方认为，当时朝鲜铁路运行的车辆主要是中国开来的，抢修线路、运送物资的部队和司乘人员都以中方为主，维修线路的器材和部分朝鲜铁路员工的供应也是中方负责，因此中朝铁路联运应由中方牵头。朝方认为，铁路运输管理涉及国家主权，应该由朝鲜牵头。中方的看法符合客观实际，朝鲜的要求符合主权利益，很难说孰是孰非。在中朝双方争执不下的情况下，周恩来把这一分歧告知了斯大林，希望苏联出面帮助解决。

斯大林在随后给周恩来的电报中明确指出，"为正确组织部队和作战物资向前线的运输工作，朝鲜铁路必须交由在朝鲜的中国司令部管理……为了顺利地进行解放战争，这个办法是必须采取的"。[①] 5月4日，中朝两国政府在北京签订了《关于朝鲜铁路战时军事管制的协议》，对管理体制、组织机构、运力分配等重大问题做出了明确规定。根据协议精神，7月在安州成立了朝鲜铁道军事管理总局，中方任局长兼政治委员，朝方任副局长，统一负责朝鲜战区铁路运输的管理、组织与实施。8月在沈阳成立了中朝联合铁道运输司令部，受中朝联合司令部直接领导，中方任司令员，朝方任副司令员。11月在安州又成立了联运司的前方派出机构——前方铁道运输司令部，中方任司令员兼政委，朝方任副司令员，负责指挥和协调军管总局、抢修指挥部和铁道高炮指挥部的工作，统一指挥铁路运输的问题终于解决。

铁路管辖权涉及朝鲜的内政和主权，中方主张对朝鲜铁路实行军事管制是战争条件下不得已的选择，朝方坚持对朝鲜铁路的行使管辖权是国家核心利益所在。在军事需要和国家利益无法兼顾的情况下，苏联的态度终于迫使朝鲜领导人做出了符合军事需要的选择，由此也保证了中朝军队交通线的高效畅通。除此之外，苏联在调解中朝在停战谈判方面的分歧也发挥了重要作用，

① 转引自 Zhihua Shen and Danhui Li, *After Leaning to One Side: China and Its Allies in the Cold War*, p. 87。

后面的章节中有详细论述，此处不再赘述。

四　全面支持中国

抗美援朝期间，苏联除了给予中国军事援助外，更在各方面加大了对中国的支持，为新中国冲破西方大国的政治孤立、顺利完成经济恢复任务提供了必要的帮助。

1. 政治支持

反对美英单独对日媾和　中苏结盟和不久爆发的朝鲜战争，从根本上改变了日本在美国亚洲战略中的位置。为了把日本纳入美国针对中国和苏联的军事战略体制，1950 年 9 月，英、美、法三国外长在华盛顿会谈决定早日缔结对日和约，确定如果苏联反对，就单独进行媾和。不久，美国就单独开始了对日和约的起草行动。

中、苏都是对日作战国家，按照有关缔结对日和约的国际协定，都有权参加缔结对日和约的谈判。尤其是中国，在抗日战争中贡献最大、损失最重、作战时间最长，没有任何理由被排除在对日和约的谈判之外。针对美国拒绝中国代表参加对日和约谈判的行为，苏联进行了严厉的谴责。1951 年 3 月，当美国照会其他有关各国并送交拟订的对日和约草案时，苏联当即声明，"准备对日和约不能是某一国政府的事情"，"而应当是有关各国政府的共同任务"。5 月 6 日，斯大林致电毛泽东，通报了苏联政府就对日和约问题给美国复函的内容，并征询毛泽东的意见。复函说："和约的准备工作应由中、苏、美、英政府共同进行，并吸收其他有关国家参加；应明文确定中国对台湾和澎湖列岛的主权；限制日本武装力量的规模"；"和约必须根据第二次世界大战期间各强国所签订的国际协定加以制定"。同一天，毛泽东电复斯大林，表示"完全同意您对美国政府关于对日和约草案的答复"。[1]

---

① 沈志华编《朝鲜战争：俄国档案馆的解密文件》中册，第 757 页。

5 月 9 日，苏联政府就此事正式照会中国政府，并附苏联对美国草案的意见书及美国照会的副本。照会说"不让中国参加对日和约的准备工作是不能允许的"，如果这样，"远东就不可能有真正的媾和"。苏联在意见书中提议，应于 1951 年 6~7 月召开美、中、英、苏四国外长会议，制定对日和约草案。① 5 月 19 日，美国拒绝了苏联的建议，坚决反对中华人民共和国参加对日媾和的谈判与对日和约的缔结。6 月 10 日，苏联代表再次表示，四国外长会议可不举行，但应召开所有对日作战国代表参战的会议讨论现有的各种和约草案，也遭到了美国的拒绝。

中国政府从一开始就对美国排斥中国参加对日和约谈判的行径进行了无情揭露和严厉谴责，并对苏联坚持要求中国参加对日和约谈判的行动给予了充分的肯定和赞扬。1951 年 5 月 22 日，在致苏联的照会中，中国政府表示，完全赞同苏联关于对日和约问题的立场。8 月 15 日，周恩来总理兼外长再次发表声明，谴责了美国在对日媾和问题上违背国际协定的卑劣行径。苏联对印度提出的吸收包括中华人民共和国在内的一切国家参加条约的准备工作的建议予以支持，但遭到了美国的拒绝。

中苏共同反对美国单独对日媾和的斗争并没有阻止美国单独对日媾和的行动。1951 年 9 月 4 日，在旧金山召开了对日媾和会议，中国代表未能出席。苏联代表葛罗米柯在发言中指出，中国人民在反对日本军国主义者的斗争中"作出了无可估量的贡献"，没有中国参加对日和约的准备和讨论，远东不会有任何真正的媾和。② 为此，苏联再次提出了关于邀请中华人民共和国参加会议的提案，美国操纵会议多数否决了苏联的提案，苏联就和约临时草案提出的修正案也遭到了拒绝，最后只好采取拒绝签字的办

---

① 周文琪、褚良如编著《特殊而复杂的课题：共产国际、苏联与中国共产党关系编年史 1919~1991》，湖北人民出版社，1993，第 475~476 页。
② 裴坚章主编《中华人民共和国外交史 1949~1956》，世界知识出版社，1994，第 34 页。

法，以示抗议。

根据 1950 年 2 月签订的《中苏友好同盟互助条约》，苏联承诺与中国共同缔结对日和约，中国作为对日作战的主要国家，既没有参加对日媾和条约的谈判，也没有出席旧金山会议，在这种情况下，苏联没有理由不支持中国反对单独对日媾和的斗争。朝鲜战争所导致的远东政治格局的突变是美国急于实现对日媾和的主要原因。此时战争正在进行之中，苏联也没有理由不支持正在朝鲜作战的中国，以维护中苏同盟并保证朝鲜战争的结局尽可能地有利于苏联在远东的战略利益。尽管拒绝签约导致苏联在战时取得的萨哈林岛南部和千岛群岛失去了在法律上取得国际承认的机会，并且导致了苏联与日本之间的领土争端，但这些损失与中苏同盟的巩固、朝鲜战争的结果以及美苏在远东的战略争夺相比，孰轻孰重是明摆着的。况且，在对日媾和条约谈判的过程中，美国始终把握着主导权，苏联的意见并没有在和约中得以体现，拒绝签约既符合中苏同盟的利益，也符合美苏冷战的现实，具有一定的必然性。

反对美国武装侵略台湾　美国第七舰队进驻台湾海峡，进一步加剧了中美之间的敌对。为了揭露美国武装侵略台湾的政策，伸张中国人民的正义要求，1950 年 8 月 24 日，周恩来向联合国安理会提出控诉和建议，要求安理会制裁美国政府的侵略行径，并立即采取措施使美国政府从台湾及其他属于中国的领土上完全撤军。中国政府的抗议在安理会受到了苏联的积极配合与支持。苏联代表利用安理会主席的身份将中国政府的控诉和建议列入议程。8 月 29 日，安理会通过了印度提出的关于"控诉武装侵略台湾岛"的措辞。之后，在 8~9 月的安理会会议上，苏联代表又多次提出邀请中华人民共和国政府代表以争端当事人资格出席安理会会议的建议，但遭到了美国的坚决反对。9 月 16 日，周恩来再次致电安理会主席和秘书长，坚决要求中华人民共和国代表应出席安理会会议，陈述自己的意见并参加讨论，否则会议所做决议将是非法和无效的。

在苏联和其他国家的共同要求下，9 月 29 日，安理会通过了邀请中华人民共和国政府代表参加安理会关于美国武装侵略台湾讨论的提案。10 月 23 日，中国政府任命伍修权为大使级特派代表，参加安理会关于中国提出的控诉美国武装侵略台湾提案的讨论。11 月 14 日，以伍修权为团长的中国代表团从北京出发，首先飞往莫斯科。飞行过程中，由于天降大雪，中国代表团的飞机被迫中途停留，苏方采取了种种措施，为中国代表团及早到达莫斯科创造了诸多条件。随后，中国代表团取道捷克斯洛伐克、瑞士和英国，于 11 月 24 日飞抵纽约。27 日，苏联外长维辛斯基向联合国提出了《苏联控诉美国侵略中国》的提案，指责美国派第七舰队进入台湾海峡是对中国领土的武装侵略。中国代表团在联合国控诉美国武装侵略台湾的斗争得到了苏联的大力支持，虽然联大没有通过任何有利于中国的决议，但对扩大中国的国际影响产生了积极的作用。

反对联合国诬蔑中国为"侵略者"的决议 志愿军入朝的第三次战役以后，中朝军队突破三八线，占领了汉城、仁川等地，并逼近了三七线。为了争取喘息时间，伺机再战，美国政府接受了1951 年 1 月 13 日联大政治委员会提出的有关朝鲜问题及远东诸问题的各项原则意见的决议，同意在朝鲜先停火、后谈判。[1] 中国政府接到上述决议后，于 1 月 17 日在复电中指出，"先停火后谈判的原则，只利于美国的扩张侵略，不能导致真正的和平，因之中国政府不能予以同意"，并建议在中国举行中国、苏联、英国、美国、法国、印度、埃及参加的七国会议，以谈判来结束朝鲜战争。[2] 1月 24 日，亚非 12 国向五届联大提出了召开七国会议的"十二国

---

[1] 王绳祖主编《国际关系史》第 8 卷，世界知识出版社，1996，第 82 页。

[2] 《中华人民共和国对外关系文件集》第 2 集，世界知识出版社，1958，第 3 ~ 4 页。

提案"，美国不仅操纵联大政治委员会否决了"十二国提案"，而且又操纵联大于 2 月 1 日通过了指责中国为"侵略者"的决议。

针对联大通过的诬蔑中国为"侵略者"的决议，2 月 16 日，斯大林在答《真理报》记者问时指出："我认为这是一个可耻的决议，的确，只有丧尽了天良，才会硬说侵占了中国领土台湾岛并侵入朝鲜直逼中国边境并力求收复被美国人侵占的台湾岛的中华人民共和国倒是侵略者"；"原来作为维护和平的堡垒而建立的联合国，现在正在变成新的世界大战的工具"；"联合国正在变成侵略战争的工具，同时它也就不再是权利平等的国家的世界性组织了。实际上，现在联合国与其说是世界性组织，还不如说是满足美国侵略者需要的美洲人的组织"。①

2. 经济援助

新中国成立后，尽快恢复被战争破坏的国民经济，是摆在中国共产党人面前的头等大事。落后的工农业基础本来就给经济的恢复工作造成了巨大的困难，出兵朝鲜的决定使这种困难进一步加重了。为了应付战争，1950 年 11 月召开的第二次全国财经会议，从"战争第一""一切服从战争""一切为了胜利"的大局出发，认为"经济建设推迟一下是可以的，也是不得已的"；"在任何一个国家的财政方针上，都不可能又战争又建设，不可能两者并列，两头兼顾"。② 会议决定把 1951 年的"财经工作方针放在抗美援朝战争的基础上，在财政上就是要增加军费及与军费有关的支出"。这种方针以应付"邻境战争，国内被炸"的局势为基点，③ 1950 年和 1951 年的军费开支分别占到了整个预算的44% 和 52% 。

朝鲜战场上相持局面的出现和交战双方停战谈判的开始，

---

① 转引自沈志华、于沛编《苏联共产党九十三年》，当代中国出版社，1993，第 436 页。
② 《陈云文稿选编 1949～1956》，人民出版社，1982，第 103 页。
③ 《陈云文稿选编 1949～1956》，第 99 页。

为中国政府调整国内经济政策和加快经济恢复工作提供了可能。1952 年 1 月 15 日，陈云在当年财经工作方针和任务的报告中指出，"1952 年，朝鲜战争可能结束，但应准备拖延，应该放在和谈可能拖延并继续应付战争这个基础上"。[①] 2 月召开的中共中央政治局扩大会议，做出了"三年准备，十年计划"的经济建设重大决策，责成中央财经委编制第一个五年计划方案。5 月，中共中央又提出了"边打、边稳、边建"的战略方针。

由于朝战爆发以来西方国家对新中国的经济封锁和贸易禁运，给中国的经济恢复工作造成了巨大的困难。苏联作为中国的盟国，成了这一时期中国经济重建的主要依靠。由于中国出兵朝鲜对苏联在战略上的巨大支持，苏联在援助中国的经济恢复和建设方面表现出了较为积极的态度。中苏同盟建立后，双方签订的一系列条约和协定很快进入实施阶段。根据这些条约、协定的内容和精神，苏联通过向中国提供贷款、工业设备、农业机械、汽车、铁路原料，派遣大批苏联专家来中国，向中国人民传授科学技术，扩大对华贸易等方式，为新中国国民经济的恢复工作做出了巨大的贡献。1948 年在中国出口贸易中，苏联占第九位，1949 年占第三位，1950 年底跃居第一位。[②] 1950 年中苏贸易额高达 24190 万美元，比 1949 年的 2630 万增加了 8 倍多，苏联成为中国最大的贸易伙伴。到 1953 年，中苏贸易额在当年中国对外贸易总额中的比重达 56.3%。尤其是苏联在对华贸易中的诸多优惠条件，比如降低中国进口苏联商品的价格，通过扩大内需增加进口中国商品的数量，在贸易合同之外向中国提供急需的各种商品，一定程度上缓解了因西方国家经济制裁和贸易禁运给中国造成的压力，促进了中国经济的恢复。与此同时，苏联还向中国派

① 《陈云文稿选编 1949～1956》，第 144 页。

② 〔苏〕鲍里索夫、科洛斯科夫：《苏中关系 1945～1980》，第 41 页。

遣了大量的专家和技术人员，到 1952 年 3 月，在中国工作的苏联顾问和教师已达 332 名，各种技术专家 471 名，[①] 苏联援建中国的 50 个大型工业企业的项目也逐步展开。根据 1950 年 2 月的协定，苏联开始向中国提供成套设备，仅 1951 年就提供了价值 3090 万卢布的成套设备，1952 年为 3660 万卢布。1950 ～ 1952 年，苏联还向中国提供了 94.6 万吨黑色金属、150 万吨石油产品。[②] 大批苏联专家还参加了中国一些大河上的水利工程的设计及施工和铁路修复工作，为中国经济的恢复做出了巨大贡献。另外，苏联还于 1951 年初提前向中国移交了大连的行政管理权。中长铁路修复后，苏联也根据原有的协定，于 1952 年 12 月 31 日把苏联管理该铁路的一切权利和铁路的所有财产移交给了中国。由于朝鲜战争正在进行之中，应中国政府的要求，苏中两国就共同使用旅顺军事基地互换了照会，延长了苏联撤军的时间。

帮助中国制订和实施第一个五年计划是这一时期苏联对华经济援助的一个突出内容。编制五年计划是中国学习苏联建设经验的一个重要标志，也是增强苏联对中国信任的又一个砝码。第一个五年计划方案的编写工作于 1952 年 8 月上旬完成后，为了征求苏联对中国 "一五" 计划方案的意见，并落实苏联对 "一五" 计划的援助方式和内容，8 月中旬，周恩来亲自率团访问了苏联。

周总理此次出访苏联，阵容庞大，包括了各大部门各行业的主要领导人。它是继毛泽东 1949 年底访问苏联后新中国第二次重大的外交活动，是中苏两国在经济、军事、科技等方面进行全面合作的一次最重要的谈判，并受到了斯大林的高度重视。斯大林先后与中国代表进行了三次会谈，表示苏联愿意帮助中国制订 "一五" 计划，愿意为中国实现五年计划提供所需求的技术设备、贷款等援助，派苏联专家到中国帮助建设，并责成莫洛托夫、布

---

① 沈志华：《毛泽东、斯大林与朝鲜战争》，第 226～227 页。

② 〔苏〕鲍里索夫、科洛斯科夫：《苏中关系 1945～1980》，第 42、43 页。

尔加宁、米高扬、维辛斯基等人组成苏联代表团，与中国代表团进行具体内容的谈判。当周恩来向斯大林表示感谢时，斯大林说，"不必感谢，这是我们的义务。如果我们处在同样的状况，难道中国同志不帮助我们吗？……我们也应该感谢中国人民所进行的正义战争，中国给我们提供橡胶，这也是中国的巨大援助，我们也必须感谢中国"。①

9月15日，中苏《关于橡胶技术合作协定》签订。9月22日，周恩来、陈云一行17人离开莫斯科回国，指定由李富春担任中国代表团代理团长，留在莫斯科继续与苏联代表团进行具体商谈。由于苏联方面对计划平衡工作要求很高，对中国的地质资料、技术水平和生产能力询问得很详细，而中方在这些方面的准备工作不足，所以项目选址、施工设计、设备分交、技术人员培训等计划内容的落实花了不少时间。一直到1953年5月15日，《关于苏联援助中国政府发展国民经济的协定》、《协定议定书》、《协定的第一号、第二号、第三号附件》、《议定书附件》及《两个清单的附注》等8个文件才正式签订。根据上述协定，到1959年止，苏联将援助中国建设与改建91个工业企业项目，加上1950年签约援助的50个项目，共计141个。1954年10月，应中国政府的要求，苏联又追加了15个项目，"一五"期间苏联援助中国的项目达到了156个，这就是人们常说的156项。这些项目中，包括钢铁联合企业、有色金属企业、煤矿、炼油厂、机器制造厂、汽车厂、拖拉机厂、电站等，总价值30亿~35亿卢布。从选择厂址、具体设计，到供给设备、指导建筑安装和开工运输，一直到培训工人和技术人员、设计制造新产品，都由苏联给予全面援助。随着朝鲜战争的结束和国内经济建设的全面展开，在中国掀起了一个学习苏联的热潮。由于缺乏建设经验，苏联模式被逐渐引进中国的政治、经济、军事和文化领域。这种引进一

① 沈志华编《朝鲜战争：俄国档案馆的解密文件》下册，第1195页。

方面为中国提供了大量可资借鉴的经验；另一方面，也由于苏联对华政策和中国学习苏联过程中的教条主义，导致了一些对苏联盲目崇拜的现象，并对中国关于自身发展道路的探索产生了不良影响。

抗美援朝期间，苏联对中国的经济援助总的来说是积极的，它对于抗美援朝的胜利、新中国政权的巩固、国内经济的恢复、中国国际影响的增强具有重要意义。中国政府和人民对于苏联的国际主义援助一向是铭刻在心的，并力所能及地予以有效的回报。1952 年 2 月 11 日，为祝贺中苏同盟建立两周年。毛泽东在给斯大林的电报中表示，中国人民"感谢两年多来苏联政府和苏联人民依照中苏友好同盟互助条约及其有关各协定的精神，给予中国政府和人民热诚的、慷慨的援助，这些援助大大地帮助了新中国经济的恢复和发展及国家的巩固"。[1] 薄一波同志 1953 年在中苏条约签订三周年纪念会上评价苏联专家的工作时就指出，"三年来我国国民经济的恢复和改造方面所获得的伟大成就，从医治我国在长期战争中所造成的创伤到财政经济情况根本好转并准备好实行第一个五年计划建设计划所必需的各种条件，这一切如果没有苏联专家真诚无私的帮助，那我们就要困难得多，就不会在短时期内获得这样大的成就"。[2] 中苏这一时期在国际舞台上相互配合，共同斗争，对于在冷战格局中保卫社会主义国家的安全、反对帝国主义的霸权政策、维护亚洲与世界和平发挥了重要作用，这一点应该给予充分肯定。

但不可否认的是，这一时期苏联对中国的经济援助存在着不同程度的民族利己主义和大国沙文主义的因素。例如，中苏关于在新疆合办石油股份公司、有色及稀有金属公司以及民航公司的

---

① 转引自周文琪、褚良如编著《特殊而复杂的课题：共产国际、苏联与中国共产党关系编年史 1919~1991》，第 478 页。

② 《人民日报》1953 年 2 月 15 日。

三个协定签订后，《人民日报》发表社论说，"中苏双方在三个公司中完全属于平等地位"，三个协定"完全尊重我国主权"，[①] 而事实上苏联却力求把这些合营企业办成独立于中国主权之外的经济实体，随意扩大矿区的开采而拒不追加中方的股权份额，并自行在矿区修建铁路、架设电台，从而引起双方代表的争执，这些问题直到上述企业归还中国以后才得以解决。1959 年苏联外交部远东司的一份报告认为，"在谈到中华人民共和国成立后头三年内苏中关系发展总得来说是顺利的同时，必须要看到这一关系中存在着一些破坏中华人民共和国主权和利益的消极因素，这反映在苏中签订的一些协定里，譬如……关于成立苏中股份公司的协定……" 苏驻华使馆党组书记瓦日诺夫也在一份报告中指出，股份公司中"苏联的领导人经常不把中方的副主席放在眼里，干预中方行使职能，没有完全地向中方工作人员传授自己的工作经验"。曾经担任股份公司一家石油企业主任的谢尔盖耶夫承认，"我们对中国人的态度是极其官腔化的。我们干我们的，他们干他们的。我们干什么，他们不知道，而他们干什么，我们也不知道。谁也没有指示我们要同中国同志一起开会"，难怪中国同志抱怨"俄国人的表现使人无法同他们合作。他们很狡猾，什么都瞒着我们"。[②] 另外，苏联在制定卢布与人民币的比价时也很不公平，中苏非贸易支付的清算也很不合理。这些消极因素虽然在当时没有对中苏同盟造成明显的伤害，但对中苏关系的长远发展产生了不良影响。

毋庸置疑，抗美援朝、保家卫国是中国出兵朝鲜的主要因素，但苏联对中国施加的压力、维护中苏同盟的需要也是不可忽视的因素，出兵朝鲜对于中国来说，在一定程度上是一种不得已的选择。与此同时，我们也必须承认，中国抗美援朝的决策和行

① 《人民日报》1950 年 4 月 5 日。
② 转引自张盛发《建国初期中苏两国的龃龉和矛盾及其历史渊源》，《东欧中亚研究》1999 年第 5 期，第 37 页。

动，增强了中苏两党之间的相互信任，也促进了中苏两国之间的全面合作。朝鲜战争期间，如果没有苏联的全面支持和援助，无论是朝鲜前线的军事较量，还是中国国内的经济建设，要想取得满意的结果几乎是不太可能的。抗美援朝结束以后，中国国际地位的不断提升和国防力量的明显增强，一方面使中国在解决重大国际问题方面的作用得到了重视，另一方面也使西方国家对中国的遏制进一步加强了。

第五章
秘密参战的苏联空军

　　避免公开卷入朝鲜战争，是苏联一贯的立场和原则。战争爆发前，斯大林就告诫金日成，如果遇到强大的抵抗，苏联一点也帮不上忙。朝鲜战争爆发以后，为了表明自己与战争的爆发无关，苏联也没有立即返回安理会，任凭美国操纵安理会通过了朝鲜北方"侵略"了南方的决议。面对美国对朝鲜的武装干涉，苏联在表示谴责的同时又宣称，这场战争是朝鲜的内战，苏联不能采取任何行动。"联合国军"越过三八线前夕，金日成恳求斯大林提供直接的军事援助，也遭到了斯大林的拒绝。在朝鲜停战谈判的过程中，苏联多次向美国和中朝方面表明自己的非交战方地位，拒绝直接参与谈判。然而，这并不能反映苏联与朝鲜战争的真实关系。朝鲜战争作为冷战初期两大阵营之间一次大规模的军事较量，对于苏联来说，完全置身事外不仅是不可能的，而且是不现实的。苏联虽然在表面上坚持自己非交战方的地位，但事实上苏联空军秘密参加了朝鲜战争。

一　苏联空军提前出动

　　或许是由于苏联空军真的没有做好准备，或许是担心空军参战会激化美苏矛盾，也或许是对中国在出兵问题上态度不够坚决的报复，在中国已经决定出兵朝鲜的情况下，10 月 13 日，斯大林在与周恩来的会谈中竟然违背之前的承诺，[1] 表示苏联空军只能在中国人民志愿军进入朝鲜两个或两个半月后，为其提供空中掩护，且只能在中国境内保护志愿军的后方。在得知这一消息以后，中国政府紧急暂停了正在进行中的出兵准备工作，彭德怀火速赶回北京，重新商讨出兵问题。最后在暂时没有苏联空军提供空中掩护的情况下，中国领导人还是做出了出兵朝鲜的决定。

面对美国空军对中苏朝边境地区的狂轰滥炸，面对朝鲜人民军空军作战能力的完全丧失，面对中国志愿军无空中掩护的作战风险，苏联放弃了在志愿军入朝两个或两个半月后出动苏联空军的想法，决定提前派苏联空军歼击航空兵师和国土防空军高炮部队参加朝鲜战争，具体事宜由苏联国防部长华西列夫斯基元帅亲自负责。根据俄国国防部战史研究所解密的苏联空军制定的援朝战略方案文件，"为了重新培训中华人民共和国和朝鲜民主主义（人民）共和国空军驾驶员，保卫中朝边界和掩护中国人民志愿军进入朝鲜，苏军同意在满洲（中国东北）创建苏联空军作战集群"。[2]

11 月 1 日，驻扎在沈阳和鞍山机场负责东北边防的别洛夫航空兵师，奉命出现在鸭绿江上空，打响了朝鲜战争第一次真正的空战。苏联驻华军事总顾问扎哈罗夫大将在 11 月 2 日给斯大林的电报中，汇报了苏联空军作战的情况。报告说，"在安东[3] - 新义

---

① 1950 年 7 月 5 日，斯大林电示苏联驻华大使罗申，要求他通知周恩来，中国应该"立即集中 9 个中国师于中朝边境，以便在敌人越过三八线时，志愿军进入北朝鲜作战，这个做法是正确的。我们将尽力为这些部队提供空中掩护"。沈志华编《朝鲜战争：俄国档案馆的解密文件》上册，第 431 页。

② 转引自陈肇祥《"米格走廊"背后的美苏空军较量》，《档案春秋》2012 年第 2 期，第 42 页。

③ 今辽宁丹东市。

州地区今年 11 月 1 日的战斗中，我们的飞行员用米格 - 15 飞机击落两架 F - 82 飞机，另两架飞机是被高射炮击落的。共击落 4 架飞机。在空战中，我方没有损失"。"米格 - 15 飞机从沈阳和鞍山两个机场起飞。每个机场共起飞 8 个架次。"同一天，由苏联训练完毕的 26 名朝鲜飞行员和 24 架雅克 - 9 飞机在安东组成的朝鲜飞行团，有"8 架飞机，首次在安州地区执行战斗任务。在这次战斗中，击落两架 B - 29 轰炸机和一架野马式战斗机。有两架雅克 - 9 飞机未能返回"。① 美国当时并没有意识到苏联空军已经参战，认为这次战斗是残存的朝鲜空军所为。为了彻底摧毁朝鲜空军的战斗力，随后又向安东 - 新义州地区进行了轰炸。11 月 8 日、9 日和 10 日，苏联飞行员分别击落"联合国军"的 F - 80 战斗机 1 架、F - 47 和 F - 80 战斗机各 1 架、B - 29 型轰炸机 1 架。11 月 14 日，8 架苏军的米格 - 15 战斗机与美军 20 架 F - 80 战斗机和 40 架 B - 29 型轰炸机组成的庞大机群空中相遇，苏联飞行员在冲散敌机编队之后，集中火力击落 3 架 B - 29 型轰炸机，自己没有任何损伤。仅 1950 年 11 月上半月，苏联飞行员就击落"联合国军"的飞机 23 架。② 苏联空军的出现，"对联合国军的空中优势形成了潜在威胁，更为重要的是，这意味着苏联空军正式介入了朝鲜战争"。③

苏联空军秘密参战以后，为了加强对参战空军的领导和指挥，苏联组建了由空军中将别洛夫（Belov）指挥的第 64 独立歼击机航空兵军，下辖第 28、第 50、第 151 歼击航空兵师（1951 年 2 月第 28、第 50 歼击航空兵师奉调回国，第 303、第 324 航空兵师奉命参战），每个师下辖两个歼击航空兵团，从沈阳、鞍山

---

① 沈志华编《朝鲜战争：俄国档案馆的解密文件》中册，第 613 页。

② 林晓光：《朝鲜战争中的苏联空军》，《西伯利亚研究》2002 年第 2 期，第 51 页。

③ Xiaoming Zhang, *Red Wings over the Yalu：China, the Soviet Union and the Air War in Korea*, p. 78.

两地转驻中朝边境的安东机场，负责保卫鸭绿江上的桥梁、发电站和大坝，保卫中朝边境以南 75 公里之内的交通线和飞机场。为了增强苏联空军的战斗力，斯大林还建议增派 120 架米格 – 15 飞机，分两批来华，增加到别洛夫的航空兵军中，并成立了由空军中将克拉索夫斯基（Krasovskii）领导的指挥部，负责指挥苏联空军在朝鲜的全部作战行动，培养中朝空军的新生力量。11 月 15 日，苏联驻东北军事顾问扎哈罗夫向周恩来转达了斯大林的建议，并与周恩来商定，苏联空军除了可以使用安东、沈阳、鞍山、辽阳机场外，可在安东附近再修一个供苏联空军使用的机场。同一天，毛泽东致电斯大林表示同意，并且称赞"苏联飞行员在空中表现出了英勇气概和强大威力，他们在最近 12 天内，击落了 23 架入侵的美国飞机"。[①]

苏联空军虽然在整体实力方面与美国空军差距较大，飞机和飞行员的数量大大少于美国，技术装备和后勤服务也大大落后于美国，但苏联空军的参战对于朝鲜战争的影响还是十分明显的。特别是苏联空军使用的米格 – 15 新式战斗机，在与美军造价昂贵、机组人员达 10 人以上、被称为"空中堡垒"的 B – 29 战略轰炸机的交锋中，多以美军机毁人亡的惨重后果而告终。再加上地面防空火炮的配合，美国轰炸机在目标区停留的时间被迫缩短，轰炸的高度被迫提高，投弹的准确度大大下降，开战以来美军空中优势受到了严峻挑战。截至 1950 年 12 月底，参战两个月的苏联第 64 独立歼击航空兵军，共出动飞机 1200 多架次，空战 40 多次，击落击伤敌机 61 架，只损失飞机 7 架，仅 5 名飞行员阵亡。[②]

为了防止泄露苏联空军参战的消息，第 64 航空军制定了严

---

① 沈志华编《朝鲜战争：俄国档案馆的解密文件》中册，第 622 页。
② 沈志华：《抗美援朝战争中的苏联空军》，《中共党史研究》2000 年第 2 期，第 72 页。

格的参战纪律。首先是参战飞机的作战范围和行动的严格限制，如最初的行动范围仅限于保卫沈阳、鞍山、安东和吉安等东北行政、工业和经济中心，执行对铁路枢纽、桥梁电站和部队集结地的保护任务。志愿军收复三八线以北的失地之后，才允许苏联飞机进入朝鲜境内 100 公里的空域巡逻或击截敌机，以保障中朝运输线的畅通。苏联飞机不准在海面上空飞行，不准攻击美国海军船只，不准追击受伤和油料即将耗尽的敌机，只准在己方控制区域上空作战，要绝对避免苏联飞行员被俘。其次是对飞行员和飞行装备的严格限制。参战的飞行员一律穿中国人民志愿军的服装，佩戴志愿军徽号和符号，参战飞机和地勤车辆均改涂了志愿军中国飞机或朝鲜飞机的颜色。战斗中飞行员不许讲俄语，不准在海面上空飞行，不准攻击美国海军船只，不准追击受伤和油料即将耗尽的敌机，避免因飞机被击落或飞行员被俘走漏消息。由于苏联空军有严格的作战空域限制，仅仅在在鸭绿江上空参战，因此在中朝军队的战线不断向南延伸的情况下，苏联空军就无法对中朝军队的后方补给线提供空中掩护。在中朝方面的强烈要求下，为了保障后方补给线的安全，苏联同意从 1951 年 1 月 10 日起，出动两个空军师，掩护辑安至江界、安东至安州的两条铁路运输线。即便如此，由于江界距离中朝边界不足百里，安州距离朝鲜西海岸太近，苏联仍禁止自己的空军在沿海 40 公里以外作战，所以苏联空军在参战初期的作战范围尚不能为中朝军队提供高效的后勤保障和空中支持。

二　苏联空军进驻朝鲜

第三次战役胜利后，志愿军已经打到了三七线，后方补给线长达 500 公里。由于参战的苏联空军的基地都在中国境内，受飞行距离的限制无法进一步南下，中朝军队的物资运输和部队调遣完全处在了"联合国军"空军的威胁之下。1951 年初第三次战役结束后，中朝军队刚刚开始进行休整，"联合国军"就于 1 月 25 日由西向东向中朝军队发起了大规模的反攻，志愿军被迫打响了入朝作战后的第四次战役。为配合地面行动，美国远东空军司令部把朝鲜北方划分为 11 个区、172 个作战目标，集中打击安州地区渡口、安州和平壤地区的铁路与公路、平壤地区正在修建的机场及平壤以南的目标。

由于部队未能得到及时休整，被迫仓促转入防御；加之没有制空权，后方补给严重短缺，几十万志愿军坚守防御十分困难。为此，1951 年 2 月 15 日，彭德怀回到北京，向毛泽东汇报了朝鲜战场的实际情况。3 月 1 日，毛泽东在给斯大林的电报中说，"目前朝鲜作战的困难，仍为敌人火力强，我方运输力弱，有百分之三十至四十的物资被炸毁，敌军将逐步获得补充，有六七万人将于六月底到朝鲜，而我方尚无空军掩护。预定四五月中，我可出动空军十个团参战，但截至现在，我在朝鲜境内，尚无一个可用飞机场。此因过去地未化冻，尚未开始，而更主要的则是若无可靠的空军掩护，亦将无法修成。彭德怀同志十分希望苏联空军能在平壤、元山之线及其以北机场担负掩护任务，并希望苏联空军使用的机场能移入朝鲜境内。据称若不如此，则朝鲜机场无法修成，中国空军亦将无参战可能，而坦克和炮兵的运转亦将增加极大的困难"。① 3 月 3 日，斯大林回电毛泽东说，"如果您能够在安东地区留两个中国空军师掩护当地的电站和交通线的话，我们同意将别洛夫将军指挥的第 151 和第 324 两个歼击机师的基地转移到朝鲜境内去，以掩护中朝军队的后方。如果朝鲜人已有 1 条钢板飞机跑道，那我们可以从苏联再提供 2 条钢板跑道。同时必须建立不少于 4 座的混凝土跑道的机场，因为钢板跑道不够。我们希望建设工程在

---

① 毛泽东给斯大林的电报，1951 年 3 月 1 日。逄先知、李捷：《毛泽东与抗美援朝》，中央文献出版社，2010，第 167 页。

劳动力和物资上将得到保障。如果您同意，我们可以提供高射炮掩护机场"。3 月 15 日，斯大林再次致电毛泽东，表示"由于即将到来的重大的战役，你们必须有尽可能多的歼击机在前线。因此，我们决定从苏联再调拨 1 个大型的歼击师到安东去，以便 2 个原定掩护安东的中国歼击机师调往前线，用于那里的战役。我们希望您不反对"。

3 月 18 日，毛泽东回电斯大林表示感谢，对于在朝鲜修建 4 个混凝土跑道机场的问题，毛泽东告诉斯大林，"我们现已会同扎哈罗夫同志和朝鲜同志们研究这一问题，并采取必要措施完成这一工程"，关于用多少数量的高射炮兵部队来掩护朝鲜机场和最重要的铁路桥，"将由周恩来补充告您"。3 月 23 日，周恩来致电斯大林，建议"位于中国境内的安东到定州再到安州铁路沿线的铁路桥，以及 4 个供苏联航空兵使用的机场，由苏联高炮部队加以掩护。对朝鲜境内其余铁路桥和机场的掩护任务，将由中国高炮部队担任"。①

为了保证进驻朝鲜的 2 个歼击机航空兵师和增派到安东的 1 个大型歼击机师完成战斗任务，4 月 12 日，苏联国防部长华西列夫斯基和副部长什捷缅科（Shtemenko）联名向斯大林提议，"一、用我们的高炮部队对我歼击机航空兵师的驻地机场实行空中掩护。为此需派遣 2 个高炮师，用于掩护安东地区的机场和安东地区的鸭绿江铁路大桥。此外，再派一个 2 团编制的高炮师用于掩护安东、平壤地区最重要的铁路大桥。二、为歼击机夜间同敌空军作战提供保障，以及夜间对我歼击机基地进行空中掩护，需派遣 1 个装备拉 – 11 战斗机的歼击机航空兵团进驻中国，并部署在鞍山地区。该航空兵团可从驻扎在旅顺地区的第 153 歼击机航空兵师抽调。为了在我驻朝鲜歼击机航空兵基地建立探照灯照

---

① 以上引文分见沈志华编《朝鲜战争：俄国档案馆的解密文件》中册，第 709、721～723 页。

射区，需从莫斯科防空区派遣 1 个探照灯团前往朝鲜。三、鉴于喷气式歼击机飞行员的高度紧张和疲劳，为保证他们在执行任务时的战斗力，需要保证休息，做好战斗准备。为此，每 1 个歼击机飞行员要有 10 个后备飞行员，他们可以留在战区以外，根据需要派他们替换到后方休息的飞行员。四、为了保障别洛夫军的物资技术供应和对其后勤工作的领导，需向该军派遣：——带有供应部门的航空技术部队；——给各高炮师运送弹药和军用物资的独立汽车运输营；——20 辆航空油料加油车和 20 个航空弹药基数，其中一半放在航空兵师基地，另一半放在沈阳地区的基地；——1 个月的炮兵弹药储备，即 9 个 85 毫米高炮弹药基数和 15 个 37 毫米高炮弹药基数。五、为了更可靠地用雷达搜索敌机，给别洛夫军增加 2 个雷达站。六、鉴于高射炮兵主要用于掩护我歼击机航空兵，对各高炮师的指挥应全部交给别洛夫。为了直接组织高炮掩护，给别洛夫委派 1 位高射炮兵副手和 1 个小型作战机构"。① 6 月，苏联调第 82、92 高射炮师和 1 个航空供应师、1 个探照灯团参战。这样，别洛夫指挥下的第 64 歼击机航空兵军成为一支编制完整、实力雄厚的空中作战力量。该集团军下辖 3 个航空兵师，1 个夜间歼击航空兵团，2 个高炮师，2 个探照灯团，约 240 架作战飞机和 300 门高射炮、72 具探照灯，战斗力得到了明显的增强。②

三　令对手望而生畏的"米格走廊"

秘密参战的苏联空军，大部分是参加过第二次世界大战的战斗精英。他们的作战技术和经验，完全可以与"联合国军"中的

① 沈志华编《朝鲜战争：俄国档案馆的解密文件》中册，第 745～746 页。
② 〔俄〕洛博夫：《在朝鲜上空的米格走廊》，《航空兵与宇航学》1990 年第 11 期，第 31 页。参见林晓光《朝鲜战争中的苏联空军》，《西伯利亚研究》2002 年第 2 期，第 53 页。

美国远东空军相媲美。朝鲜空战中，苏联飞行员常以较小的代价取得较大的作战效果，令对手望而生畏的"米格走廊"（MiG Alley）就是苏联空军英勇善战的生动写照。

"米格走廊"指的是朝鲜西部的清川江和鸭绿江之间的空域，是苏联空军和志愿军空军活动的主要地区。苏联空军秘密参战以后，在志愿军空军和朝鲜空军的协同配合下，多次驾驶银色的米格－15在这一地区成功拦截入侵的美军战机，并逐渐掌握了这一地区制空权，使美国的战略轰炸机无法对这一地区实施有效的轰炸，这片空域被美国飞行员形象地称为"米格走廊"。"米格走廊"终结了美国远东空军在朝鲜上空的绝对制空权，美国远东空军司令部甚至下令禁止白天出动B－29轰炸机进入"米格走廊"。作为历史上第一次出现大规模喷气式飞机对战的地方，"米格走廊"也被视为喷气式飞机战争的发源地。

在苏联空军秘密参战的真相公开之前，提及"米格走廊"，都认为这是年轻的志愿军空军在朝鲜战场上创造的奇观。事实上，志愿军空军入朝作战时，距离组建的时间还不到一年，显然在"米格走廊"唱主角的应该是苏联空军。中国志愿军空军大队长、原空军司令员王海上将在他的回忆录中谈及此事时这样写道："战争初期，中国人民志愿军空军还相当年轻、弱小，空战主要是苏联空军打的。后来的大机群作战，特别是与F－86大机群作战，仍由苏联空军唱主角，中国人民志愿军空军协同其完成作战任务。因志愿军尚未经过夜航训练，还不具备夜间作战的条件，夜间作战的任务也由苏联空军承担。没有苏联空军的大力支援，中国人民空军就不会发展得那么快，志愿军空军也很难取得如此辉煌的战绩。"[1]

苏美空军在朝鲜战场上最激烈的一次空战发生在1951年4月

---

[1]　王海：《我的战斗生涯》，中央文献出版社，2000，第150～151页。

12 日。这一天，为了袭击鸭绿江大桥、丰满水电站和其他中朝军事设施，美军出动 72 架 B-29 轰炸机实施战略空袭，并由 32 架 F-80 战斗机护航。苏军第 324 歼击航空兵师接到雷达站的指令以后，出动 3 个飞行团共 60 架飞机参战。这次空战持续了 40 分钟，苏联飞行员发挥米格-15 无与伦比的爬升和俯冲性能，从 B-29 轰炸机的侧面和后面发起攻击，最后苏军以少胜多，击落美军 16 架 B-29 轰炸机和 10 多架 F-80 战斗机，自己却毫无损失。这一天被美国空军官员称为"黑色星期四"。

1951 年 9~10 月，面对美国空军的大规模轰炸，苏联空军开始进行大机群作战，每战出动几十架米格歼击机，集中力量打击对中朝地面部队和后勤补给线威胁最大的美军轰炸机和护航的战斗机。如 9 月 12 日的战斗，击落美军 10 架轰炸机和 4 架战斗机；9 月 19 日的战斗，击落美军 3 架轰炸机和 3 架战斗机；10 月 23 日的战斗，击落美军 3 架轰炸机，次日又击落美军轰炸机和战斗机各 1 架；10 月 30 日的战斗，击落美军 12 架轰炸机和 4 架战斗机。苏联空军的米格-15 歼击机，在其活动的鸭绿江到清川江约 6500 平方英里的区域内，取得了明显的空中优势。

朝鲜战争期间，苏联的第 64 独立歼击航空兵军的编制内共有 10 个歼击航空兵师、21 个歼击航空兵团、2 个轰炸航空兵师和 3 个大队，共有 72000 人轮番参战，1952 年为最多年份，达 25000~26000 人，共出动 63000 多架次，战斗起飞 2457 批次和 26491 架次，进行了 1400 多次空战，20820 人次的飞行员参加了战斗飞行，击落击伤敌机 1300 多架。苏联空军损失飞机 335 架，299 名苏联军人在战斗中阵亡，其中包括 135 名飞行员和 164 名地勤人员。① 苏联空军以一比三点多的战损比例，取得了对阵

---

① 〔俄〕奥尔洛夫：《1950~1953 年朝鲜战争中的苏联空军》，《近现代史》1998 年第 4 期，第 145 页。参见林晓光《朝鲜战争中的苏联空军》，《西伯利亚研究》2002 年第 2 期，第 53 页。

"联合国军"美国远东空军的胜利。其中第 303 歼击航空师第 17 团副大队长苏佳金大尉，战斗起飞共 149 次，空战 66 次，击落对手飞机 22 架，其中 F－86 战斗机 15 架，创造了喷气机时代不可逾越的世界作战纪录，是苏联空军参战英雄榜上当之无愧的冠军。

尽管苏联对空军秘密参战采取了高度保密的措施，但根据飞行员的作战技术、短兵相接时飞行员的面孔以及无线电通信中不时冒出的俄语等判断，早在 1950 年末，美国就已知道苏联空军秘密参加了朝鲜战争。美国政府"不仅知道米格飞机里有俄国人，而且知道俄国飞行员所受到的种种限制"。美国之所以没有向外界公布事实的真相，主要是担心朝鲜战争扩大并引发美苏之间的战争。诚如美国国务院政策研究室主任保罗·尼采（Paul Nitze）所言，"如果我们公布真相，公众必将要求我们采取相应的行动，最终我们可以做的事情，只能是扩大战争，卷入与苏联更加严重的冲突"。① 这种秘而不宣的状态，直到 1970 年代初才公开。冷战时期，苏联不仅坚决否认美国公布的真相，而且苏联空军与朝鲜战争的问题也是学者的研究禁区。冷战结束以后，随着解密档案的公布，俄罗斯的核心报刊开始不断刊登一些参加过朝鲜战争的苏联飞行员的回忆录，苏联空军参加朝鲜战争的历史开始逐渐浮出水面。1993 年，俄罗斯出版的《解密文件：战争、军事行动和军事冲突中苏联武装力量的损失统计研究》一书，披露了苏联空军在朝鲜战争中损失的资料，弥补了苏联空军与朝鲜战争研究的一大空白。目前，苏联空军秘密参加朝鲜战争已是不争的事实，因此说苏联事实上参加了朝鲜战争并不为过。

---

① 转引自陈肇祥《"米格走廊"背后的美苏空军较量》，《档案春秋》2012 年第 2 期，第 45 页。

附表

1950 年 11 月 1 日至 1953 年 7 月 27 日苏联驻朝鲜防空部队一览

师	团	驻扎时间	击毁敌方飞机	友军误伤飞机	友军误伤飞行员
第 64 歼击航空兵军飞行部队					
第 28 歼击机师	第 67 歼击机团	1950.11～1951.2	6	未知	未知
	第 139 预警歼击机团	1950.11～1951.2	23	1	1
第 50 歼击机师	第 29 预警歼击机团	1950.12～1951.2	36	5	4
	第 117 歼击机团	1950.11～1951.2	24	2	1
第 151 预警歼击机师	第 28 预警歼击机团	1950.11～1951.3	23	未知	未知
	第 72 预警歼击机团	1950.11～1951.3	13	3	3
第 324 歼击机师	第 176 预警歼击机团	1951.4～1952.2	107	未知	5
	第 196 歼击机团	1951.4～1952.2	108	24	5
第 303 歼击机师	第 17 歼击机团	1951.8～1951.12	108	未知	4
	第 18 预警歼击机团	1951.8～1951.12	92	18	8
	第 523 歼击机团	1951.8～1951.12	102	17	5
第 32 歼击机师	第 224 歼击机团	1952.9～1953.7	33	22	6
	第 535 歼击机团	1952.9～1953.7	19	16	5
	第 913 歼击机团	1952.9～1953.7	29	20	5
第 97 歼击机师	第 16 歼击机团	1952.1～1952.8	26	12	4
	第 148 预警歼击机团	1952.1～1952.8	41	2	2

师	团	驻扎时间	击毁敌方飞机	友军误伤飞机	友军误伤飞行员
第 133 歼击机师	第 147 预警歼击机团	1952.7 ~ 1953.8	21	4	4
	第 415 歼击机团	1952.7 ~ 1953.8	28	12	4
	第 578 歼击机团	1952.8 ~ 1953.4	4	10	4
	第 726 歼击机团	1952.7 ~ 1953.8	39	12	7
第 190 歼击机师	第 256 歼击机团	1952.1 ~ 1952.8	16	16	5
	第 494 歼击机团	1952.1 ~ 1952.8	23	20	6
	第 821 歼击机团	1952.1 ~ 1952.8	44	未知	未知
第 216 歼击机师	第 676 歼击机团	1952.7 ~ 1953.8	33	14	4
	第 781 歼击机团	1952.1 ~ 1953.7	11	9	3
	第 878 团	1953.7 ~ 1953.8	38	17	6
第 282 歼击机师	第 518 团	1952.3 ~ 1953.7	31	19	6
第 37 歼击机师	第 236 歼击机团	1953.7 ~ 1954.12			
	第 282 歼击机团				
	第 940 歼击机团				
第 100 歼击机师	第 9 预警歼击机团	1953.7 ~ 1954.12			
	第 731 歼击机团				
	第 735 歼击机团				
第 64 航空兵军独立团					
	第 351 歼击机团	1951.3 ~ 1953.1	10	2	2
	第 298 歼击机团	1953.1 ~ 1954.1	4	1	1
第 64 航空兵军非飞行部队					
第 87、92 高射炮师		1951.3 ~ 1953.1			
第 28、35 高射炮师		1951.3 ~ 1953.12			
第 18 航空技术师		1953.3 ~ 1953.8			

师	团	驻扎时间	击毁敌方飞机	友军误伤飞机	友军误伤飞行员
第 16 航空技术师		1953. 7 ~ 1954. 12			
	第 10 探照灯团	1951. 3 ~ 1953. 1			
	第 20 探照灯团	1953. 1 ~ 1953. 12			

第 1404 传染病医院
第 8 流动战地医院

资料来源：转引自 Xiaoming Zhang, *Red Wings over the Yalu: China, the Soviet Union, and the Air War in Korea*, pp. 219 - 223。

第六章
苏联与朝鲜停战谈判（一）

朝鲜战争爆发之初，英美等国先后通过各种外交渠道，呼吁苏联敦促朝鲜停止军事行动，和平解决朝鲜问题，苏联借口朝鲜战争是一场内战，苏联无权干涉。"联合国军"和中国人民志愿军出兵朝鲜以后，分别帮助朝鲜南北方扭转了战局。由于交战各方都想一鼓作气武力统一朝鲜，所以战争初期国际社会就朝鲜停火问题所进行的外交努力没有达成任何结果。经过五次大规模的军事较量之后，到 1951 年春，战线在三八线附近固定下来，交战双方都认识到无法用军事手段将对方赶出朝鲜半岛，为了避免朝鲜战争的长期化，通过谈判实现停战成为可能。苏联虽然不是朝鲜战争的公开交战方，但它对朝鲜战争的影响却无处不在。本书拟分两章对朝鲜停战谈判中的苏联因素展开论述。

一 苏联与停战谈判开始前的外交斡旋

鉴于苏联对朝鲜的特殊影响，朝鲜战争爆发以后，国际社会就通过苏联恢复朝鲜半岛的和平进行了一系列的外交努力。1950年 7 月 6 日，英国驻苏大使凯利在会见苏联外交部副部长葛罗米柯时表示，"如果朝鲜民主主义人民共和国将自己的军队撤回三八线，那将可能加速朝鲜问题的和平解决"。斯大林认为，"英国人的这一要求是厚颜无耻的，是不能接受的"；"由于外来武装干涉使朝鲜问题异常复杂化，这一复杂问题只有通过有苏联和中国参加的安理会，才能得到解决，同时邀请朝鲜的代表到会，以便听取他们的意见"。7 月 17 日，葛罗米柯经授权告知英国驻苏大使凯利，"和平解决朝鲜问题的最好办法是召开必须有中国人民政府代表参加的安理会，并在解决朝鲜问题时听取朝鲜人民代表的意见"。7 月 20 日，英国首相艾德礼在下院旧调重弹，声明"希望苏联政府利用自己对北朝鲜的影响，促其尽快停止军事行动，并将北朝鲜军队撤回三八线以北"。① 由于美国坚决反对恢复新中国在联合国的合法席位，中国代表无法参加安理会会议，加之朝鲜战场上人民军势如破竹，这时寻求停战的时机并不成熟，英国的建议没有产生任何结果。

印度也试图通过外交斡旋说服苏联对恢复朝鲜半岛的和平发挥影响，印度驻苏大使拉达克里希南（Radhakrishnan）在这方面发挥了重要的作用。朝鲜战争爆发后不久，印度政府就指示拉达克里希南"设法说服苏联政府返回安理会，向苏联表示印度正在为支持恢复中国的联合国席位而努力……说服苏联利用自己的影响让朝鲜停止军事行动并从朝鲜南方撤军"。② 拉达克里希南提出的和平解决朝鲜问题两原则，于 7 月 9 日以私人密信的方式告知了美苏中各方。两大原则"一是美国支持恢复中华人民共和国在联合国和安理会的合法席位，二是安理会和中苏共同支持在朝鲜立即停火和朝鲜军队撤回三八线以北，并支持联合国为了朝鲜的统一和独立进行调停"。拉达克里希南认为，"如果能把主要冲突方拉到安理会来讨论那些突出问题，也许能开创一个新篇章"。③ 有材料显示，拉达克里希南的私人密信并不是个人想法，而"是

---

① 引文分见沈志华编《朝鲜战争：俄国档案馆的解密文件》中册，第 449、455、482 页。

② *FRUS*, *1950*, Vol. 7, pp. 283 – 284.

③ *FRUS*, *1950*, Vol. 7, pp. 340 – 341.

印度政府的指示。由于联合国还没有授权印度作为目前远东危机的调停者，印度正寻求用非正式的调停来打破僵局，信中才使用了个人的口气"。[1]

中国政府对拉达克里希南提出的两大原则给予了积极回应。7月10日，中国外交部副部长章汉夫根据周恩来草拟的口头答复稿，向印度驻华大使潘尼迦表示，"中华人民共和国加入联合国各组织问题，必须与朝鲜问题先行区别开来解决……中华人民共和国中央人民政府欢迎印度政府对于接纳中华人民共和国加入联合国各组织，特别是加入安全理事会所欲努力的意愿。只有在联合国安全理事会有了中华人民共和国和苏联两个常任理事国出席之后，一切合于联合国宪章规定的问题，才能合法地被提出讨论。到那时，和平解决朝鲜问题，制止美国侵略台湾问题，也才有提出解决的可能。在此原则下，中华人民共和国中央人民政府赞成印度政府和平调处朝鲜问题的见解"。[2]

7月13日，拉达克里希南约见苏联外交部副部长葛罗米柯，就其7月9日的信件交换意见。葛罗米柯指出，"尽管印度政府提出了在联合国接纳新中国代表的问题，但印度在安理会代表的发言听起来不那么坚定有力"。拉达克里希南表示，"如果是他在安理会的话，他的行动会更坚决，更令人信服"。他希望"如果中华人民共和国的代表进入了安理会，接着苏联代表也恢复参加安理会的工作，在这样的情况下，希望在安理会讨论朝鲜问题时不要使用否决权"；"如果安理会讨论有关朝鲜的问题，最好是将解决这些问题委托给那些与朝鲜离得近的国家，比如苏联、中国、印度。这样做可能将带来好处"。拉达克里希南委婉地问起葛罗米柯对他7月9日信件的看法，葛罗米柯称"没有任何东

---

[1] *FRUS*, *1950*, Vol. 7, p. 341.

[2] 中央文献研究室编《建国以来周恩来文稿》第3册，中央文献出版社，2008，第15~16页。

西要告诉他"。鉴于印度对朝鲜战争和安理会决议的基本立场，葛罗米柯显然对拉达克里希南作为一名外交大使的调停原则缺乏信任，对印度的政治立场缺乏信任，所以拒绝表态。此外，拉达克里希南还向葛罗米柯转交了印度总理尼赫鲁（J. Nehru）给斯大林的一封信。尼赫鲁在信中表示，"印度的目标在于使冲突区域化，并通过摆脱安理会目前的僵局，让中国人民政府的代表恢复自己在安理会的席位，使苏联能够返回安理会，在安理会范围内或在安理会外通过非正式接触，苏联、美国和中国在其他爱好和平国家的帮助和合作下，找到停止冲突并最终解决朝鲜问题的基础。我充分相信阁下维护和平的决心，并且因此决心维持联合国的团结，所以斗胆以此信向您呼吁，希望您利用自己的崇高威望和影响，以达成这一人类福祉所系的共同目标"。① 同一天，尼赫鲁还致信美国国务卿艾奇逊（Dean Acheson），阐述了上述和平倡议。

7 月 15 日，斯大林复信尼赫鲁表示，"欢迎您的和平倡议。完全赞同您的观点。同样认为通过包括中国人民政府在内的 5 大国代表必须参加的安理会和平解决朝鲜问题是适宜的。我认为，为尽快解决朝鲜问题，在安理会上听取朝鲜人民代表的意见是适宜的"。② 7 月 17 日，尼赫鲁再次致信艾奇逊，询问美国对其和平倡议的态度，并附上了斯大林给他的复信。尼赫鲁在信中说，"斯大林的答复非常鼓舞人心"，他相信"苏联正在寻找一种体面的方式摆脱现在的窘境，通过无条件使中国进入安理会和苏联返回安理会，就一定会有和平解决朝鲜问题的机会"。"考虑到事情的紧迫性"，尼赫鲁表示，"如能尽早答复将不胜感激"。③ 7 月 18 日，艾奇逊复信婉拒了尼赫鲁的和平倡议。艾奇逊表示，"终止

---

① 沈志华编《朝鲜战争：俄国档案馆的解密文件》上册，第 446～448 页。

② 沈志华编《朝鲜战争：俄国档案馆的解密文件》中册，第 454 页。

③ *FRUS*, 1950, Vol. 7, p. 408.

朝鲜的侵略无论如何不能以决定联合国目前面临的问题作为条件，破坏和平或侵略行动是安理会面对的最严重的问题……除了苏联自身的因素以外，它全面参加联合国的工作不存在任何障碍。在我们看来，对于争夺中国在联合国席位的两个中国政府的选择必须由联合国依其案情来定。对于这个问题，联合国各会员国目前的意见存在极大分歧，我想您会同意，不该用非法的侵略或使联合国受到压迫和强制的其他任何行为来使其被迫作出决定"。①印度为和平解决朝鲜问题的第一轮外交斡旋没有成功。

鉴于朝鲜战争爆发以来因缺席安理会造成的外交上的被动，8月1日，苏联作为安理会轮值主席国返回了安理会并担任主席。8月4日，苏联驻联合国代表马立克提出和平解决朝鲜问题的提案，建议邀请中华人民共和国代表和朝鲜人民代表讨论朝鲜问题，停止朝鲜境内的敌对行动，外国军队撤出朝鲜。8月20日，周恩来总理代表中国政府致电联合国安理会和秘书长，表示支持苏联的提案，希望尽快停止朝鲜境内的军事行动，从朝鲜撤出外国军队。由于此时美国正忙于在朝鲜调兵遣将，对中苏两国的停战建议并没有理睬。

9月15日，美军在仁川登陆后，朝鲜的战局急转直下。在朝鲜人民军腹背受敌、无法扭转战局的情况下，斯大林也认识到战争无法再打下去了。9月26日，苏联驻联合国副代表察拉普金（Tsarapkin）和纽约银行副总裁兰开斯特（Lancaster）进行了会谈。兰开斯特作为美国的一位实业界人士，对苏联抱有善意的态度，与美国国务院的领导人保持着定期接触。他对察拉普金表示，"如果您的使团想同国务院代表会见，他可以安排在长岛曼格塞特的家中举行这种会晤……讨论朝鲜问题"。兰开斯特还说"他指的是同艾奇逊的一位助手或同一位美国大使会晤"，并且强

---

① *FRUS*, *1950*, Vol. 7, p. 413.

调这种会晤，"应当是预备性和探讨性的，不做任何记录""如果会晤不举行，那么就让我们忘掉这次谈话"。① 9 月 27 日，联共（布）召开中央政治局会议。斯大林在会上严厉批评了人民军在指挥方面的失误，决定由苏联外交部责成苏联驻联合国安理会常驻代表马立克，尽快寻找机会与美国国务院代表接触，寻求和平解决朝鲜问题的办法。同一天，葛罗米柯在给维辛斯基的电报中说，"请责成察拉普金通知兰开斯特，马立克同意按兰开斯特的建议，同艾奇逊的助手或美国的一位大使会晤。马立克应当听取国务院代表的意见，如果美国人在向和平解决朝鲜问题方面明显向前迈出一步，则向其声明，他（马立克）将考虑会谈中提出的问题，并在下次会晤时做出答复"。②

10 月 1 日，针对联大即将讨论英国、澳大利亚、巴基斯坦、巴西等国代表团就朝鲜问题提出的议案，联共（布）中央政治局指示苏联代表团，向大会提出和平解决朝鲜问题的新建议，以此来对抗英美的计划。新建议包括："一、在朝鲜的交战各方立即停止军事行动。二、美国政府和其他国家的政府立即将自己的军队从朝鲜撤出，并以此建立这样一些条件，即确保朝鲜人民实现自己不可剥夺的主权，自由地决定自己国家的内部事务。三、在外国军队撤离之后，为建立独立统一的朝鲜国家的政府，在最短的时间内立即进行朝鲜全民的国会选举，其基础应该是朝鲜人民意志的自由表达。四、为了组织和进行整个朝鲜国会的自由选举活动，在朝鲜民主主义人民共和国最高人民会议和南朝鲜国会代表联席大会上，选举出北朝鲜和南朝鲜代表人数均等的委员会。"③

朝鲜人民军的溃败和"联合国军"越过三八线的举动，直

① 沈志华编《朝鲜战争：俄国档案馆的解密文件》中册，第 553 页。
② 沈志华编《朝鲜战争：俄国档案馆的解密文件》中册，第 555 页。
③ 沈志华编《朝鲜战争：俄国档案馆的解密文件》中册，第 569 页。

接促成了中国抗美援朝的决策和行动。入朝作战的中国人民志愿军取得第一次战役的胜利后，11 月 23 日，印度驻华大使潘尼迦曾向中国外交部副部长章汉夫表示，英国政府承认中国在朝鲜问题上的利益，建议在中国代表团到达联合国总部后，希望能与之讨论朝鲜问题。印度政府认为，安理会必须有中国参加，才能讨论朝鲜问题。① 由于志愿军入朝后的第二次战役正在紧张准备中，潘尼迦的建议没有得到重视。第二次战役期间，12 月 3 日，毛泽东对前来北京会谈的金日成表示，"敌人有可能要求停战，我们认为敌人必须承认撤出朝鲜，而首先撤至三八线以南，才能谈判停战。最好我们不仅拿下平壤，而且拿下汉城，主要的是消灭敌人，首先是全歼伪军，对促进美帝撤兵会更有力量"。② 12 月 8 日，在中朝军队迫近三八线之际，彭德怀打电报给毛泽东，谈到军队进越三八线的条件。毛泽东在 12 月 13 日的回电中表示，"目前美、英各国正要求我军停止于三八线以北，以利其整军再战。因此，我军必须越过三八线。如到三八线以北即停止，将给政治上以很大的不利"。③ 此时，中朝军队已经取得战场上的优势，中国代表团正在联合国控诉美国武装侵略台湾，无论从军事还是政治的角度看，都不是停战谈判的最佳时机。

12 月 14 日，第五届联大通过了印度等国提出的 13 国停火议案，建议立即采取步骤防止朝鲜的冲突扩及其他地区并终止在朝鲜的战事，然后依照联合国宪章的宗旨和原则求得现存问题的和平解决。提案委托大会主席组织一个三人停火委员会，确定可以在朝鲜议定满意的停火基础，并尽快向大会提出建议。中国政府坚决反对组织所谓"朝鲜停战三人委员会"的建议，并且得到苏

---

① 柴成文、赵勇田：《抗美援朝纪实》，第 65 页。

② 中共中央文献研究室、中国人民解放军军事科学院编《建国以来毛泽东军事文稿》上卷，第 388 页。

③ 中共中央文献研究室、中国人民解放军军事科学院编《建国以来毛泽东军事文稿》上卷，第 408 页。

联的支持。1951 年 1 月 11 日，第五届联大政治委员会讨论了三人委员会提出的停火议案。该议案除了主张立即实现停火、召开政治会议以恢复和平、外国军队撤出朝鲜、在朝鲜举行选举并为统一和管理朝鲜做出安排，甚至建议停火之后召开一次美英苏中四国会议，解决包括中国的台湾问题和中国在联合国代表权的问题在内的远东问题。苏联代表马立克认为，"首先中国没有参加该议案的讨论，其次该议案没有为美国从朝鲜撤军提供保障，最后该议案是具有威胁性质的最后通牒，所以不能作为和平解决朝鲜问题的基础"。[①] 尽管苏联代表反对，委员会还是通过了这一议案。事实上，美国对委员会的停火议案也不满意，支持该议案不过是退而求其次的选择。"联合国的议案使美国陷入了一种政治上的困境"，[②] 正如国务卿艾奇逊所言，"要在支持或者反对这个计划之间做出选择是十分棘手的，任何一种选择都具有危险性：一方面是失去朝鲜人的信心，并引起国会和舆论界的愤怒；另一方面是失去我们在联合国中的多数和支持"。美国最终被迫选择支持这一方案，是因为"我们热切地希望并相信，中国人会拒绝这个决议，从而我们的盟国会回到比较清醒的立场，并追随我们把中国人作为侵略者进行谴责"。[③]

　　1 月 13 日，联合国秘书长赖伊向中国政府转达了联合国的停火议案。由于当时在朝鲜战场上占有主动，中国政府对于该议案先停火后谈判的建议，更多地认为是美国争取喘息时间的阴谋。与此同时，苏联对此议案的态度，"客观上极大地限制了中国领

① Tae - Ho Yoo, *The Korean War and the United Nations*: *A Legal and Diplomatic Historical Study*, Louvan, 1964, p. 68.

② Yafeng Xia, *Negotiating with the Enemy*: *U. S. - China Talks during the Cold War, 1949 - 1972*, Bloomington: Indiana University Press, 2008, p. 46.

③ 〔美〕迪安·艾奇逊：《艾奇逊回忆录》，上海《国际问题资料》研究组、伍协力合译，上海译文出版社，1978，第 381 页。

导人选择的余地，因为在何时以及如何提出停战条件的问题上，苏联的态度几乎是决定性的"。① 在取得苏联政府的同意和支持以后，中国于 1 月 17 日拒绝了联合国的停火议案。目前，学界对中国拒绝联合国停火议案的决策存有争论，很多人认为，从军事、政治和外交的角度看，接受该停火议案对中国最为有利。拒绝该停火议案是中国错失了一次实现停战的最佳机会。但是，如果仔细考虑一下美国对该议案的真实态度，就不难想象，一旦中国接受停火议案，美国也未必肯履行协议，该议案实现停战的预期并不现实。毛泽东所言，"美帝和蒋介石一样，诺言、协定都是不可靠的"，此话也是有一定道理的。② 随后不久，中国政府建议外国军队，包括中国人民志愿军首先撤出朝鲜，在谈判开始以前先达成一个停火协定，美国则坚持"对于'侵略者'不应该付出任何政治代价，尤其是美国和联合国军在军事上处于不利的情况下"，③ 其强硬立场可见一斑。不过客观地来讲，拒绝该议案也的确使中朝方面在外交和舆论方面陷于被动，错失了一次分化对方阵营、和平解决朝鲜问题的主动权。2 月 1 日，第五届联大通过了谴责中华人民共和国为"侵略者"的决议，尽管中国政府宣布该决议非法无效，斯大林在答《真理报》的记者问时也表示，那"是一个可耻的决定"，甚至印度总理尼赫鲁也认为，"正在为求得谈判解决而作各种努力的时候，通过这一决议，似乎是不明智的"，④ 但决议的通过表明，美国因此重新赢得了盟国的信任和舆论的支持。

联合国的停火议案被拒绝之后，交战双方又进行了两次大的战役，但都没有实现预期的作战目标。到 1951 年 5 月，双方的战线在三八线附近稳定下来，战争进入了僵持阶段。经过反复拉锯

---

① 牛军：《冷战与新中国外交的缘起 1949~1955》（修订版），第 320 页。

② 中共中央文献研究室、中国人民解放军军事科学院编《建国以来毛泽东军事文稿》上卷，第 388 页。

③ *FRUS*, *1951*, Vol. 7, pp. 91–92, 117, 130.

④ 柴成文、赵勇田：《板门店谈判》，解放军出版社，1989，第 119 页。

式的运动战较量，双方都认识到用现有的手段将对方赶出朝鲜半岛是不可能的。艾奇逊认为，"唯一有希望的途径就是停战，因为停战也许可以逐步达到结束交战的状态"。① 由于朝鲜战争的长期化不符合交战双方的战略利益和实际利益，这就为通过谈判实现停战提供了可能。

二　苏联与停战谈判大门的开启

对于苏联在推动朝鲜停战谈判方面的重要性，美国的认识是十分清醒的。早在 1951 年 3 月 17 日，乔治·凯南就向国务卿艾奇逊表示，朝鲜"目前的局势对于苏美两国都是不能令人满意的"，"在朝鲜停火或改善我们在朝鲜处境的时刻已经来临"；"任何不包括苏联在内的安排都是靠不住的"，"可与之达成协议的对象只有苏联"。② 4 月 5 日召开的参谋长联席会议也认为，"对于美国来说，朝鲜问题单靠军事行动不可能得到满意的解决"。③ 国务卿艾奇逊也认为，"通过联合国谋求停火不会成功"，应该"通过苏联来直接进行"。④

5 月 2 日，安理会会议结束后，美国驻联合国代表团成员弗兰克·科里根（Frank·Corrigan）和汤姆斯·科里（Thomas Cory）受苏联驻联合国常任代表马立克和副代表察拉普金的邀请（美国代表当时没有车），从成功湖一同驱车前往曼哈顿，途中趁机就许多问题进行了交谈。谈到朝鲜战争时，美国代表一再声明，"美国希望在体面的条件下和平解决朝鲜战争"。马立克表

---

① 〔美〕迪安·艾奇逊：《艾奇逊回忆录》，第 408 页。

② *FRUS*, *1951*, Vol. 7, Part 1, Washington D. C.: U. S. Government Printing Office, 1983, pp. 241－243.

③ *FRUS*, *1951*, Vol. 7, Part 1, p. 295.

④ 〔美〕贝文·亚历山大：《朝鲜：我们第一次战败》，郭维敬等译，中国社会科学出版社，第 516 页。

示，"一切在体面条件下的解决办法必须对有关各方（马立克显然是指朝鲜和中国——引者注）都是体面的"；"朝鲜的争端可以而且应该通过美苏两国政府的讨论加以解决"。① 在谈到好战分子的话题时，马立克突然问起乔治·凯南的近况，并说"凯南的建议对美国政府肯定是管用的"。② 临别时，科里邀请马立克日后一起用餐，马立克表示同意。科里认为，"对于马立克明显表示愿意和我们谈论美苏关系……我们应该与他接触，这种接触所得要大大超过所失"；"不与已打开大门的马立克接触，就是继续蒙着黑布捉迷藏式地处理我们与苏联之间的关系，甚至根本不考虑是否可以把这块黑布稍微揭开一点"。③

　　美国代表的观点在政府中得到了响应。5 月 17 日，美国国家安全委员会通过的 NSC48/5 号文件认为，"关于朝鲜局势，美国应寻求一个可接受的政治解决方案，但不得有损于美国在苏联问题、台湾及共产党中国在联合国席位等问题上的立场"。④ 这一决策出台后，美国政府"就像一群猎狗那样到处寻找线索"。⑤ 国务院曾派人与苏联驻德国管制委员会主席弗拉基米尔·西蒙诺夫进行和平试探，也通过美国和瑞典与苏联的渠道秘密试探，但都没有结果。对于之前马立克表示愿意讨论美苏关系的态度，有人担心这也许是斯大林设的圈套，国务院著名的"中国通"戴维斯（Davis）认为，有一个办法可以把美国中计的风险降到最低，那就是美国与苏联接触的代表"既不是现任高官，又能代表政府说话，并且还能保守秘密，而这个人就是凯南"。⑥ 最终艾奇逊接受

① *FRUS*，*1951*，Vol. 7，Part 1，pp. 405，404.
② John Lewis Gaddis，*George Kennan：An American Life.* New York：The Penguin Press，2011，p. 426.
③ *FRUS*，*1951*，Vol. 7，Part 1，p. 422.
④ *FRUS*，*1951*，Vol. 7，Part 1，p. 439.
⑤ 〔美〕迪安·艾奇逊：《艾奇逊回忆录》，第 408 页。
⑥ John Lewis Gaddis，*George Kennan：An American Life*，p. 426.

了戴维斯的建议，决定邀请正在普林斯顿大学执教的凯南出面，与苏联驻联合国代表马立克进行秘密接触，让苏联了解美国的愿望和意图。

凯南是美国著名的"苏联通"，"凭借自己的俄语修养和对苏联制度的了解，单独代表美国直接与苏联方面进行某种方式的高层秘密谈判，以便缓解冷战的紧张气氛，一直以来就是他追求的一个梦想"。[①] 通过美国驻联合国代表团成员科里的安排，5月26日，凯南致信苏联驻联合国副代表察拉普金，请他转告马立克，"从美苏两国政府的立场出发，倘若他们两人能在近日某个时候进行一次私邸谈话是有益的"。5月29日，凯南被告知将于5月31日与马立克会面，地点是马立克在纽约郊外的别墅。[②] 5月31日，凯南前往马立克的寓所进行会晤，表示他"来访要谈的问题就是在朝鲜停火的可能性"。他告诉马立克，"如果能做到大体上按照双方目前所占的地区停止敌对行动，并认识到应建立某种类型的监督机构，向有关各方保证停火不会被他方利用来集聚新的兵力、发动新的攻势，在这个立场上来探讨问题是有好处的"。马立克并没有直接发表意见，而是暗示"如果美国有更详细的建议，苏联政府可能对此感兴趣"。凯南表示，"在不能确定苏联政府对于在类似的基础上结束冲突是否感兴趣之前，谈具体的细节没有多大用处"。最后双方约定6月5日再次见面。[③] 这次会晤虽没有取得任何结果，却在美苏之间建起了一条沟通的渠道，为苏联帮助开启停战谈判的大门奠定了基础。

6月5日，马立克和凯南进行了第二次会晤。会谈中，马立克告诉凯南，"苏联政府希望和平并尽早解决朝鲜问题，但由于苏联没有介入朝鲜的冲突，因此将不参加关于停火问题的任何讨

---

① John Lewis Gaddis, George Kennan: An American Life, New York: The Penguin Press, 2011, p. 425.

② *FRUS*, *1951*, Vol. 7, Part 1, p. 462.

③ *FRUS*, *1951*, Vol. 7, Part 1, pp. 483 – 486.

论，任何解决问题的途径都必须通过中国人和朝鲜人"。① 凯南认为，马立克的答复表明，"关于停战问题的指示一定是经过联共（布）中央政治局批准的，因此必须把它看成是苏联政府的重大政策声明。由于它通过非公开渠道发布，其意义就更加重要"。"'尽早'一词非常重要，表明克里姆林宫认为，如果朝鲜的敌对行动近期不能停止，苏联的利益就会受到负面的影响。无论如何，从早点达成停战协定的角度看，这是一个令人鼓舞的迹象"。这表明"苏联已经对朝鲜和中共施加了影响，要他们自己表明愿意接受停火建议"，② 尽管在讨论过程中"他们会尽可能制造一切麻烦，或许提出一些无理要求，但根据苏联的答复看，停火协议最终还是可以达成的"。③ 总之，凯南希望美国政府"不要迟疑，一定要知难而进，立即采取行动实现停火"。④ 这次会晤使美国进一步确信，苏联也希望和平解决朝鲜问题，国务卿艾奇逊表示，"毫无疑问，这一信息是可靠的"。⑤

在美苏就朝鲜停战问题通过联合国渠道进行接触的同时，中国领导人也对朝鲜的形势进行了一次全面的回顾和总结。鉴于把敌人赶出朝鲜北部的政治目的已经达到，短时期内不可能打破军事僵局并建立优势，中国领导人也开始考虑调整志愿军军事战略和进行停战谈判的问题。恰好此时苏联方面向中方通报了凯南与马立克第一次会谈的情况，确认了美国方面希望尽快停战的信息，这对于中国领导人下决心通过谈判实现停战具有重要作用。如果说之前美国通过其他渠道表达的停战愿望多被中国认为政治阴谋的话，这次由苏联转达的消息使中国决策层基本确定，"美国有可能是认真的"。⑥

---

① *FRUS*, *1950*, Vol. 7, Part 1, p. 508.
② *FRUS*, *1951*, Vol. 7, Part 1, p. 509.
③ *FRUS*, *1951*, Vol. 7, Part 1, pp. 509 – 510.
④ *FRUS*, *1951*, Vol. 7, p. 509, 511.
⑤ 〔美〕贝文·亚历山大：《朝鲜：我们第一次战败》，第 517 页。
⑥ 牛军：《冷战与新中国外交的缘起 1949~1955》（修订版），第 326 页。

6月3日，金日成到达北京，与毛泽东、周恩来等人商谈了可能到来的停战谈判的方针和方案。双方领导人认为，"关于谈判时机：纵观战场实力，我占绝对优势，如能再歼灭它更多些部队再谈，会更有利。关于谈判条件：和平解决朝鲜问题是我们历来的主张，如能讨论逐步撤退外国军队、包括朝鲜的前途等问题，我方不宜拒绝"。①

　　鉴于朝鲜战场形势的变化，6月5日，毛泽东致电斯大林，请求派高岗和正在北京的金日成前往莫斯科，讨论与朝鲜战争相关的财政、军事行动等问题。6月7日，斯大林复电表示同意。6月10日，高岗和金日成乘苏联派来的专机飞抵莫斯科。6月13日，斯大林在给毛泽东的电报中表示，"我们认为，现在停战是件好事"。② 同一天，毛泽东致电高岗和金日成，请他们转告斯大林，"关于如何提出停战谈判的问题，我们认为现在由我们自己提出这个问题对朝鲜和对中国都是不适宜的，因为在最近两个月内朝鲜军队和中国志愿军都应采取防御态势"，最好"等待敌方提出"或者"由苏联政府根据凯南的声明向美国政府试探停战问题"；"如果敌方提出停战问题，朝鲜和中国将表示同意"。停战的条件是，"恢复三八线边界；从北朝鲜和南朝鲜划出一条不宽的地带作为中立区"。毛泽东甚至建议，"为了同他们讨价还价"，应当"把台湾问题作为条件提出来"，以便"在美国坚持台湾问题单独解决的情况下，我们将作出相应的让步"。③ 尽管此前斯大林认为，苏联作为非交战国不能出面提出和谈问题，但最终他还是满足了毛泽东的请求。6月23日，在朝鲜战争爆发一周年前夕，马立克在联合国新闻部发表的题为《和平的代价》的广播演说中指出，"目前最尖锐的问题——在朝鲜的武装冲突问题——

---

① 柴成文、赵勇田：《板门店谈判》，第125页。
② 沈志华编《朝鲜战争：俄国档案馆的解密文件》中册，第806页。
③ 沈志华编《朝鲜战争：俄国档案馆的解密文件》中册，第808页。

也能够得到解决。要做到这一点，各方就必须有和平解决朝鲜问题的意愿。苏联人民相信，作为实现停火和停战的第一步，交战双方应该开始讨论，以便为双方从三八线撤出武装力量做好准备"。① 次日，斯大林在给毛泽东的电报中表示，"您应当从马立克的发言中知道，我们关于提出停战问题的承诺已经兑现，可能停战问题会有进展"。②

美国国务院在马立克发表演说的当天，就发布新闻表示，"如果马立克的广播讲话意味着共产党现在愿意结束在朝鲜的侵略行为，我们愿意一如既往地乐于发挥我们的作用，结束敌对行动并且防止其重新爆发"。③ 为了进一步搞清苏联政府对和平解决朝鲜问题的立场，6月27日，美国驻苏大使柯克（Kirk）奉命拜访了苏联外交部副部长葛罗米柯。考虑到马立克在声明中使用了"苏联人民"的字样，柯克向葛罗米柯求证马立克的观点是否代表了苏联政府的观点。葛罗米柯表示，"作为苏联的官方代表，马立克的发言无须加以说明"。当又被问及马立克的声明是否反映了中国政府的观点时，葛罗米柯回答说，"我们不知道，如果美国政府想知道，他会有机会查明中华人民共和国政府的观点"。④ 这显然是一种搪塞，正如一位西方学者认为的那样，"克里姆林宫的人如不摸清中国人的情况，决不会说和平是有可能的"。⑤ 柯克在当天发给国务卿艾奇逊的电报中说，马立克的声明代表了苏联政府的观点，并确认谈判停战是由战争双方的军事司令部派出代表达成一项停战的军事协议，作为和平解决朝鲜问题的第一步。谈判只限于解决军事问题，不涉及政治和领土问

---

① *FRUS*, *1951*, Vol. 7, Part 1, p. 547.

② 沈志华编《朝鲜战争：俄国档案馆的解密文件》中册，第825页。

③ 转引自〔美〕约翰·托兰《漫长的战斗》，孟庆龙等译，中国社会科学出版社，1993，第518页。

④ 沈志华编《朝鲜战争：俄国档案馆的解密文件》中册，第829页。

⑤ 〔美〕贝文·亚历山大：《朝鲜：我们的第一次战败》，第517页。

题。① 6 月 28 日，苏联外交部通过驻华大使向中国领导人通报了葛罗米柯与柯克会谈的情况。

正是由于苏联与朝鲜战争的特殊关系以及苏联对和平解决朝鲜问题的明确立场，朝鲜停战谈判的大门迅速开启。6 月 29 日，毛泽东在给斯大林的电报中表示，"马立克的演说，使我们在和平谈判问题上取得了主动"，"假如谈判真能举行的话，很需要您密切地指导这次谈判，以免上敌人的当"。② 在"联合国军"总司令李奇微（M. Ridgway）关于进行停战谈判的声明发表后，6 月 30 日下午，毛泽东再次致电斯大林，通报了他对李奇微声明的意见，请斯大林研究后给予回复，并再次建议斯大林"直接与金日成同志通讯，密切地指导这次会议"。③ 斯大林在当天的回电中，草拟了中朝方面答复李奇微声明的电文，并且表示"从莫斯科派人去领导停战谈判，当然，这是不需要的，也是毫无意义的。您，毛泽东同志，可以领导谈判。最多，我们可以在某些问题上提一些建议。我们也不能和金日成保持直接的联系。您应该同他联系"。④ 7 月 1 日，中朝方面以志愿军司令员彭德怀和朝鲜人民军最高司令金日成的名义致电李奇微，表示愿意举行关于停止军事行动和建立和平的谈判，朝鲜战争进入了"边打边谈"的阶段。就在谈判大门即将开启的时候，李奇微仍命令"联合国军"，不能松懈战斗意志，要"注意众所周知的苏联的两面性和欺骗性"，⑤ 苏联对朝鲜战争的影响可见一斑。

---

① *FRUS*，*1951*，Vol. 7，Part 1，p. 561.

② 中共中央文献研究室、中国人民解放军军事科学院编《建国以来毛泽东军事文稿》上卷，第 511~512 页；沈志华编《朝鲜战争：俄国档案馆的解密文件》中册，第 835 页。

③ 中共中央文献研究室、中国人民解放军军事科学院编《建国以来毛泽东军事文稿》上卷，第 513 页；沈志华编《朝鲜战争：俄国档案馆的解密文件》中册，第 838 页。

④ 沈志华编《朝鲜战争：俄国档案馆的解密文件》中册，第 839 页。

⑤ 柴成文、赵勇田：《板门店谈判》，第 128 页。

三　苏联与中朝停战谈判方案的制订

马立克的演说使中朝方面赢得了进行停战谈判的主动权，也充分显示了苏联在停战谈判问题上的作用和影响。作为社会主义阵营的领袖，作为中朝进行战争的主要援助方，尽管苏联不愿意放弃其"局外人"的立场，但中朝方面关于朝鲜战争的各项重大决策都征得了苏联的认可，这是不争的事实。停战谈判的大门开启以后，中朝领导人立即就谈判议程和具体细节与苏联领导人展开了积极的磋商。从这一阶段中苏朝领导人的电报往来看，无论是出于现实的需要，还是出于策略的考虑，毛泽东很注意征求斯大林的意见，甚至建议斯大林亲自领导谈判，言语间既表现了他的细致，也流露出了他的谨慎。与此同时，斯大林也很尊重毛泽东的看法，并且提出了许多建设性的意见。尤其是谢绝毛泽东让他亲自领导谈判的建议，不仅维护了苏联在朝鲜战争问题上"局外人"的立场，同时也体现了对中国出兵朝鲜的尊重。毛泽东提出这样的请求，也许有策略方面的考虑。众所周知，斯大林对中共一直不太信任，尽管中国出兵朝鲜以后情况有所好转，但他这样做对于增强斯大林对中共的信任无疑是有益的。

朝鲜方面对即将开始的停战谈判也进行了积极的准备。6 月 30 日，金日成在给毛泽东关于停战谈判问题的电报中表示，"我建议成立一个由 3 人组成的代表团。朝鲜人民军参谋长南日（Nam Il，代表团团长）、外务副相朴东朝和一名志愿军代表"；在双方代表会谈期间，我们建议提出以下几点："一、从何时何日起（平壤时间）双方应该停火，并停止其他的一切战斗行动。二、从何日起双方部队应该在 3 日内撤离到距三八线 10 公里处，并在该地区建立非军事区。三、双方应该停止陆、海、空军从三八线通过。四、从北朝鲜领海开走所有的外国舰艇，并解除对三八线以北海域的封锁。五、自停火之日起，2 个月内从朝鲜撤走所有外国陆、海、空军。六、自停火之日起，2 个月内相互交换俘虏。七、被美国和李承晚的部队从三八线以北的地区强行赶走的公民应该返回家园。请阅读电报后马上给予答复"。7 月 1 日，同样内容的电报通过苏联驻朝大使拉祖瓦耶夫发给了苏联外交部，并声明"金日成同志在等待菲利波夫的有关建议"。从朝鲜方面的态度和拟订的谈判方案看，金日成希望在停战谈判中发挥朝鲜的主导作用。然而，斯大林并没有直接支持金日成的想法，他心里十分清楚，朝鲜战争能不能停下来、怎样停下来并不主要取决于朝鲜，而是取决于中国，他选择了信任毛泽东。7 月 2 日，他在给拉祖瓦耶夫的电报中，要求他转告金日成，"应就电报中所提诸问题同中国政府协商，并提出共同的方案。从来电中看不出金日成的方案是同毛泽东协商过的"。①

7 月 3 日，毛泽东在向斯大林转发金日成关于停战谈判问题电报的同时，通报了中方关于交战双方军事代表会面时中朝方面首先计划提出的建议：

（一）"双方协议同时发布停火命令，双方海陆空军自停火发布起，在朝鲜全境实行停火及停止其他敌对活动"。此条敌方可能无异议。

（二）"双方的陆海空三军各自三八线撤离十英里，在三八线以南及以北各十英里的地区，成立非武装区。该非武装区之民事行政，恢复 1950 年 6 月 25 日以前之状况，在三八线以北由朝鲜人民政府管辖，在三八线以南，由南朝鲜政府管辖"。此条敌方可能提出某些异议，但我们这样提，是很公道的，敌方难于批评。

（三）"双方停止运输（包括陆运、空运、海运）军火、军队或补充军队，由朝鲜境外到朝鲜境内去以及由朝鲜境内

---

① 沈志华编《朝鲜战争：俄国档案馆的解密文件》中册，第 849、850 页。

运输到第一线部队中去"。估计敌方可能提出此项条文，故我方似应主动提出，或者此条的后一句不要。

（四）"设立中立国监督委员会，由双方各推荐未参加朝鲜战争之国家之同等人数之代表组成之，负责监督第一、二、三条各项之执行"。估计敌方可能提出类似条文，故我方主动提出此条。但实行此条将会招致许多麻烦，敌方推荐的"监督委员"将在中朝国境线及北朝鲜的各交通要站检查我军的运输车辆。或者我方不主动提出此条，待敌方提出时再由我方接受之。究以何者为宜，请你酌定。根本拒绝设立监督机关，似不适宜。

（五）"双方释放战俘。在停战后四个月内，由双方各将对方战俘全部分批交换释放之"。敌方可能提出一个换一个，我方则应要求释放全部战俘。唯敌方俘虏北朝鲜人较多，并已补入南朝鲜部队内，此事可能引起争议。

以上是我们想到的在双方军事代表会谈中应当解决的根本的五条。此外尚有：（一）"一切外国军队，包括中国志愿军在内，限期（例如在三个月至四个月内）分批自南北朝鲜撤退完毕"。这亦是很重要的一条。唯敌方代表可能认为此事属于政治范围，不应该在此次会议中解决，请你考虑我方应否将此条提出。（二）"南北朝鲜双方的难民限期（例如在几个月内）遣回原地"。金日成同志希望提出此条。但此事实行颇为烦难，南北朝鲜的代表就可能在此问题上发生许多争论，以致影响到其他主要问题的决定。或者可以提出去，在争论不决时则将它推到将来的政治性的国际会议上去讨论。

以上各点，请将您的意见告我。①

---

① 中共中央文献研究室、中国人民解放军军事科学院编《建国以来毛泽东军事文稿》上卷，第 522～523 页；沈志华编《朝鲜战争：俄国档案馆的解密文件》中册，第 853～854 页。

同一天，斯大林在回电中表示，"关于你们建议的前两点我们没有异议。第 3 点的第 2 部分可以删掉，但如果美国人提出这样的建议，可以采纳它。第 4 点不必提出来。但如果美国人提出有关联合国监察委员会建议，那么这个建议应予拒绝，理由是联合国处于交战国的地位，而提出你们的关于由各方统一制定的中立国的代表组成委员会的建议。第 5 点应该提出来，并予以坚持。至于您其他的两点（关于撤出所有外国军队和关于难民的问题），这两点建议应该提出来，并予以坚持"。①

7 月 5 日，中朝双方就《停止朝鲜军事行动的协定》（草案）达成一致，毛泽东打电报向斯大林做了通报。协定草案的全文如下：

现送上停止朝鲜军事行动的协定草案的文本，供阅。

"停止朝鲜军事行动的协定（草案）

在朝鲜交战的联合国军总司令李奇微将军（为一方），朝鲜人民军总司令金日成将军和中国人民志愿军司令员彭德怀将军（为另一方），授权派出代表参加关于停止军事行动和在朝鲜建立和平的会谈。

双方代表在以下问题达成一致：

一、1951 年 _ 月 _ 日，双方同时发布停火命令，双方在朝鲜的陆、海、空军力量停止敌对行动。

二、双方陆、海、空军力量从三八线各后撤 10 公里，在三八线向北和向南 10 公里地区建立非军事区。在非军事区内的民政机关恢复到 1950 年 6 月 25 日前的状态。三八线以北属于朝鲜人民政府管辖，三八线以南属于南朝鲜政府管辖。

三、双方停止从外部向朝鲜调运装备，调动或补充人员（包括陆、海、空运输）。

---

① 沈志华编《朝鲜战争：俄国档案馆的解密文件》中册，第 855 页。

四、双方遣送战俘。在停止军事行动后 3 个月内，每一方应分批全部交换战俘。

五、在朝鲜所有交战的外国军队，包括中国人民志愿军，在 2~3 个月期限内应分批全部撤离南北朝鲜。

六、南北朝鲜难民在 4 个月内应返回从前居住的地区。"

毛泽东
1951 年 7 月 5 日 ①

从此方案的内容看，斯大林的建议都得到了采纳。7 月 8 日，在开城召开了交战双方联络官会议，会上双方代表虽表现出一定的诚意，但又都小心谨慎，主要讨论了会谈地点的安全等问题，交换了双方代表团成员的名单，并确定 7 月 10 日上午 10 时正式举行停战谈判的第一次会议。7 月 10 日，毛泽东向斯大林转发了李克农于前一天发给他的关于这次会议情况的电报，汇报了这次会议的情况。朝鲜战争交战双方寻求停战的大幕即将拉开。

停战谈判正式开始以前，"毛泽东几乎投入了全部精力，来指导谈判的准备工作。他亲自起草朝中方面致'联合国军'总司令李奇微的多次复函，亲自审阅修改有关谈判接洽准备情况的新闻稿，亲自草拟朝中方面关于停战协定的草案，并征询金日成、彭德怀及斯大林的意见"。② 斯大林虽然表示不能亲自领导谈判，但中朝方面在制定谈判方案的过程中，一直在不断征求并尽可能地采纳斯大林的建议，苏联对中朝方面进行停战谈判的指导作用可见一斑。

四　苏联对停战谈判进程的推动

停战谈判正式开始以后，毛泽东一直与斯大林保持着频繁的

---

① 沈志华编《朝鲜战争：俄国档案馆的解密文件》中册，第 856 页。
② 逄先知、李捷：《毛泽东与抗美援朝》，第 81 页。

电报往来，向斯大林汇报谈判进展情况并征求斯大林的意见。7
月 11 ~ 13 日，毛泽东三次致电斯大林，转发了李克农发给他的
停战谈判的第 1、2、3 号简报，以便斯大林了解谈判的进展情
况。① 斯大林在 7 月 12 日给毛泽东的电报中表示，"感谢您有关
停战谈判的情报"。② 前两天的会谈主要是关于谈判议程的讨论，
中朝方面提出应围绕停止一切敌对军事行动、以三八线为界建立
非军事区、外国军队撤出朝鲜作为谈判的主要内容，对方则反对
把以三八线为界建立非军事区和将外国军队撤出朝鲜列入议程，
反而坚持要把国际红十字会访问战俘营、谈判只限于讨论朝鲜半
岛境内纯军事问题列入议程，甚至提出要让记者采访会议，于是
谈判被迫中断。7 月 13 日，毛泽东在给斯大林的电报中通报了中
朝方面应该坚持的谈判策略，主张"没有双方同意，新闻界的任
何记者或代表不得单方接近开城以南"；恢复谈判以后，"首先确
定谈判议程，然后确定双方同等数量的记者到开城地区，但不允
许他们进入会场提问题。如果美国人……没有记者就不来，那
么，我们……将坚持自己的决定，不退让"。关于对谈判议程的
分歧，毛泽东建议将中朝的方案修改为"接受解决双方军事分界
线和建立缓冲区的决定"，"不具体地把建立三八线列入议程，而
将这个问题留在讨论议程的具体问题时再谈"；"如果美国人拒绝将
一切外国军队撤出朝鲜的问题列入议程，那么我们就坚持首先对我
们提出的 5 点议程不作改变"；"请您研究之后做出自己的指示"。7
月 14 日，斯大林回电毛泽东，表示"我们仔细地讨论了同敌方谈
判的所有事实，一致认为您 7 月 13 日电报的观点是完全正确的"。

　　7 月 14 日至 20 日，毛泽东向斯大林转发了李克农发给他的
停战谈判的第 4、5、6、7 号简报，并向斯大林通报了同意美方

---

① 沈志华编《朝鲜战争：俄国档案馆的解密文件》中册，第 860 ~ 863、865 ~
　　869 页。

② 沈志华编《朝鲜战争：俄国档案馆的解密文件》中册，第 864 页。

代表提出的在开城建立中立区的设想。针对美方以撤军是政治问题为由、坚决反对把外国军队撤出朝鲜列入谈判议程的态度，毛泽东在 7 月 20 日给斯大林的电报中表示，"与其将来为撤兵问题而进行难以得到结果的长期战，不如不以撤兵为停战必须立即解决的条件"，请斯大林给予指示。7 月 21 日，斯大林在回电中表示，"我们认为您的观点是正确的。即不再坚持把撤走外国军队一项列入议程。在谈判中你们充分利用撤军一条，一方面显示出你们热爱和平，另一方面揭露敌方不想加快和平进程。现在则可以于事无损地把此事向后推而同意不把它列入议程"。①

经过激烈的讨价还价，中朝方面同意将撤军问题留待停战实现后另一会议解决，美国同意在谈判议程中列入向双方有关各国政府建议事项，以便在这一议程中讨论双方有关各国政府建议，在停战协定实施后一定时期内召开会议，协商从朝鲜分期撤出一切外国军队的问题。7 月 26 日，双方就谈判议程达成了一致，具体内容如下：

1. 通过议程；

2. 作为在朝鲜停止敌对行动的基本条件，确定双方军事分界线以建立非军事地区；

3. 在朝鲜境内实现停火与休战的具体安排。包括监督停火休战条款实施机构的组成、权力与职司；

4. 关于战俘的安排问题；

5. 向双方有关各国政府建议事项。②

7 月 26～27 日，毛泽东向斯大林转发了李克农发给他的停战谈判第 9、10 号简报，汇报了关于谈判议程的会议结果。

7 月 27 日，谈判双方代表转入了关于确定双方军事分界线和

---

① 以上引文分见沈志华编《朝鲜战争：俄国档案馆的解密文件》中册，第 871～873、904、907 页。

② 柴成文、赵勇田：《板门店谈判》，第 151 页。

建立非军事区的讨论。中朝方面坚持以三八线为界实现停战是本次谈判的基础，美国则坚持以其海空军的位置划分军事分界线，把分界线甚至划在了中朝阵地的后方。7月28日，毛泽东电示李克农，"我方必须顽强坚持以三八线划定军事分界线，绝不能放弃自己的阵地。只有驳回敌方的无理要求，才能粉碎敌方以为我们会步步退让的错误观点。对于这一点，必须给敌方一次机会，再争论几天。只有在这种情况下，敌方才可能重新考虑这一点。如果敌方敢在这个问题上使谈判破裂，那么只要把此事公诸报端，他将陷入十分不利的境地"。同一天，毛泽东也把这份电报发给了斯大林。[1]

在军事分界线的问题上，谈判双方各持己见，很难取得实质性进展，导致谈判拖延不决。为了让斯大林了解谈判的进展情况，从7月29日到8月20日，毛泽东向斯大林转发了李克农发给他的停战谈判第12～27号简报，并就中朝方面谈判策略的调整，不断征求斯大林的意见。8月22日，美国军用飞机轰炸中朝谈判代表团驻地，停战谈判被迫中断。对于美方在开城中立区的军事挑衅行为，8月27日，毛泽东向斯大林做了通报，并决定"暂时停止谈判，直至对方对发生的行为承担责任……目前我们准备在休会期间与敌人进行宣传战，以揭露敌人厚颜无耻的挑衅罪行"；"如果一段时间以后，形势能够得到发展，那么，敌人可能想恢复谈判，这样，我们就主动提出一个能够使谈判发生转机的办法来恢复谈判，并且迫使敌人同意这一办法"；另外，"金日成同志建议为了开城中立地带的安全，邀请中立国家的代表作为谈判期间的监察员和证人出席谈判，并以此作为恢复谈判的必要条件。此外，这些代表还可以在将来控制执行停火的组织中发挥作用"。毛泽东询问斯大林："您如何看待这些问题？您是否认为有必要或者有什么更好的方法？请您根据以上情况给予指示。"8

---

[1]　沈志华编《朝鲜战争：俄国档案馆的解密文件》中册，第914页。

月 29 日，斯大林在回电中表示，"我们同意您对目前开城谈判情况的评价和你们的立场，对美国人为压制中朝方面的挑衅事件需要得到一个满意的答复。像以前一样，我们的根据是美国人更愿意拖延谈判。你们建议邀请中立国代表作为在目前谈判阶段的监督员和观察员参加谈判，我们认为这没有益处。此建议的不利方面是，美国人将认为中朝方面比美国人更需要尽快签订停战协定。对此问题如果您坚持这个观点，那么应向金日成通报此情况"。① 8 月 30 日，毛泽东再次致电斯大林说，"我同意关于我们在邀请中立国代表作为现阶段谈判监督员和观察员问题上表现出主动性是不适宜的。此情况我已通知金日成同志"。②

损失惨重的军事行动和微不足道的作战效果，最终迫使美国重新回到谈判桌上来。9 月 17 日，李奇微致信金日成和彭德怀，对 9 月 10 日美机侵入中立区上空的事件表示遗憾并承担责任。9 月 19 日，金日成、彭德怀复信李奇微，建议恢复在开城的谈判。9 月 23 日，李奇微来信要求更换谈判地点，双方联络官 9 月 24 日在板门店会晤，商谈恢复谈判的条件。9 月 24 ~ 27 日，双方联络官在板门店会晤，中朝方面坚持谈判应在开城进行，此次会晤应讨论复会的日期和时间，对方则要求讨论改变会址事宜，所以没有取得任何进展。9 月 27 日，李奇微再次来信，要求谈判应在不受任何一方控制的板门店进行。10 月 3 日，金日成和彭德怀复信李奇微，指出改变谈判地点毫无理由，应立即在开城恢复谈判。10 月 4 日，李奇微又提出最起码应该在"大致位于双方战线之间的中途地点进行会晤"。在谈判双方互不相让的情况下，美国再次寻求苏联的帮助。10 月 5 日，美国驻苏大使柯克奉命约见了苏联外长维辛斯基，声称"想讨论一下关于改善两国之间关系的问题"，"美国政府授权他通知苏联政府，并请斯大林元帅亲自

---

① 沈志华编《朝鲜战争：俄国档案馆的解密文件》下册，第 986 页。
② 沈志华编《朝鲜战争：俄国档案馆的解密文件》下册，第 987 页。

关心美国政府委托他所作的对此问题的声明"。在谈到朝鲜问题时，柯克表示，"美国政府希望苏联政府促进这次谈判顺利结束"。维辛斯基表示，"保证谈判顺利结束的最好的办法是，指示李奇微将军不要制造事端使谈判复杂化，不要用空泛争论的办法人为地制造障碍，如谈判从开城迁移到其他任何什么地方去"；"苏联不是这次谈判的一方。相反，美国政府却是一方，所以它可以采取措施来顺利完成谈判"。① 柯克在当天给国务卿艾奇逊的备忘录中认为，他和维辛斯基的谈话"将会得到苏联政府的高度重视"。② 苏联政府将这一情况通报给了中国和朝鲜政府。③ 10月7日，金日成和彭德怀复信李奇微，声明对方破坏开城中立区协议事件的责任，非迁移会址所能逃避。为使谈判得以进行，提议将会址移至板门店，并建议复会后第一次会上就扩大中立区及会址安全做出决定，双方负责会谈地点的安全。次日，李奇微复信表示同意。④

　　10月10日，双方联络官开始会晤，主要讨论扩大中立区和尽快恢复谈判事宜。10月18日，毛泽东向斯大林转发了同一天致李克农关于停战谈判策略的电报，以便斯大林了解中朝方面在联络官会议上的基本立场和谈判策略。⑤ 经过反复的争论，10月22日，联络官会议就扩大中立区和恢复谈判问题达成协议。10月25日，谈判正式恢复。这一轮谈判的重点主要是关于交战双方军事分界线和非军事区的划分。其间，毛泽东除了不断向斯大林汇报来自谈判现场的情况外，也就中朝方面谈判策略的调整不

---

① 沈志华《朝鲜战争：俄国档案馆的解密文件》下册，第1058～1060页。10月15日，维辛斯基通过美国驻苏代办库明（Cumming）向美国政府作了口头答复。参见 *FRUS, 1951*, Vol. 7, Part 1, pp. 1041 – 1042。

② *FRUS, 1951*, Vol. 7, Part 1, p. 1004.

③ 柴成文、赵勇田：《板门店谈判》，第171页。

④ 柴成文、赵勇田：《抗美援朝纪实》，第104页。

⑤ 参见沈志华编《朝鲜战争：俄国档案馆的解密文件》下册，第1065页。

断征求斯大林的意见。11 月 14 日，毛泽东致电斯大林，详细阐述了中国对停战谈判的基本估计和中国为尽快实现停战准备采取的行动，认为目前谈判双方在军事分界线问题上的争论"不会持续很久"，要"力求在今年达成停战"，请斯大林给予指示。① 11 月 19 日，斯大林在回电中表示，"我们同意您对谈判目前形势的评价"，但"中朝方面应继续在谈判中采取灵活战术，实行强硬路线，不能有急躁和尽快结束谈判的表现"。斯大林同意毛泽东对分界线、监督机构和战俘交换问题的看法。关于毛泽东提出的有关国家政府召开高级会议的三个方案，斯大林认为，"召开目前谈判双方政治代表的政治会议是适宜的，但必须要有北、南朝鲜的代表参加"。② 国外有学者认为，斯大林所主张的强硬路线，表明"他认为战争继续下去对苏联有利"。战争的僵持"一是可以拴住美军的手脚，使美国在欧洲的军事行动变得更加困难；二是可以消耗美国的经济资源，导致杜鲁门政府在政治上的困难；三是可以为苏联提供收集美国的军事技术和管理情报的极好机会；四是可以造成中美之间空前的敌对，从而使中国更加坚定地依赖苏联"。③ 这种看法虽然有一定的道理，但未免也有些偏颇。斯大林所主张的强硬路线，应该是强调中朝方面在谈判中要坚持自己的立场，不轻易做无原则的让步，并不是故意拖延谈判，阻止停战协定的达成。

11 月 19 日，朝鲜方面就加快和平解决朝鲜问题发表了一份向联合国的呼吁书。呼吁书提出"立即停止在朝鲜的军事行动，请军队撤离前线并建立两公里的非军事区，对挑起朝鲜战争的罪犯追究责任"。苏联驻朝大使拉祖瓦耶夫 11 月 18 日向苏联外交部报告朝鲜打算发表该呼吁书，11 月 19 日又报告朝鲜将于当天

① 沈志华编《朝鲜战争：俄国档案馆的解密文件》下册，第 1102~1104 页。
② 沈志华编《朝鲜战争：俄国档案馆的解密文件》下册，第 1108 页。
③ Yafeng Xia, *Negotiating with the Enemy: U. S. - China Talks during the Cold War, 1949 - 1972*, p. 258.

发表该呼吁书。结果在没有得到苏联外交部明确指示的情况下，朝鲜发表了该呼吁书。苏联副外长葛罗米柯 11 月 20 日致电拉祖瓦耶夫，认为他的行为"极其轻率"，"更大的错误是……没有努力向朝鲜朋友搞清楚……他们是否同中国朋友协商过……请今后注意"。① 这一行动表明，苏联是认可中国在停战谈判中的主导地位的，不愿意看到朝鲜方面的擅自行动打乱停战谈判的节奏。11 月 27 日，谈判双方终于就划分军事分界线和建立非军事区达成协议，同意以现有实际接触线为军事分界线，各自由此线后退 2 公里以建立军事停战期间的非军事区；如果在 30 天之内就全部议程达成协定，不管双方军队实际接触线有何改变，都以此协议确定的分界线和缓冲区为准；如果超过 30 天尚未就全部议程达成协定，则应根据双方军队实际接触线的变化修正上述军事分界线和非军事区。这是谈判开始以来达成的第一个实质性的也是最重要的协议。

　　上述协议达成的同一天，停战谈判转入了对第三项议程——停火与休战具体的安排——的讨论。12 月 11 日，在无法迅速达成协议的情况下，谈判双方分两个组同时讨论第三项议程和第四项议程——战俘的安排问题。关于第三、四项议程的谈判进展得很不顺利，尤其是双方在战俘遣返问题上的立场相去甚远，根据分界线协议设想的 30 天内结束谈判已没有可能。针对西方国家关于中朝应对谈判可能破裂以及战争可能扩大承担责任的舆论宣传，维辛斯基向苏联外交部建议在分界线协议期满之前，即 12 月 27 日之前，中朝司令部发表一个揭露美国拖延并破坏停战谈判的公报，并由朝鲜外务省把它报送联大主席，请求以联合国文件形式向参加联大的全体代表团公布。葛罗米柯在 12 月 25 日给斯大林的报告中指出，"按照外交部的意见来看，在这方面没有必要向朝鲜人和中国人提出建议，因为他们不断发表报道来揭露

----

　　① 沈志华编《朝鲜战争：俄国档案馆的解密文件》下册，第 1109、1110 页。

美国人在朝鲜停战谈判中的作风。另外，以联合国文件的形式散发朝中公报不会有任何的实际效果，而朝鲜人和中国人关于这件事的请求可能会被认为是他们软弱的表现"。之后，苏联外交部在给维辛斯基的电报中答复说，"这种请求可能会被看成是北朝鲜人和中国人软弱的表现，其结果在政治上是不利的"。①

在第三、四项议程的讨论陷入僵局的情况下，1952年2月6日，谈判双方转入了关于第五项议程——向双方有关各国政府建议事项——的讨论。2月17日，谈判双方达成协议，同意向有关各国政府建议在停战协定签字生效3个月内召开高一级的政治会议，协商从朝鲜撤退一切外国军队及和平解决朝鲜问题等问题。5月，关于停战安排和监督问题的谈判也宣告结束。出人意料的是，1951年12月就开始讨论的战俘问题，竟然导致停战谈判久拖不决，对于苏联与战俘遣返谈判的影响，将专章进行论述。

---

① 沈志华编《朝鲜战争：俄国档案馆的解密文件》下册，第1137、1138页。

第七章

苏联与朝鲜停战谈判（二）

朝鲜战争的冷战背景决定了停战谈判的复杂性和艰巨性。出乎意料的是，战俘遣返问题作为停战谈判的一个简单议程，竟然成为导致朝鲜停战谈判久拖不决的主要因素。从 1951 年 12 月 11 日谈判双方首次讨论战俘遣返问题，到 1953 年 6 月 8 日达成最后的协议，持续了近 19 个月之久，占去了谈判的绝大部分时间，这在世界军事史上也属罕见。美国从与苏联冷战对峙的全球战略出发，利用"联合国军"控制的战俘数量远远高于中朝军队控制战俘数量的优势，置相关国际公约于不顾，坚决反对全部遣返战俘，顽固坚持所谓"自愿遣返"原则，试图以此来加强对社会主义国家的心理战和意识形态斗争，导致谈判久拖不决。与此同时，作为中朝两国的盟友、朝鲜战争的秘密参战国，苏联对于战俘遣返问题的影响也是显而易见的。那么，在战俘遣返谈判的过程中，苏联的作用是如何体现的呢？

一 参与中朝决策，调解中朝分歧

尽管苏联没有公开参加朝鲜战争，但美国总统杜鲁门始终认为苏联是"在幕后拉线"，[①] 谈判桌上的中朝代表不可能不接受来

---

① 〔美〕哈里·杜鲁门：《杜鲁门回忆录》下卷，李石译，东方出版社，2007，第 572 页。

自莫斯科的指示。事实上，苏联与中朝两国在停战谈判问题上确实保持了密切的联系，苏联的建议对中朝的决策具有重要的指导作用。具体到战俘遣返问题，1951 年 7 月 3 日，停战谈判正式开始以前，毛泽东就向斯大林通报了交战双方军事代表会面时中朝方面首先计划提出的五点建议。其中第五点谈道，"交战双方全部遣返战俘，在停止军事行动后四个月的时间里分批完成。敌人可能建议进行一对一的交换，而我们必须坚持全部遣返的原则"。当天，斯大林在回电中表示，"第五点应该提出来，并予以支持"。7 月 10 日，停战谈判正式开始。7 月 13 日，毛泽东打电报向斯大林汇报了中朝方面拟定的谈判议程，其中第五点是"关于停止军事行动后俘虏的措施"，斯大林在次日的回电中表示同意。[①]

7 月 26 日，交战双方就谈判议程达成协议，战俘遣返问题作为其中一项议程并没有引起谈判双方的分歧。根据 1949 年《关于战俘待遇之日内瓦公约》第 118 条的规定，实际战事停止后，战俘应即予释放并遣返，不得迟延。美国是该约的签字国，中方认为战俘问题不会是一个难以解决的议题。11 月 14 日，毛泽东在谈到朝鲜的形势时还表示，"关于俘虏问题，我主张有多少换多少，估计不难达成协议"。[②] 中方谈判代表团也认为，"交换战俘，既有国际公认的准则，又是一个人道主义问题，估计不难达成协议"。参加谈判的乔冠华有不同看法，他认为美国当时污蔑中国军队杀害美军战俘的做法，似乎意味着美国决策集团有可能要在这个问题上做什么文章。他说自己虽无把握，但提醒大家研究这个问题。[③] 事实上，美国确实没有打算全部遣返战俘。10 月

---

① 参见沈志华编《朝鲜战争：俄国档案馆的解密文件》中册，第 855、871 ~ 873 页。

② 转引自徐焰《第一次较量：抗美援朝战争的历史回顾与反思》，中国广播电视出版社，1990，第 279 页。

③ 柴成文、赵勇田：《板门店谈判》，第 190、191 页。

29 日，杜鲁门在与副国务卿韦伯（James E. Webb）谈话时说，"全部交换战俘是一个不公平的原则，他不希望交换那些投降后与我们合作的战俘，因为这些人很快就会被弄死"。韦伯提醒他说，"这样的话有可能其他问题都解决了，停战谈判最后停留在战俘交换问题上"。杜鲁门表示"他肯定不会同意全部交换，除非能以此换取中朝方面的重要妥协，并且这些妥协用其他的办法无法得到"。① 虽然美国也意识到拒绝全部遣返战俘不仅会违背《日内瓦公约》，而且"还会为共产党提供政治宣传题材"，尤其是"苏联一定会称美国强迫那些希望回国的人留下来"，② 但考虑到"战俘问题是给共产党人抹黑的绝佳机会"，③ 反对全部遣返战俘，既可以利用战俘被遣返后可能被处死或服苦役这一问题制造"人权"舆论，又能够发挥心理战的效果，对美国在全世界进行的意识形态斗争具有"重大的价值"，④ 于是选择了所谓"自愿遣返"的原则，导致战俘问题作为简单问题被复杂化，作为军事问题被政治化，最终竟然成了达成停战协定的主要障碍。

志愿军入朝作战初期，由于缺乏斗争经验和管理经验，对一般战俘往往是进行简单的说服教育之后就释放了，旨在减轻管理负担，毛泽东也很支持这种做法，他在 1950 年 11 月 18 日给彭德怀等人的电报中指示，"你们释放一批战俘很对，应尽快放走，尔后应随时分批放走，不要请示"。⑤ 本来中朝方俘获的战俘数量就比对方少，再加上分批释放了一部分，交战双方在战俘数量上

---

① *FRUS*, *1951*, Vol. 7, Part 1, p. 1073.

② *FRUS*, *1951*, Vol. 7, Part 1, p. 793.

③ 杨冠群：《热战中的冷战：板门店停战谈判》，世界知识出版社，2008，第 37 页。

④ *FRUS*, *1951*, Vol. 7, Part 1, pp. 792 – 793.

⑤ 中共中央文献研究室、中国人民解放军军事科学院编《建国以来毛泽东军事文稿》上卷，第 358 页。

的差距比较大。当时，中朝战俘营里只有 16000 人，其中美国战俘约 4000 人，英国战俘约 1000 人，韩国战俘约 8000 人以上，其余是参加"联合国军"的其他国家的战俘。对方战俘营的人数多达约 145000 人，① 这就为美国利用战俘问题大做文章提供了机会。1951 年 12 月 11 日，战俘遣返问题的谈判正式启动。中朝代表主张首先确定停战后迅速遣返全部战俘的原则，然后交换战俘名单；"联合国军"代表则主张首先交换战俘名单，并拒绝对"全部遣返"的原则表态。12 月 12 日，中朝代表提出了有关遣返战俘的五点建议，"联合国军"代表仍然拒绝表态，相反却提出了由国际红十字会派人访问双方战俘营的主张，并坚持应首先交换战俘名单。为了推动战俘遣返谈判的进行，中朝方面同意 12 月 18 日交换战俘材料，但拒绝了国际红十字会派人访问战俘营的要求。1952 年 1 月 2 日，"联合国军"代表提出以"一对一交换"为基础的"自愿遣返"原则，② 表示美国"决不同意将任何不愿意回去的俘虏送回共产党中国"。③ 直到此时，中国领导人对美国在战俘问题上的强硬态度仍然估计不足。1 月 31 日，毛泽东在给斯大林的电报中说，"对'战俘处理'问题，敌方原则上不可能表示反对释放全部战俘。因此，谈判不会拖延太长时间"。2 月 3 日，斯大林在回电中表示，"同意您对谈判进程的估计"。2 月 8 日，毛泽东在致斯大林的电报中再次谈到，"谈判将于近期结束"。④ 出乎意料的是，美国政府内部经过反复讨论后认为，强制

---

① 凌青：《从延安到联合国：凌青外交生涯》，福建人民出版社，2008，第 83 ~ 84 页。

② "一对一交换"，如果一方交换完了，出现战俘名额不够时，就用"平民"顶替，再不够就让这些无人交换的战俘宣誓"我以后不再参加战争了"，然后假释，让他们在美、蒋、李特务严密控制之下"愿"到哪去就到哪去。柴成文、赵勇田：《板门店谈判》，第 213 ~ 214 页。

③ 〔美〕李奇微：《朝鲜战争》，军事科学院外国军事研究部译，军事科学出版社，1983，第 217 页。

④ 沈志华编《朝鲜战争：俄国档案馆的解密文件》下册，第 1144、1151、1152 页。

遣返战俘"将严重危及美国反对共产主义暴政的心理作用的发挥"，美国"不会在这一点上妥协"，"美国最后的立场应是不同意强制遣返战俘"，[①]"自愿遣返"正式成为美国在战俘问题上的最终决策。

中美在战俘遣返原则问题上的严重对立，导致谈判进展得非常缓慢。谈判桌上的僵持和战场上日益加重的损失，引发了中朝在战俘问题上的分歧。朝鲜领导人希望中方在战俘问题上让步，以便尽快签订停战协定。事实上，早在1952年1月16日，朝鲜外长朴宪永在和彭德怀的谈话中就表示，"朝鲜全国人民要求和平，不愿继续进行战争。如果苏联和中国认为继续战争有好处，则朝鲜劳动党中央委员会可以克服一切困难，并坚守自己的阵地"。尽管他说这"不是劳动党中央委员会和朝鲜政府的意见，而纯属个人意见"，[②] 但这种说法更可能是一种谈话策略。根据苏联驻朝大使拉祖瓦耶夫向莫斯科的报告，1952年2月，当谈判双方就签订停战协定后90天内召开政治会议解决朝鲜问题达成协议时，金日成就主张尽快结束谈判。他认为，"看不到继续就战俘问题进行争论有什么合理性，因为这些争论正在导致更大的损失"，中国志愿军的大多数战俘都是以前蒋介石军队的人，在政治上不可靠，"为了他们去斗争没有特别的意义"，主张"以中方谈判代表李克农的名义在战俘问题上做出让步"。中国领导人不同意金日成的看法，毛泽东为此电示李克农，"只有坚持锲而不舍、坚定不移的立场，你们才能赢得主动权并迫使敌人做出让步。为了在谈判中实现这一目标，你们应该准备与敌人再作几个月的较量"。[③]

---

① *FRUS*, *1952–1954*, Vol. 15, Part 1, p. 44, 38, 69.

② 沈志华编《朝鲜战争：俄国档案馆的解密文件》下册，第1152页。

③ 转引自 Shen Zhihua, "Sino-North Korean Conflict and the Resolution during the Korean War", *Cold War International History Project Bulletin*, Issue 14–15, 2004, p. 19.

1952 年 5 月 2 日，朝鲜停战谈判除战俘遣返问题外全部达成协议，中美双方在战俘遣返问题上的矛盾仍然无法调和。中方认识到美国"自愿遣返"的政治用心，继续坚持全部遣返原则不动摇。杜鲁门则公开声明，美国"不能按共产党所坚持的那样强迫遣返战俘"，"决不用遣送这些人供屠杀或奴役的办法来购买一个停战"。[①] 为了推动谈判进程，7 月 1 日，"联合国军"方面的发言人表示，解决战俘遣返问题的方案"必须是一个在合理程度上适合双方要求的解决方案"。[②] 7 月 3 日，考虑到"对方有转弯的表示"，也考虑到朝鲜希望尽快停战的要求，中朝代表提出了非朝鲜籍战俘全部遣返、朝鲜战俘就地回家的新方案。根据这一方案，中朝方面准备遣返收容的全部战俘共 12000 余人，对方至少应遣返中朝方面的战俘 90000 人左右，"这个数目虽还不是全部遣返，但已经是绝大部分遣返"，"其余两万多人保留到停战后继续解决"。[③]

然而，美国的答复让中方感到非常失望。7 月 13 日，美国表示愿意遣返包括 6400 名志愿军（只占志愿军被俘人数的 32%）战俘在内的 83000 名战俘（含人民军战俘的 80%），并声称"这是最后的、坚定的、不可改变的方案"。[④] 由于此期间美国空军轰炸朝鲜北部造成的巨大损失，如 7 月 11 日到 12 日夜的轰炸就导致 6000 余名平壤居民伤亡，所以朝鲜代表倾向于接受这一方案。7 月 14 日，金日成在给毛泽东的电报中，"建议尽快就停战问题达成协议"，中国代表则坚决反对。7 月 15 日，毛泽东打电报向斯大林通报了这一情况，说明美国建议释放的志愿军和人民军战俘"两者比例极不相称，敌人企图以此来挑拨朝中人民的战斗和团结"，因此"绝对不应接受敌人这种能够具有挑衅性和引诱性

---

① 〔美〕哈里·杜鲁门：《杜鲁门回忆录》下卷，第 578、579 页。
② 柴成文、赵勇田：《板门店谈判》，第 225 页。
③ 中共中央文献研究室编《周恩来年谱 1949～1976》上卷，第 249 页。
④ 徐焰：《第一次较量：抗美援朝战争的历史回顾与反思》，第 285 页。

的方案，而且在敌人的压力之下屈服，对我极为不利"。斯大林采取了支持毛泽东的立场，他在 7 月 16 日给毛泽东的回电中表示，"我们认为，您在停战谈判上的立场完全正确"。①

8 月 20 日，斯大林与到访的周恩来进行了会谈。谈及战俘遣返问题时，周恩来介绍了在这个问题上与朝鲜同志存在的分歧，认为美国提出的新方案是"企图挑拨中朝关系"。关于战俘遣返原则，斯大林表示"毛泽东是对的"。同时，他也提醒周恩来，"要理解朝鲜人，他们有很大牺牲"，并建议"如果美国作出让步，那么，可以同意就尚未解决的问题继续谈判"。周恩来表示同意，并向斯大林通报了如果美国让步中国关于解决战俘问题的新想法，斯大林也表示同意。② 为了进一步协调中朝之间的立场，周恩来根据毛泽东的指示向斯大林建议，让彭德怀和金日成来莫斯科面谈，斯大林表示同意。

9 月 1 日，彭德怀和金日成抵达莫斯科，9 月 4 日，与斯大林进行了会谈。其间，斯大林主动问金日成，"朝鲜人和中国人之间存在着某种分歧，这是真的吗？"金日成很委婉地表示，"在我看来，我们之间不存在原则上的分歧。我们同意中国同志提出的那些方案。但是，由于朝鲜人民目前处于的严重状况，我们更愿意尽快缔结停战协定"。斯大林回答说，"我们在此已经与中国代表团讨论了这一问题，并表达了这样的建议：不同意美国人提出的关于战俘问题的条件而坚持自己的条件。同时还表达了这样的意见，即如果美国人不愿意遣返 20% 的中朝战俘，那么就应该扣留 10%（原文如此，应为 20%——引者注）的美国战俘，一直到中国和朝鲜战俘返回为止……中国的同志们也认为，在目前的情况下，不应该提出任何新的建议，应该等待着美国人提出新建议，以便修改自己的建议。你们知道这一点

---

① 沈志华编《朝鲜战争：俄国档案馆的解密文件》下册，第 1186 页。
② 沈志华编《朝鲜战争：俄国档案馆的解密文件》下册，第 1201～1203 页。

吗?"金日成表示"从毛泽东那里听到了这一点",并向斯大林汇报了毛泽东关于解决战俘遣返问题的三种方案,即全部遣返、停战后解决全体战俘问题和扣留敌人相应数量的战俘,询问"为达到解决这个问题的目的,我们应该采取什么样的步骤"。斯大林表示,"在某一段时间内(一个月或者是几周的时间内)应该继续坚持返回全部战俘。如果无法做到这一点,那么就提出20%的问题。这里说的不是方案,而是立场。第一个立场:这就是返回全部战俘;第二个立场:20%的战俘不返回。确实,这里还出现一个问题:是否应该提出某种新的建议,或者是等着美国人提出新的建议。我认为,不应该提出任何新的建议。应该坚持全面交换战俘,并观察着将(原文如此,估计应为'即将'——引者注)出现什么样的局面。第二个立场对你们及你们的鼓动工作非常有利。20%的战俘不遣返给你们,你们就不遣他们20%战俘。第二个立场将瓦解美国人的阵营,巩固关于返回战俘、停止战争的意见,这将会有利于你们"。① 显然,斯大林倾向于支持中国的立场。

由于斯大林支持中国在战俘遣返问题上的立场,金日成不便坚持自己的立场,只好继续支持中国的立场。9月28日,"联合国军"代表就战俘问题提出三种选择:(1)将战俘全部运送到非军事区,经过核对后,除允许表示愿回到居留一方者可重回居留方外,其他战俘一律予以遣返;(2)将反对遣返的战俘运到非军事区,由中立国组织就其愿望进行甄别;(3)将上述同类战俘运到非军事区后加以释放,由其自行选择何去何从。② 10月8日,中朝方面表示上述三种选择均无法接受,对方便宣布无限期休会,停战谈判陷入了僵局。

---

① 沈志华编《朝鲜战争:俄国档案馆的解密文件》下册,第1216~1217页。
② 〔美〕贝文·亚历山大:《朝鲜:我们第一次战败》,第559~560页;Tae - Ho Yoo, *The Korean War and the United Nations: A Legal and Diplomatic Historical Study*, Louvan, 1964, p. 90。

二 在联合国支持中国全部遣返战俘的原则

"自从 10 月 8 日板门店谈判无限期休会，主要斗争就转移到了联合国。"① 事实上，早在谈判休会以前，美国就已积极策划联合国对朝鲜问题的讨论。9 月 15 日，在得知联大即将讨论朝鲜问题、墨西哥将就战俘问题提出建议的情况下，毛泽东致电仍在莫斯科访问的周恩来，要求他向斯大林说明，"朝鲜问题将在本届联合国大会上讨论。关于战俘问题，墨西哥提出了三点建议：第一，双方要立即进行交换声明愿意返回祖国的战俘；第二，其余战俘转交给联合国成员国临时保护，并应当根据即将达成的协定予以遣返回国；第三，在朝鲜建立正常秩序后，保证这些战俘返回祖国，并对此提供可能的条件。在恢复正常状况之前，如果战俘要求送其返国，有关政府应采取措施并向他们提供回国的一切可能。看来，在联合国大会讨论朝鲜问题的提议是美国倡议的，墨西哥的提议是根据美国的倡议。美国已经在联合国大会上表示愿意讨论这一问题。我们打算反对这种做法。请征求菲力波夫同志的意见，对该问题我们应持何立场"。②

9 月 17 日，斯大林致电毛泽东，表示"我们同意您的看法，墨西哥人的建议不可接受，因为它反映了美国在朝鲜谈判中的立场。很明显，由于在朝鲜谈判中没有取得成果，美国打算目前要在联合国取得对其立场的赞同，并且要以联合国的名义提出同样的要求。墨西哥人只是美国的代言人。如果墨西哥人向联合国提出自己的建议，苏联代表团将因其不符合在朝鲜停战的利益而否决这一建议，并补充下述提议：'一、双方立即停止陆、海、空军事行动。二、依据国际法准则让全部战俘返回祖国。三、外国

---

① 柴成文、赵勇田：《板门店谈判》，第 250 页。
② 沈志华编《朝鲜战争：俄国档案馆的解密文件》下册，第 1224 页。

军队（其中包括中国人民志愿军部队）在 2 ~ 3 个月内撤出朝鲜；在直接有关各方和其他国家（其中包括未参加朝鲜战争的国家）参加的委员会的监督下，由朝鲜人自己本着朝鲜统一的精神去和平解决朝鲜问题'。关于双方各自暂时留下 20% 的战俘并让其余战俘返国的建议，苏联代表团将不会涉及此项建议，它将留给您机动处置"。①

9 月 19 日，斯大林在与周恩来的会谈中再次表示，"如果墨西哥向联合国提出此项建议，那么，苏联代表团将驳回这项不符合朝鲜停战利益的建议"；"如果毛泽东愿意，可以把关于扣留战俘比例的第二项主张提交联合国大会讨论"；"我们主张遣返全部战俘，这也符合中方的立场，如果在此基础上达不成协定，那么，把战俘交给联合国是不行的，因为联合国是交战方"。关于把战俘交给中立国的问题，斯大林询问周恩来"把战俘交给哪个国家？"周恩来回答说，中方"考虑交给印度"，斯大林表示同意，并讨论了这种情况下战俘费用的问题。周恩来进一步征求斯大林对"停火，把整个战俘问题留到以后讨论"的建议，斯大林表示，"这项建议作为可用方案之一是可以的，但美国未必接受此方案"。周恩来表示，"美国也许将把这个问题提交联合国大会"，斯大林说，"果真这样就好了"。②

根据艾奇逊的回忆，联合国"第七届大会的中心议题是如何在朝鲜实现停战；在大会期间，停战问题已集中在战俘遣返问题上"。③ 10 月 14 日召开的第七届联大果然讨论了朝鲜停战问题。由于新中国在联合国的合法席位尚未恢复，朝鲜也不是联合国会员国，两国在联合国都没有自己的代表，也没有被邀请派代表参加相关问题的讨论，因此苏联就成为在联合国为中朝方面表达意

---

① 沈志华编《朝鲜战争：俄国档案馆的解密文件》下册，第 1226 页。
② 沈志华编《朝鲜战争：俄国档案馆的解密文件》下册，第 1227 ~ 1228 页。
③ 〔美〕迪安·艾奇逊：《艾奇逊回忆录》，第 590 ~ 591 页。

见的主要渠道。10 月 18 日，波兰代表团提出的关于停止军事行动、全部遣返战俘和外国军队撤出朝鲜的议案被否决。10 月 24 日，美英法三国纠合其他 18 国共同提交了关于朝鲜问题的 21 国议案，呼吁中朝方面接受"自愿遣返"战俘的主张，尽快实现朝鲜停战。① 苏联外长维辛斯基在 10 月 29 日的发言中指出，"美国坚持所谓的战俘自愿遣返，粗暴地违反 1949 年《日内瓦战俘公约》，尤其是公约的第 118 条和 119 条"。同时，他还向大会提交了中、苏、朝三国政府磋商过的和平解决朝鲜问题的议案，建议成立"朝鲜问题和平调解委员会"，吸收当事国家和其他国家的代表参加，在该委员会监督下由朝鲜人自己实现朝鲜的统一。②

11 月 3 日，墨西哥代表团在美国的指使下，向联大第一委员会提交了一项关于朝鲜战俘问题的决议草案，建议停战协定一经签署应立即遣返自愿遣返的战俘，在朝鲜问题政治解决之前，所有拒绝遣返的战俘应被允许前往其他国家。秘鲁代表则建议，成立一个"五成员委员会"，由交战双方各派一名代表、联合国派两名代表、未加入联合国的中立国（指瑞士）派一名代表组成，立即投入遣返战俘的工作；遣返战俘要考虑战俘的个人意愿，不愿遣返的战俘应"留在中立区受该委员会保护"。墨西哥和秘鲁的提案实际上都是在重复美国"自愿遣返"的立场，由于苏联代表坚持先停火然后在全部遣返的原则上讨论战俘问题，所以这些提案实际上被拒绝了。

11 月 17 日，印度代表也向联大第一委员会提出了一份决议草案，建议把所有的战俘交由美国、英国、法国、苏联、中国、印度、缅甸、瑞士、捷克斯洛伐克、朝鲜和韩国组成的特别遣返委员会管辖，愿意遣返的立即遣返，拒绝遣返的在停战协议签订 90 天以后交由停战协议规定召开的政治会议解决。印度的建议并

---

① 陶文钊等主编《美国对华政策文件集 1949~1972》第 1 卷（下），第 847 页。
② 沈志华编《朝鲜战争：俄国档案馆的解密文件》下册，第 1290 页。

没有违背"自愿遣返"战俘的立场，因此得到了美英两国的积极支持。11 月 20 日，英国代表艾登在第一委员会会议上发言时把印度的提案"看成是走出朝鲜僵局的'建设性一步'"，但它遭到了苏联的极力反对。11 月 22 日，塔斯社发表文章，批评"印度提案是略微改头换面的美国计划"。① 11 月 24 日，维辛斯基在联大的发言中指出："印度的决议草案同 1949 年《日内瓦战俘公约》相矛盾，没有提及必须立即停止朝鲜的流血冲突"，并呼吁会议通过苏联的决议草案，立即在朝鲜停止军事行动。②

11 月 26 日，第一委员会讨论了印度的决议草案，苏联代表团对印度的草案提出了修改，其中包含了苏联关于朝鲜问题决议草案的原则。11 月 28 日和 29 日，中朝两国政府分别发表声明，支持苏联在第七届联大会议上提出的关于解决朝鲜问题的决议草案。12 月 1 日，第一委员会通过了丹麦代表团提出的对印度决议草案的修正案。修正案规定，如果在 30 天时间里战俘问题在政治会议上得不到解决（印度草案规定为 60 天），该问题转交联合国。次日，委员会否决了苏联代表团的决议草案。12 月 3 日，联大全体会议以绝对多数通过了印度的决议草案，否决了苏联的决议草案。12 月 14 和 17 日，中朝两国政府分别致电联大主席皮尔逊，要求取消这一决议，根据苏联的提案立即和平解决朝鲜问题。

1953 年 2 月 24 日开幕的第七届联大第二次会议再次讨论了朝鲜问题，苏联主张邀请朝鲜代表参加讨论的提议再次被拒绝，美国代表洛奇在次日的发言中指责"苏联为扩大朝鲜战争走得很远了"。③ 苏联代表对美国代表的指责进行了驳斥，并坚持自己在七届联大一次会议上提出的朝鲜问题提案，会议最终没有就战俘

---

① 柴成文、赵勇田：《抗美援朝纪实》，第 140 页。

② 沈志华编《朝鲜战争：俄国档案馆的解密文件》下册，第 1292 页。

③ 沈志华编《朝鲜战争：俄国档案馆的解密文件》下册，第 1293 页。

遣返问题达成一致意见，美国试图通过联合国迫使中朝在战俘问题上让步的希望落空了。

三　劝说中国做出让步，推动停战谈判的结束

1952 年美国总统大选结束以后，中国领导人洞察到美国新领导人"以压促和"的政治意图，继续坚持"不怕战、不怕拖"的方针，拒绝在战俘问题上向美国让步。为了加强中朝方面的战斗力，1953 年 1 月 7 日，毛泽东向斯大林的电报中建议向朝鲜派出中国海军作为志愿军，询问"这样做是否适宜"，并希望苏联向中国提供鱼雷艇、飞机和相关装备等。斯大林在27 日给毛泽东的回电中表示，"我们认为您的上述设想是正确的"，并部分满足了中国方面的援助要求。[1] 与此同时，为了加强对战俘的管理工作，1 月 21 日，毛泽东指示志愿军谈判代表团，"管理俘虏工作甚为重要，必须加派干部和兵力，准备对敌空降作战，一个也不能让敌人劫走。如果被劫走这批俘虏，我们就没有本钱和敌做交换俘虏的谈判了"。[2] 2 月 19 日，中国领导人针对艾森豪威尔上台后因"放蒋出笼"政策所导致的战略困境，分析了是否应主动提出恢复停战谈判的问题，最终的"结论是一动不如一静，让现状拖下去，拖到美国愿意妥协并由它采取行动为止"。[3] 2 月 22 日，"联合国军"总司令克拉克致函中朝方面要求先行交换伤病战俘，中方认为"这是一个重要的信号，说明他们希望再回板门店来"；"为了满足世界人民的和平愿望，要准备给它一把下台阶的梯子，在久谈不决的战俘问题上作些必要

---

① 沈志华编《朝鲜战争：俄国档案馆的解密文件》下册，第 1262、1273 页。

② 中共中央文献研究室、中国人民解放军军事科学院编《建国以来毛泽东军事文稿》中卷，军事科学出版社、中央文献出版社，2010，第 112 页。

③ 徐焰：《第一次较量：抗美援朝战争的历史回顾与反思》，第 288 页。

的妥协"。①

"这是最重要的一步。中、朝、苏之间进行了紧张的磋商。"②
2月28日，斯大林与苏联其他领导人讨论了朝鲜的形势，他认为
朝鲜问题已处于逼和的局面，决定第二天由莫洛托夫向中国人和
朝鲜人建议：尽管最终还是要同意停止军事行动，但在谈判中要
"争到底"。③ 在没有就如何给美国搭建下台梯子的问题形成结论
以前，中朝方面没有对克拉克关于交换伤病战俘的建议做任何回
应。3月2日，维辛斯基在联大政治委员会会议上发言时，在
战俘问题上仍然坚持了原先的立场。出人意料的是，3月5日
斯大林的去世，导致中朝方面的谈判政策和策略出现了重大
转折。

"斯大林的去世也许是促成战俘问题得以解决的因素。一方
面是因为他本人就是解决这个问题的一个障碍因素，另一方面是
由于他的去世在共产党阵营中产生的不确定性，关系到其国际联
合阵线在一个时期内的相对稳定。不结束在朝鲜的冲突，这种稳
定是没有保障的。"④ 为此，苏联新领导人在对西方国家和朝鲜问
题的政策方面表现出了较大的灵活性。3月15日，马林科夫在最
高苏维埃会议上指出："现在，没有什么有争议的或悬而未决的
问题不能通过有关国家和平地达成一致来解决"；"这一点适用于
我们与所有国家的关系，包括美利坚合众国"。⑤ 涉及朝鲜问题，
重新出任苏联外交部长的莫洛托夫在一份关于结束朝鲜战争的备

---

① 柴成文、赵勇田：《板门店谈判》，第 257～258 页。

② 柴成文、赵勇田：《板门店谈判》，第 258 页。

③ 〔苏〕德·安·沃尔科戈诺夫：《胜利与悲剧：斯大林的政治肖像》第 2 卷，
张祖武译，新华出版社，1990，第 632 页。

④ William Stueck，"The Korean War"，Melvyn P. Leffler & Odd Arne Westad ed.，
The Cambridge History of the Cold War，Vol. 1，The Cambridge University Press，
2010，p. 282.

⑤ 〔美〕沃尔特·拉费伯尔：《美国、俄国和冷战 1945～2006》，牛可等译，世
界图书出版公司，2011，第 118 页。

忘录中指出，"朝鲜战争拖延至今，给苏联以及中朝两国都造成极大的负担。以往曾经有过几次实现停战的机会，但都没有引起足够的重视，这是一个错误。现在已经到了需要立即停止这场战争的时候了"。①

莫洛托夫的备忘录几乎得到了所有苏共中央主席团成员的赞同。以此为基础，3月19日，苏联部长会议批准了一封致毛泽东和金日成的信。信中说，对于英美侵略朝鲜的行为和目的等"国际方面的这些情况应该如以往那样予以重视，但这并不意味着，在目前情况下，对朝鲜战争问题上仅仅机械地执行过去一直推行的路线，而不试图表现出一种主动精神，或者说，不利用敌方的主动精神，不按照中国人民和朝鲜人民的根本利益，不按照所有其他爱好和平人民的利益，找到使中国和朝鲜脱离战争的出路"。② 为此，苏联方面认为亟须采取以下措施："一、需请金日成和彭德怀对克拉克2月22日交换伤病战俘的问题发出呼吁给予肯定的回答。二、紧接金日成和彭德怀的答复发表之后，中华人民共和国的权威代表（最好是周恩来同志）应在北京发表一个声明，着重表明对交换伤病战俘的积极态度，同时指出积极解决整个战俘问题，从而保证朝鲜停战和缔结和约的时刻已经来到。三、与北京发表上述声明的同时，朝鲜民主主义人民共和国政府首脑金日成在平壤发表政治声明，说明中华人民共和国代表的上述声明的正确性，并表示充分支持。四、紧接上述北京声明和平壤声明之后。苏联外交部表态，完全支持北京和平壤的表态。五、配合上述四项措施，苏联代表团在纽约联合国代表大会应采取一切必要的行动，以支持和推进以上新政策和方针的实施。"信件还对落实上述各项措施的具体内容做了详细说明。③ 同一天，

① 转引自杨奎松《毛泽东与斯大林的恩恩怨怨》，江西人民出版社，2003，第368页。
② 沈志华编《朝鲜战争：俄国档案馆的解密文件》下册，第1295~1296页。
③ 沈志华编《朝鲜战争：俄国档案馆的解密文件》下册，第1296~1299页。

部长会议批准的给联合国大会苏联代表团的指令，责成苏联代表团与波兰代表团商议，对有关防止新的世界大战的波兰决议草案中涉及朝鲜问题的内容，"删去原提案中的第 6 条（关于让所有的战俘返回祖国），代之以下文字：'6. 立即恢复双边停战谈判，既着眼于全力就交换伤病战俘问题达成协定，也着眼于全力就整个战俘问题达成协定，从而全力消除妨碍朝鲜战争结束的障碍'"。①

随后，苏联派以驻华大使库兹涅佐夫为特使的代表团前往平壤，向金日成转达了苏联关于朝鲜停战谈判的新方针。朝鲜对苏联的政策调整表现出了极大的热情。3 月 29 日，金日成在与库兹涅佐夫等人的会谈中表示，"他完全同意苏联政府在朝鲜问题上的建议"，"目前的形势下进一步拖延下去，对朝鲜民主主义人民共和国和中华人民共和国，以及对整个社会主义阵营都是不利的"；"朝鲜方面在前线和后方的损失（每天几乎300～400 人）非常大，而与美国人进一步讨论关于遣返有争议的战俘的数字不十分明智"，"苏联政府的建议是最明智和正确的"。②

"苏联的这些变化对中国的决策也产生了影响。"③ 3 月 21 日，苏联新领导人约见了刚刚参加完捷克斯洛伐克总统哥特瓦尔德的葬礼返回莫斯科的中国代表团团长周恩来，并向他递交了给毛泽东的信。虽然周恩来一再强调中国政府"不怕战、不怕拖"的方针，并坚持拖下去对以美国为首的西方阵营不利，但苏联新领导人则认为，"过去拖的路线应改为停的路线，不改是不正确的。因为拖下去，不利于苏联和中朝人民；停下来，有利于苏联和中朝人民。目前是解决停战的有利时机"。当周恩来问到美国是否仍将推行拖的政策时，苏联领导人回答说，"不能说没有此

---

① 沈志华编《朝鲜战争：俄国档案馆的解密文件》下册，第 1300 页。
② 沈志华编《朝鲜战争：俄国档案馆的解密文件》下册，第 1305 页。
③ Qiang Zhai, *The Dragon, the Lion, the Eagle: Chinese/British/American Relations 1949 - 1958*, p. 131.

可能，因这是美国的事，权操在他手"，但是"如我方毫不让步，美国拖的可能性就大。如我方有此让步，美国拖的政策就增加困难，有迫使其达成妥协的可能"；"这种让步，在政治上是有好处的"；至于"停战时机，可利用克拉克这封信"。周恩来又问，信中所说"必须刻不容缓地采取一切一系列办法"，是否指的是抓住联合国开会的时机？苏联领导人回答："是指联合国开会期间，时间很有限。回去两三天至四五天内予以解决为好。"周恩来最后表态说，这个让步"是一个大的转变"，是"一个新的方针"。由于事关重大，会谈结束后，周恩来立即打电报向毛泽东做了汇报。他在电报中说："苏方提议的中心思想，即是准备在战俘问题上求得妥协，以掌握和平的主动权。解决方案，是利用克拉克的文件，由金、彭出面答以同意根据日内瓦公约 109 条，双方先行交换重伤病战俘，其不愿回者暂交中立国，并恢复板门店谈判解决具体问题。然后即由中朝双方当局分别发表声明，主张战俘按分类办法实行遣返，要求遣返者立即遣返，其余则交由指定的中立国（如印度或其他国，视情况再定），保证其得到公正解决。苏联外长跟着发表赞同声明，然后苏联在联合国代表即作同样活动。"[1] 次日，毛泽东复电表示，"我们同意所提方针。这实际上即是去年九月上旬我们向谢明诺夫同志（即斯大林——引者注）所提三个方案中的一个方案，即将已达成协议的俘虏按比例交换，而将未达成协议的俘虏交给如印度一类的中立国家管理待后解决。后来因美国在板门店采取横蛮态度，这个方案未能提出。现在提出这个方案是适合时机的。唯我方声明中应将俘虏分为达成协议者和未达成协议者，而不称为愿回家者和不愿回家者，以免和我们历来反对所谓'自愿遣返'原则相冲突。具体步骤待你回来酌处"。[2] 3

---

① 转引自逄先知、李捷《毛泽东与抗美援朝》，第 180 页。

② 中共中央文献研究室、中国人民解放军军事科学院编《建国以来毛泽东军事文稿》中卷，第 133 页。

月 23 日，毛泽东电示前方的中国谈判代表，谈判中"不要逼对方正式表示是否要最后破裂，对方也不会作此种表示。对违反协议的事件，过去我们采取不分轻重一事一抗的方针，本已有些被动。最近一个星期，如无重大事件，望不要向对方送抗议"；"关于克拉克 2 月 22 日建议先行交换可以行走的重伤病俘虏一事，我方准备讨论此事，复文尚需数日才能拟好，暂时不要向外边透漏"。①

事实上，此时苏联的建议是违背中国愿望的。"当时我方战场组织，刚告就绪，未充分利用它给敌人以重大打击，似有一些可惜。"② 毛泽东认为，"如果再打 8 个月，我们可以打垮他们的全部阵地。假如在这之后进行和谈，我们可以争取更有利的条件"。③ 斯大林去世后，"既然苏、朝两方都强烈要求在战俘问题上妥协，特别是作为非主要当事国，中国也只好迁就"。由于在中苏同盟中相对被动的地位，"中国在朝鲜战争中的行动受到盟国的制约"。④ 3 月 26 日，周恩来回到北京后，立即向毛泽东汇报了同苏联领导人会谈的情况，中共中央确定了中方应采取的方针和行动。3 月 27 日，毛泽东致电金日成，"拟以金、彭名义复克拉克一信，表示我方完全同意关于在战争期间先行交换双方病伤战俘的建议，以重开谈判之门，然后由北京、平壤、莫斯科相继发表声明，准备在遣返战俘问题上作一让步，以争取朝鲜停战，但也准备在争取不成的情况下继续打下去"。次日，金日成和彭德怀联名致函克拉克，表示愿意交换伤病战俘，并建议恢复停战谈判。3 月 30 日，周恩来发表声明指出，"为尽早实现停战，中朝政府共同研究后一致建议：'谈判双方应保证在停战后立即

---

① 中共中央文献研究室、中国人民解放军军事科学院编《建国以来毛泽东军事文稿》中卷，第 134~135 页。
② 彭德怀：《彭德怀自述》，人民出版社，1998，第 264 页。
③ 转引自杨奎松《毛泽东与斯大林的恩恩怨怨》，第 369 页。
④ 杨冠群：《热战中的冷战：板门店停战谈判》，第 125 页。

遣返其所收容的一切坚持遣返的战俘，而将其余的战俘转交中立国，以保证对他们的遣返问题的公正解决'"。[1] 3 月 31 日，金日成发表了支持周恩来建议的声明。4 月 1 日，苏联外交部长莫洛托夫发表声明，对周恩来的声明予以支持。4 月 11 日，《遣返伤病被俘人员协定》签订。4 月 26 日，停战谈判在板门店复会。

值得注意的是，由于中方在战俘问题上的让步，谈判恢复以后苏联对中国在朝鲜军事行动的影响明显削弱了。究其原因主要有三：首先，中苏两国在朝鲜问题上确实存在共同利益，中国追求在尽可能有利的条件下实现停战与苏联的利益并不冲突；其次，苏联新领导人的政治威望无法与斯大林相提并论，中国领导人似乎再也用不着像斯大林在世时那样小心谨慎，大事小情都征求苏联领导人的意见；最后，苏联新领导人在中方做出违心的让步后，也不好再约束中国在朝鲜的军事行动。因此，为了向美国施加压力，争取在尽可能有利的条件下停战，4 月中旬，中共中央军委指示志愿军司令部，志愿军行动的指导方针是"争取停，准备拖。而军队方面则应作拖的打算，只管打，不管谈，不要松动，一切仍按原计划进行"。[2] 4 月 23 日，毛泽东批准了志愿军司令部关于发起夏季反击战的计划。[3] 5 月 7 日，中朝方面建议由波兰、捷克斯洛伐克、瑞典、瑞士、印度五个中立国家组成遣返委员会，负责看管不直接遣返的战俘，美方仍百般阻挠。此时的李承晚却坚决反对停战，甚至叫嚣要单方面作战到底。为了打击美国在谈判桌上的嚣张气焰和李承晚破坏停战的政治图谋，从 1953 年 5 月到 7 月，志愿军分三个阶段发起了夏季反击战，共毙、伤、俘敌 12 万余人。这三次反击战，使中朝方的军事分界线较之前已经达成的协议又推进了 192.6 平方公里，实现了在尽

---

① 中共中央文献研究室编《周恩来年谱 1949～1976》上卷，第 291、292 页。

② 转引自逢先知、李捷《毛泽东与抗美援朝》，第 123 页。

③ 中共中央文献研究室、中国人民解放军军事科学院编《建国以来毛泽东军事文稿》中卷，第 137 页。

可能有利的条件下实现停战的预期目标。6月8日，战俘遣返谈判达成一致。6月15日，停战谈判的各项议程全部达成协议。6月17日，毛泽东致电金日成，"鉴于停战协定即将签字，一些有关停战事务问题需早作准备"，并就机场、铁路和通信等问题提出了自己的建议。[①] 7月27日，交战双方的谈判代表在板门店正式签署停战协定，然后又分别送交人民军、志愿军和联合国军最高司令签署，朝鲜战争结束。

朝鲜停战协定全称为《朝鲜人民军最高司令官及中国人民志愿军司令员一方与"联合国军"总司令另一方关于朝鲜军事停战的协定》。协定包括序言和正文两部分，共5条63款，并附有《中立国遣返委员会的职权范围》和《关于停战协定的临时补充协议》。协定的主要内容如下。第一，确定一条军事分界线，双方各由此线后退2公里，以便在敌对军队之间建立一非军事区作为缓冲区，以防止发生可能导致敌对行为复发的事件。第二，敌对双方司令官命令并保证其控制下的一切武装力量，在停战协定签字后12小时起完全停止一切敌对行动；协定生效后72小时内，自非军事区撤出一切军事力量、供应和装备；协定生效后10天内，自对方在朝鲜的后方与沿海岛屿及海面撤除其一切军事力量、供应与装备；停止自朝鲜境外进入增援的军事人员、作战飞机、装甲车辆、武器与弹药；双方各指派5名高级军官组成"军事停战委员会"，以监督本协定的实施及协商处理任何违反本协定的事件；由波兰、捷克斯洛伐克、瑞典和瑞士四国各派1名高级军官组成"中立国监察委员会"，负责对后方口岸与非军事区实施监督、观察、视察与调查。第三，在停战协定生效后60天内，各方应将其收容下的一切坚持遣返的战俘分批直接遣返，交给他们被俘前所属的一方，不得加以任何阻难；未予直接遣返的

---

① 中共中央文献研究室、中国人民解放军军事科学院编《建国以来毛泽东军事文稿》中卷，第146～147页。

其余战俘，从其军事控制与收容下释放出来统交中立国遣返委员会（由波兰、捷克斯洛伐克、瑞典、瑞士、印度各指派委员 1 名，印度代表担任主席和执行人）；双方成立"战俘遣返委员会"、"联合红十字会小组"和"协助失所平民返乡委员会"，分别负责协调双方有关遣返战俘的一切规定及有关平民返乡的具体计划。第四，向双方有关政府建议，为保证朝鲜问题的和平解决，双方军事司令官兹向双方有关各国政府建议在停战协定签字并生效后 3 个月内，分派代表召开双方高一级的政治会议，协商从朝鲜撤出一切外国军队及和平解决朝鲜问题等问题。①

战俘遣返问题作为导致朝鲜停战谈判延宕不决的主要因素，确实出乎意料。从军事的角度来看，战俘遣返本不应该是个难题。然而，由于美苏冷战的国际背景，由于各种政治同盟的利益关系，使得朝鲜战俘遣返问题被赋予了浓厚的国家政治和意识形态色彩，从而导致简单问题复杂化，军事问题政治化，使战俘遣返问题阻碍停战协定的签订达一年半多的时间，朝鲜停战谈判也因此成为战后世界军事史上最艰苦的谈判之一。苏联作为社会主义阵营的领袖，作为冷战对峙的主角之一，在朝鲜半岛发生的军事对抗中有重要的利益诉求，因此它不可能也不愿意完全置身事外。毛泽东谈到抗美援朝时曾说，"这场战争，实际上是三国打的，朝鲜、中国和苏联。苏联出了武器"。② 通过对朝鲜战俘遣返谈判苏联因素的分析，我们可以看到，首先，在战俘遣返谈判的过程中，中朝方面所坚持的原则和策略，事先都是请示过斯大林并征得他同意后才付诸实施的；其次，当中朝之间就战俘遣返问题发生分歧时，苏联的调解具有决定性的意义，由此中朝双方在谈判中的步调才得以统一；再次，当谈判被迫中断，战俘遣返问

① 柴成文、赵勇田：《板门店谈判》，第 341~359 页。
② 中华人民共和国外交部、中共中央文献研究室编《毛泽东外交文选》，第 294 页。

题被提交到联合国的时候，苏联的支持使中朝避免了在联合国没有发言权的尴尬，成功阻止了美国试图操纵联合国按照自己的原则解决战俘遣返问题的设想；最后，苏联希望尽快结束朝鲜战争的政策，导致中国一贯坚持的全面遣返原则难以为继，因为单靠中国的力量，朝鲜战争是没有办法打下去的，更何况朝鲜期待停战的愿望一直都非常强烈。由此可见，苏联对朝鲜战争政策的变化，对朝鲜战争和停战谈判的进程具有重要的制约作用。苏联之所以那么久地支持全部遣返战俘原则不动摇，与斯大林对美国强硬的冷战对抗政策密切相关。斯大林试图通过朝鲜战争达到消耗美国实力、转移美国在欧洲的注意力、缓解欧洲紧张形势的目的，所以他也不希望战争在不利的条件下结束。另外，中国出兵抗美援朝，既是为维护中国的国家安全而战，也是为社会主义阵营而战，在战俘遣返问题上斯大林理应给予中国相应的支持。斯大林去世后，苏联之所以劝中国放弃全部遣返战俘的原则，与苏联新领导人寻求对美政策的灵活性密切相关。他们试图凭借所谓的"灵活性"政策谋求与美国平起平坐、共同主宰世界，所以希望中国在战俘问题上让步，尽快结束战争。在苏联新政策的压力下，中国领导人灵活反应，现实抉择，在尽可能争取有利条件的情况下，以合理的让步求得了战俘遣返问题的最终解决。然而，志愿军战俘没有实现全部遣返，不能不说是"最让中国人感到遗憾的"问题，对新中国的政治威望产生了一定的负面影响。①

朝鲜战争作为一场地区性战争，实质上是冷战初期两大阵营之间的一次军事较量。苏联作为社会主义阵营的领袖，作为中朝两国的盟友，虽然没有公开介入朝鲜战争，但要完全置身事外是不可能的，也是不现实的。朝鲜停战谈判是朝鲜战争的重要组成部分，苏联在其中所发挥的作用应该受到关注。与此同时，我们还应该看到，影响朝鲜停战谈判的因素是多方面的，苏联只是其

---

① 杨奎松：《毛泽东与斯大林的恩恩怨怨》，第370页。

中的一个方面。朝鲜停战的实现，首先是交战双方在朝鲜战场上军事较量的结果，没有双方军队在战场上的厮杀，没有僵持战局的出现，停战谈判的进程是很难启动的，要想取得进展也是不可能的。其次，朝鲜停战的实现，还受到国际上美苏冷战格局的影响。冷战是一种对峙着的和平，避免美苏直接冲突是维系冷战格局的关键，由于美苏当时的实力都不足以打破现有的格局而确立自己的优势，朝鲜战争的长期化不符合美苏长远战略利益，这就为通过谈判实现停战提供了可能。再次，交战双方自身的因素，如美国国内声势浩大的反战浪潮和麦卡锡主义造成的政治恐怖，英法等其他参加"联合国军"的国家对朝鲜战争长期化的担忧，战争给中朝两国造成的巨大损失以及中国国内繁重的经济恢复和建设任务等，都对朝鲜停战谈判的结果产生了重要影响。正是在这些因素共同作用的基础上，作为非交战国的苏联对停战谈判的影响才得以体现。或许苏联在关于停战谈判的个别问题上，影响是非常重要的，但并不足以影响全局。西方学者普遍认为朝鲜停战谈判之所以两年多才达成协定，"部分是由于双方在战俘遣返问题上的冲突，部分是由于斯大林确信朝鲜战争是有限战争，并不急于看到停战的实现"，[①] 甚至主要归因于斯大林为了消耗美国而不愿意看到停战的实现。这种观点虽然强调了苏联对朝鲜停战谈判的影响和作用，但未免也有点夸张，毕竟苏联没有公开参加朝鲜战争，没有亲自参加朝鲜停战谈判，它只是影响谈判的一种外部因素。

---

① John Lewis Gaddis, *George Kennan*: *An American Life*, New York: The Penguin Press, 2011, p. 428.

第八章
苏联与停战后朝鲜问题的政治解决

根据国际法的相关规定，交战各方达成停战协定只意味着军事行动的停止，正式签订和平条约才标志着交战双方战争状态的结束。1953 年 7 月 27 日《朝鲜停战协定》的签署，仅仅是在朝鲜停止军事行动的标志，并不是朝鲜战争的正式结束。根据停战协定第 4 条第 60 款的规定，双方军事司令官兹向双方有关各国政府建议，在停战协定签字并生效后 3 个月内，分派代表召开双方高一级的政治会议，协商从朝鲜撤出一切外国军队及和平解决朝鲜问题等问题，这为政治解决朝鲜问题提供了法律依据。为此，停战协定签署生效以后，相关各方就召开政治会议和平解决朝鲜问题进行过不同层次的磋商，遗憾的是由于分歧太大始终未能达成共识，从而使朝鲜问题成为贯穿冷战全程的一个热点问题。苏联虽然不是朝鲜战争正式的交战国，但作为朝鲜武力统一的幕后支持者和停战后谋求政治解决朝鲜问题的重要参与者，对于停战后政治解决朝鲜问题发挥了怎样的作用，这是本章要讨论的主要内容。

一 苏联反对以交战方身份参加朝鲜政治会议

根据停战协定，关于和平解决朝鲜问题的政治会议最迟应在 10

月 25 日以前召开。苏联尽管不是朝鲜战争的正式交战方，但其对政治解决朝鲜问题的作用不容忽视。邀请苏联参加朝鲜政治会议既是中朝两国的共同愿望，也是美国不得不认可的政治主张。美国国务卿杜勒斯（John Foster Dulles）在和李承晚的会谈中表示，"如果中朝方面邀请苏联参加政治会议，美国不会反对"。①

为了促使朝鲜政治会议尽快召开并有所成效，"中国政府同朝鲜民主主义人民共和国政府进行了磋商并征求了苏联政府的意见"。② 1953 年 7 月 28 日，毛泽东和苏联驻华大使库兹涅佐夫（Kuznetsov）进行了会谈。次日，库兹涅佐夫在给外交部的紧急密电中报告说，"谈到停战签字后更进一步的打算，毛泽东说中华人民共和国政府有许多相关问题想和苏联政府商量。大约到 8 月 10 日……将准备一个有关必须要与苏联政府商量的措施计划的建议"。③ 8 月 11 日，中国外交部起草了《关于政治会议问题的意见》。次日，周恩来接见了苏联驻华大使，请他把中国政府对政治会议的意见转达给苏联政府。8 月 15 日，毛泽东亲自致电金日成，告知中国政府对政治会议的基本立场，以征求朝方的意见。鉴于中立国对朝鲜停战谈判发挥的积极作用，三国达成的一致看法是，朝鲜政治会议的形式应该是多边圆桌会议，而不是停战双方的双边会议；会议的参加者应包括美国、苏联、英国、法国、中国、朝鲜、朝鲜南方、印度、波兰和瑞典 11 个国家；会议的议题主要是讨论朝鲜问题，也可以讨论其他问题；会议通过的决议需要得到停战双方国家的一致同意才能实行。④

美国对政治会议的立场与此相去甚远。停战协定签署不久，8 月 2 日，美国国务卿杜勒斯访问了汉城，并于 8 月 8 日签订了

---

① *FRUS*, *1952 – 1954*, Vol. 15, Part 2, Washington D. C. : Government Printing Office, 1984, pp. 1468 – 1470.

② 柴成文、赵勇田：《板门店谈判》，第 304 页。

③ 沈志华《朝鲜战争：俄国档案馆的解密文件》下册，第 1323 页。

④ *FRUS*, *1952 – 1954*, Vol. 15, Part 2, p. 1496.

《美韩共同防御条约》。条约肯定了美国在朝鲜南方的驻军权，为政治会议讨论外国军队撤出朝鲜设置了一个障碍。其间，杜勒斯与李承晚还讨论了政治会议召开的时间、地点、议程、参与者和会期等问题，希望在联合国框架内和平解决朝鲜问题。8月13日，杜勒斯致电美国驻联合国代表洛奇（Lodge），强调朝鲜政治会议"应该是朝鲜交战双方之间的双边会议，不是包括中立国家在内的圆桌会议；会议应只讨论朝鲜问题，事先不能认同讨论其他问题的可能性；任何情况下都要保证朝鲜南方参加会议"。①

8月17日，七届联大第三次会议召开。在没有邀请中朝代表参加的情况下，会议决定由联大第一委员会（政治委员会）讨论朝鲜问题。8月18日，第一委员会讨论了关于朝鲜政治会议究竟是双边会议还是圆桌会议的问题。苏联提交的提案代表了中朝双方的要求，主张未来的政治会议应是由中国倡议的11国参加的圆桌会议，而且会议通过的决议需要得到签署停战协定双方国家的一致同意。以美国为首的15个派兵到朝鲜作战的国家提交的提案，主张未来的政治会议应该是朝鲜交战双方之间的双边会议，苏联可以作为交战方派代表参加会议。8月19日，苏联代表维辛斯基在联合国大会上明确反对15国提案，坚持朝鲜政治会议不应该仅是双边会议。8月24日，周恩来发表声明支持苏联的提案，强调"政治会议应采取圆桌会议的形式，即朝鲜停战双方在其他有关国家参加之下共同协商的形式，而不采取朝鲜停战双方单独谈判的形式"，"以便在国际事务中给和平协商解决争端建立典范"。② 英法等国代表虽倾向于采取圆桌会议的立场，支持像类似印度这样的中立国参加政治会议，以保证会议有所成效，但最终未能说服美国改变初衷。经过10天的讨论，8月27日，联合国第一委员会通过决议，决定朝鲜政治会议应该是交战双

---

① *FRUS*, *1952 - 1954*, Vol. 15, Part 2, pp. 1492 - 1493.

② 中央文献研究室编《周恩来年谱 1949 ~ 1976》，上，第 321 页。

方之间的双边会议，邀请苏联作为交战方参加政治会议，由联大向中朝两国告知相关决议内容，会议否决了苏联的提案。8月28日，尽管苏联等国投票反对，联大全体会议还是通过了上述决议。

联大的决议虽然认定朝鲜政治会议是交战方之间的双边会议，但又不反对非交战方的苏联参加会议，充分说明了苏联对政治解决朝鲜问题的重要性。苏联没有公开介入朝鲜战争，也没有正式参加朝鲜停战谈判，因此认为联大的决议"是不正确的，是不能接受的"，[①] 让苏联以交战国身份派代表参加政治会议的立场是"荒谬绝伦"的。[②] 9月1日，苏共中央主席团决定，责成苏联外交部向中国政府通报联合国关于朝鲜政治会议讨论的结果。中国政府认为，联合国作为朝鲜战争的交战方和停战协定的签约方，"已经丧失了解决朝鲜问题上的公正资格"。[③] 尤其是在没有中朝代表参与讨论的情况下，联大决议的合法性应在很大程度上遭到质疑。9月13日，在第八届联大召开前夕，周恩来代表中国政府在致联合国秘书长的电报中指出，"政治会议的成员问题与政治会议任务的能否圆满达成有着重大的关系。它不应该由一方单独做出决定，而只能由联合国和中朝两国政府共同协商，加以解决"。中国政府建议，"一、参加政治会议的成员国，应为在朝鲜交战双方的全体国家，包括朝鲜民主主义人民共和国和南朝鲜在内，以及被邀请的中立国家苏联、印度、印度尼西亚、巴基斯坦、缅甸。二、政治会议应采取圆桌会议形式。但政治会议的任何决议必须得到朝鲜交战双方的一致同意。三、为使政治会议问题得以顺利解决，并为以和平协商方式解决国际争端树立典范，第八届联合国大会讨论扩大政治会议成员问题时，应邀请中华人

---

① 中国外交部档案馆编《中华人民共和国外交档案选编第一集：1954 年日内瓦会议》，世界知识出版社，2006，第 7 页。

② 沈志华总主编《苏联历史档案选编》第 26 卷，第 442 页。

③ 柴成文、赵勇田：《板门店谈判》，第 305 页。

民共和国中央人民政府及朝鲜民主主义人民共和国政府派遣代表出席大会，共同协商。四、在政治会议的成员问题经过协商解决之后，朝鲜交战双方应即对会议的地点和时间进行商洽和安排"。① 9月15日，第八届联大开幕。苏联代表宣布，"除非大会讨论中国和朝鲜的反提案，否则别指望朝鲜会议将会在15国提案规定的期限内召开"。② 尽管如此，大会还是拒绝将中朝的建议列入大会议程，通过联合国讨论召开朝鲜政治会议的途径被阻断。

9月19日到10月14日，根据七届联大的决议，美国通过瑞典大使连续四次向中国政府发出照会，告知政治会议将于10月15日在旧金山、檀香山或日内瓦召开，愿意就会议的时间和地点进行讨论，必要时双方可在开会时商讨会议成员的问题。经过与朝鲜政府协商，中国政府于10月10日和19日对上述照会做出答复，同意由中朝代表和美国代表举行关于召开政治会议的会谈，讨论政治会议的时间和地点，特别是参加政治会议的成员问题。因这次会谈仅限于交战双方，所以会谈地点应在板门店，会谈开始的时间为10月26日，即停战协定限定的最后一天。

"希望停战后迅速公正解决朝鲜问题的人，都认为此次重返板门店的谈判前景暗淡。"③ 10月26日到12月12日，中朝代表与美国代表在板门店的帐篷里进行了51次关于政治会议的会谈，其中协商会谈的议程就用了18天时间，美国代表主张先讨论政治会议的时间、地点，中、朝代表认为应先讨论政治会议的成员问题。在苏联的与会身份问题上，中朝代表坚持苏联应以中立国

---

① 柴成文、赵勇田：《板门店谈判》，第305～306页。

② Yoo Byong - yong, *Korea in International Politics：1945 - 1954, Britain, the Korean War and the Geneva Conference*, Seoul：Jimoondang International, 2003, p. 143.

③ Yoo Byong - yong, *Korea in International Politics：1945 - 1954, Britain, the Korean War and the Geneva Conference*, p. 148.

身份参加会议，美国代表则坚持苏联必须以交战方身份参加会议。由于双方分歧太大，这次会谈最终没有达成任何实质性的协议，双方只是就邀请中立国参加政治会议原则上达成了共识，但在邀请哪些中立国与会、中立国在政治会议上的权限和政治会议的表决程序等问题上分歧依旧。12 月 12 日，美方代表单方面中断了会谈，召开朝鲜政治会议的问题被无限期搁置。

朝鲜停战的实现，并没有消除亚洲冷战的根源，也没有缓解朝鲜南北方之间的对立。停战后不久，美国和中苏两国不仅分别向朝鲜南北方提供经济援助，而且还分别与南北方结成了军事同盟。在两大对立的同盟互不信任和相互敌对的条件下，商讨政治解决朝鲜问题几乎就是一件毫无希望的事情。苏联作为朝鲜战争非公开交战方和幕后支持者，是中美在苏联参加朝鲜政治会议的身份问题上产生分歧的重要原因。中美都认识到，没有苏联的参加，政治解决朝鲜问题就没有希望。但是，如果苏联以交战方身份参加会议，就会违背其一贯坚持的朝鲜战争非交战方的政治立场，在国际舆论方面授人以柄，苏联肯定要避免这样的政治尴尬；如果苏联以中立国身份参加会议，则有悖于美英等西方国家关于苏联是朝鲜战争真正侵略者的政治立场，国际舆论对其也不利，它们也要避免这样的政治窘境。于是，苏联的与会身份就成了召开朝鲜政治会议的一个障碍。斯大林去世以后，苏联新领导人在对外政策方面虽然相对缓和了一些，但苏美关系的本质仍然是冷战对抗，苏联不可能改变这一立场。1954 年初的柏林外长会议期间，1 月 28 日，苏联驻英国使馆的一位领事曾向美国的一位外交官表示，"苏联不可能作为共产党一边的成员参加朝鲜政治会议"。① 朝鲜停战的实现固化了东亚冷战对峙的国际格局，在美苏都无法接受统一的朝鲜加入对方阵营的情况下，苏联不可能轻

---

① *Current Intelligence Bulletin*, 30 Jan, 1954, CIA – RDP79T00975A00140052000
1 – 8, p. 3.

易放弃自己在参加朝鲜政治会议方面的原则立场，这也使通过政治会议解决朝鲜问题的前景从一开始就变得非常渺茫。

二 苏联倡议召开五大国会议和平解决朝鲜问题

在朝鲜交战双方迟迟不能就召开政治会议达成一致的情况下，苏联也在设法为朝鲜政治会议的召开另辟蹊径。1953 年 9 月 2 日，法、英、美三国政府照会苏联，建议召开四国外长会议。9 月 28 日，苏联外交部向三国驻苏使馆发出照会，建议首先召开法、英、美、中、苏五国外长会议，"讨论缓和国际紧张局势的措施"，其次再召开法、英、美、苏四国外长会议，"讨论德国问题"。9 月 29 日，苏联外交部副部长葛罗米柯接见了中国驻苏大使张闻天，向他通报了照会的内容，请他向中国政府通报并告知中国政府的态度。① 10 月 8 日，周恩来代表中国政府发表声明，"对苏联政府的这一建议，表示完全赞同"。声明还指出，"第二次世界大战之后，法、英、美、苏和中华人民共和国五大国，对于解决和平与国际安全的重大问题，负有特别重要的责任。因此，召开这五大国的外长会议来审查缓和国际局势的措施，是符合全世界爱好和平人民的愿望的"。②

1954 年 1 月 1 日，苏联外交部指示驻华大使尤金向中国政府转达了对朝鲜问题的三点意见："支持中国政府近期发表一项声明，要求恢复关于政治会议问题的双方会谈；中朝方面在板门店谈判中的立场是正确的；目前朝鲜局势最值得注意的是美国破坏板门店谈判，阻挠政治会议的召开。"③ 1 月 9 日，周恩来代表中国政府发表了恢复关于朝鲜政治会议问题谈判的声明，谴责了美

---

① 沈志华编《朝鲜战争：俄国档案馆的解密文件》下册，第 1336 页。

② 中国外交部档案馆《中华人民共和国外交档案选编第一集：1954 年日内瓦会议》，第 3 ~ 4 页。

③ 中央文献研究室编《周恩来年谱：1949 ~ 1976》上，第 343 页。

国破坏和阻挠召开政治会议的意图，主张"立即恢复关于朝鲜政治会议的双方会谈，以迅速安排朝鲜政治会议的召开"；"如果联合国决定讨论朝鲜问题的话，则中华人民共和国中央人民政府和朝鲜民主主义人民共和国政府有权利派遣自己的代表参加这一讨论"；"由即将在柏林召开的四国外长会议，导向有中华人民共和国参加的五大国会议，来促进迫切的国际问题的解决，将会有利于缓和国际紧张局势及保障国际的和平与安全"。①

1 月 17 日，苏联驻联合国代表维辛斯基呼吁联大应最迟在 2 月 9 日以前复会，重新讨论朝鲜问题。美国中央情报局认为，"苏联是利用西方国家在 8 月召开联大时对苏联和中立国家参加朝鲜政治会议的分歧，有可能把联大复会看作是激发这种分歧的机会"。② 1 月 19 日，《真理报》发表文章，强调召开五大国会议缓和国际紧张局势的必要性，特别指出了中国在解决诸如朝鲜和印度支那等国际问题方面的重要性。1 月 23 日，在法、英、美、苏四国外长会议召开前夕，苏联驻华大使向中国政府转交了苏联关于四国外长会议的材料，告知中方"苏联代表团受命争取在即将举行的柏林四国外长会议上将采取措施缓和目前紧张局势的问题和召开法国、英国、美国、苏联和中华人民共和国五国外长会议的问题列入会议议程"，"争取使这一问题受到极大注意，并使这一问题得以被列为柏林会议议程的第一项"。③

1 月 25 日，四国外长会议在柏林举行。在第一天的会议上，苏联外长莫洛托夫就提议，"在柏林会议过一些时候召开五大国会议"，认为在联合国拒绝恢复新中国合法席位的情况下，"召开这样一个会议，能在很大程度上有助于缓和国际紧

---

①　中国外交部档案馆编《中华人民共和国外交档案选编第一集：1954 年日内瓦会议》，第 5 页。

②　*Current Intelligence Bulletin*，17 Jan，1954，CIA – RDP79 T00975A001400260001 – 7，p. 3.

③　中国外交部解密档案，档号：109 – 00396 – 01，第 1 页。

张局势，也有助于巩固世界和平"。他还特别强调，"朝鲜政治会议的召开遭到了重重的巨大困难……连会议成员问题都未能达成协议。双方之间还存在着另外一些尖锐的矛盾。毋庸置疑，召开五大国会议将有助于消除目前存在于朝鲜问题上以及解决其他一些迫切的国际问题上的一些障碍"。① 次日，莫洛托夫就会议的第一项议程提出如下建议：鉴于必须巩固普遍和平和各国安全并避免新战争的威胁，并鉴于必须为发展各国之间的政治关系和经济关系创造更有利的条件（这是符合《联合国宪章》的原则的），在 1954 年 5、6 月间召开法国、英国、美国、苏联、中华人民共和国外长会议来讨论缓和国际紧张局势的迫切的措施，是适宜的。② 美国国务卿杜勒斯起初反对召开五大国会议，但英、法外长倾向于召开五大国会议。1 月 28 日，英国外交大臣艾登成功劝说杜勒斯宣布，美国不反对召开有中国参加的诸如与朝鲜问题有关的会议。会议同意把召开五大国会议的问题作为会议的第一项议程，德国与欧洲安全问题、奥地利问题分别列为会议的第二项和第三项议程。③

2 月 11 日，四国外长会议讨论关于缓和国际紧张局势的措施和召开五大国会议的问题时，杜勒斯表示，召开五大国会议就意味着对中国大国地位的承认，"这方面的任何建议美国都不会接受"。④ 杜勒斯提出的决议草案认为，应按照《朝鲜停战协定》第 60 款规定及 1953 年 8 月 28 日的联大决议，来解决召开朝鲜政治会议所遭遇的困难；美国同意邀请朝鲜南方的代表、参加"联

---

① 中国外交部档案馆编《中华人民共和国外交档案选编第一集：1954 年日内瓦会议》，第 21～23 页。FRUS，1952–1954，Vol. 7，Washington D. C. ：Government Printing Office，1986，p. 826。

② 中国外交部档案馆编《中华人民共和国外交档案选编第一集：1954 年日内瓦会议》，第 24 页。

③ FRUS，1952–1954，Vol. 7，p. 834.

④ 中国外交部档案馆编《中华人民共和国外交档案选编第一集：1954 年日内瓦会议》，第 6 页。

合国军"在朝鲜作战并将希望参加政治会议的国家的代表、中华
人民共和国及朝鲜北方的代表与上述四国的代表，于某日在某地
举行政治会议以解决朝鲜问题；一旦中国能证明在朝鲜政治会议
和东南亚行动的和平愿望时，四国代表即以协商确定召开以恢复
印度支那和平为目的的另一会议的条件。决议草案特别声明，
"无论邀请参加上述政治会议，或会议之进行均不应被视为尚不
存在的外交承认"。法国外长皮杜尔借口中国援越抗法反对召开
五大国会议，英国外交大臣艾登则赞成召开有更多有关国家参加
的会议，来讨论"特定的问题"。①

　　莫洛托夫驳斥了美国对中华人民共和国的指控，认为杜勒斯
的决议草案无异于是联大决议的重复，苏联曾明确表示这个决议
是不正确的且不能接受的，该决议也遭到了中国政府的拒绝，所
谓以证明中国在朝鲜政治会议和东南亚行动的和平愿望作为召开
恢复印度支那和平会议的条件的主张，"是美国政府推行'实力
政策'的一个表现"。② 苏联代表团在否决了杜勒斯的提案之后，
以同意有中国参加的五大国会议可以在建立印度支那和平方面承
担某些调解职责为条件，提出了苏联的决议草案修正案，即法、
英、苏、美四国外长"鉴于根据建立统一、独立和民主的朝鲜的
原则以最后解决朝鲜问题的必要，这是缓和国际紧张局势的一个
重要步骤，并鉴于讨论其他迫切问题，特别是讨论关于恢复亚洲
地区和平的迫切问题的必要，并就此指出在采取必要措施以召开
根据朝鲜停战协定第六十款所规定的朝鲜政治会议所遭遇到的困
难，兹同意在……召开美法英苏和中华人民共和国五国外长会
议；并同意在上述会议上讨论某些问题时，应邀请其他有关国家
参加会议；其次同意会议上应讨论下列问题：甲、上述国家代表

---

① 中国外交部档案馆编《中华人民共和国外交档案选编第一集：1954 年日内瓦
　　会议》，第 6~7 页。

② 沈志华总主编《苏联历史档案选编》第 26 卷，第 440 页。

团对于上面涉及的其他问题提出声明并对这些声明交换意见；乙、关于朝鲜政治会议"。①

由于苏联决议草案的核心仍然是要召开五大国会议，所以再次遭到英、法、美三国代表的反对。法国外长皮杜尔抱怨草案没有直接提出印度支那问题，随后提出了一个重复美国建议的决议草案，唯一不同就是明确提出了召开朝鲜政治会议的时间和地点是 4 月 15 日和在瑞士的日内瓦。皮杜尔再次强调，关于亚洲其他问题（暗指印度支那问题）的会议能否举行，有待于苏联特别是中国能否帮助"东南亚的情况"有所改变。莫洛托夫坚决反对法国把印度支那问题的责任嫁祸于中国的说法，鉴于法国外长抱怨苏联决议草案中没有直接提出印度支那问题，2 月 15 日，苏联代表团对自己的决议草案再次进行了修改，同意在草案中写明五大国会议"在研究朝鲜问题时应邀请大韩民国、朝鲜民主主义人民共和国及其他对此问题直接相关的国家参加会议"，"在研究关于恢复亚洲其他地区（印度支那）和平问题时，应邀请亚洲有关地区的代表参加"。②

苏联在恢复印支和平问题上的明确态度，迎合了法国急于摆脱印度支那战争的心理。2 月 18 日，四国外长会议发表联合公报声明："鉴于用和平方法建立一个统一与独立的朝鲜将是缓和国际紧张局势和恢复亚洲其他地区和平的重要因素，建议由苏维埃社会主义共和国联盟、美国、法国、联合王国、中华人民共和国、大韩民国、朝鲜民主主义人民共和国及其他有武装部队参加朝鲜战争并愿意参加会议的国家的代表于一九五四年四月二十六日在日内瓦举行会议，以期对朝鲜问题取得和平解决；同意在那个会议上还要讨论恢复印度支那和平的问题，届时将邀请苏维埃

---

① 中国外交部档案馆编《中华人民共和国外交档案选编第一集：1954 年日内瓦会议》，第 7 页；*FRUS, 1952 - 1954*, Vol. 7, pp. 1192 - 1193。

② 中国外交部档案馆编《中华人民共和国外交档案选编第一集：1954 年日内瓦会议》，第 8~9 页；*FRUS, 1952 - 1954*, Vol. 7, p. 1203。

社会主义共和国联盟、美国、法国、联合王国、中华人民共和国及其他有关国家的代表参加；经取得谅解，无论是邀请参加上述政治会议或举行上述会议，都不得被认为含有在任何未予以外交承认之情况下予以外交承认之意。"① 公报虽然没有使用苏联拟议的"五大国会议"的说法，并且表明举行这样的会议并不意味着对中国的外交承认，但举行这样的会议就意味着是对中国大国地位的一种承认。由于法英美三国当时都没有与中华人民共和国和朝鲜民主主义人民共和国建立外交关系，四国外长会议同意由苏联向中国和朝鲜发出参加日内瓦会议的邀请。

事实上，法英美三国建议召开四国外长会议，最初的目的是要讨论德国问题、欧洲安全问题和对奥和约的问题。四国外长会议确实也讨论了这些问题，但由于这些问题涉及四大国的核心利益，尽管多次交换意见，终未能达成任何协议。苏联在这次四国外长会议上，力主通过召开五大国会议为和平解决朝鲜问题另辟蹊径，取得了明显的进展。四国外长会议公报中"对中华人民共和国参加日内瓦会议未提任何先决条件"，并且在"实际上把中华人民共和国摆在了日内瓦"。② 这对中国来说确实是一个机会，法英美不得不承认中国在亚洲重大安全事务上的发言权，中国作为一个地区大国的崛起已是不争的事实。周恩来在随后起草的《关于日内瓦会议的估计及其准备工作的初步意见》中指出，"关于召开日内瓦会议协议的达成，是苏联代表团在柏林四外长会议上一项重大的成就。单就有中华人民共和国参加的日内瓦会议一事看来，它已使缓和国际紧张局势的工作前进了一步，因而得到了全世界爱好和平的人民和国家的广泛支持"。③ 虽然参加日内

---

① 中国外交部档案馆编《中华人民共和国外交档案选编第一集：1954 年日内瓦会议》，第 24~25 页。*FRUS, 1952 - 1954*, Vol. 7, p. 1205。

② 沈志华总主编《苏联历史档案选编》第 26 卷，第 440 页。

③ 金冲及主编《周恩来传 1949~1976》上，中央文献出版社，1998，第 154 页。

瓦会议讨论朝鲜问题的国家除了苏联之外都是朝鲜战争的交战方，没有包括之前中国所主张的其他中立国家，但这次会议也不是美国所坚持的朝鲜战争交战方之间的双边会议，苏联也不是作为交战方的一方参加会议，因此柏林四国外长会议公报的发表，就意味着把以美国提案为蓝本、联大 1953 年 8 月 28 日通过的关于召开朝鲜政治会议的决议扔进了废纸篓。未来朝鲜政治会议的形式既不是交战方之间的双边会议，当然也不是中国最初主张的有中立国参加的圆桌会议，苏联成功避免了以交战方身份参加朝鲜政治会议的尴尬，应该说是苏联外交的一次成功范例。

三 日内瓦会议召开前苏联与中朝两国的磋商

柏林四国外长会议结束以后，苏联政府并没有以照会的形式向中朝两国政府正式发出参加日内瓦会议的邀请，而是采取向中朝两国政府转交柏林四国外长会议公报的方式，作为对两国参加日内瓦会议的邀请，并希望中朝两国能尽快发布收到邀请并同意接受邀请的答复。3 月 3 日，中国政府复电苏联政府，表示接受苏联根据柏林会议协议发来的邀请，"同意派出全权代表参加日内瓦会议"。① 次日，根据苏联的建议，《人民日报》发表了中国政府同意派全权代表出席日内瓦会议的新闻稿，公布了苏联已向中朝两国政府发出与会邀请且两国政府已收到与会邀请并同意派全权代表如期出席日内瓦会议的消息。② 苏联对此立即进行回应，莫斯科各大报纸发表了关于中朝两国政府接受苏联邀请并同意参加日内瓦会议的消息。3 月 6 日，中国驻苏大使张闻天拜见了苏

---

① 中央文献研究室编《周恩来年谱 1949～1976》上，第 357 页。
② 《人民日报》1954 年 3 月 4 日。中华人民共和国外交部档案馆编《中华人民共和国外交档案选编第一集：1954 年日内瓦会议》，第 11 页。

联外长莫洛托夫，向他转告了中方对日内瓦会议的初步意见及准备工作，莫洛托夫肯定了中方的准备工作，对中朝越三国代表团于 4 月中旬访问莫斯科表示欢迎，并对准备工作提出一些看法，如应考虑提出日内瓦会议讨论朝鲜及越南问题之外的其他有关缓和亚洲紧张局势的问题，慎重考虑是否一定要强调朝鲜南北方"在平等权利的基础上"组织全朝鲜临时政府等。①

日内瓦会议作为停战后政治解决朝鲜问题的第一次国际会议，对于朝鲜半岛的未来影响深远。对于苏联通过柏林外长会议搭建的这个外交平台，中朝两国都给予了高度的重视。3 月 2 日，周恩来致电金日成，告知他仍在开城谈判的乔冠华和黄华将于 3 月 3 日动身赴平壤向其汇报工作，然后回国参加日内瓦会议的准备工作，并建议金日成派朝鲜外务相南日与他们同来北京，共同商讨日内瓦会议的准备问题。②

金日成接受了周恩来的建议，朝鲜外务相南日与乔冠华、黄华一起抵达北京，与周恩来等共同商讨了中朝双方出席日内瓦会议讨论朝鲜问题的准备工作事宜。周恩来在起草的《关于日内瓦会议的估计及其准备工作的初步意见》中谈到朝鲜问题时指出，"应紧紧掌握和平统一、民族独立和自由选举的口号"，坚决支持朝鲜民主主义人民共和国将在会上提出的和平解决朝鲜问题的全面建议，与此同时也要清醒地认识到，这些建议"显然都不可能为对方接受，争取到最后，我们应在承认维持南北朝鲜现状、分期撤退外国军队和恢复南北朝鲜交通贸易等问题上谋求解决办法，以建立初步的和平局面"。③ 从这个初步意见的内容来看，中国政府对于日内瓦会议讨论朝鲜问题的态度是积极的，对其前景的判断是现实的。3 月 31 日，中共中央政

---

①　中国外交部档案馆编《中华人民共和国外交档案选编第一集：1954 年日内瓦会议》，第 12 页。
②　中央文献研究室编《周恩来年谱 1949～1976》上，第 356 页。
③　转引自金冲及主编《周恩来传 1949～1976》上，第 155 页。

治局扩大会议批准了周恩来关于日内瓦会议的估计及准备工作情况的报告，决定委托周恩来率团赴莫斯科与苏共中央商谈出席日内瓦会议的相关事宜。

4月1日至11日，苏、中、朝、越四国领导人齐聚莫斯科，举行了日内瓦会议的预备会议。会谈中，各方通报了各自对日内瓦会议的打算和设想，经过充分的讨论和酝酿，四国领导人就参加日内瓦会议的方针、政策和谈判方案等问题进行了仔细的磋商，表示一定要努力争取会议有所成就。周恩来首先介绍了中国对这次会议的准备情况，表示"中国、朝鲜、越南能够一道出席这次国际会议，这就是一件不同寻常的事，是我们的一个胜利。假如我们能够很好地利用参加这次会议的机会，阐明对各项问题所持的原则立场，和对若干有关问题作出解释和澄清，或能解决某些问题，就会有更大的收效"。"中国参加这样的会议尚属第一次，缺乏国际斗争的知识和经验，中苏之间必须保持密切联系，交换意见，互通情报，校正口径，协同动作。"中国"对苏联同西方国家关于这次会议磋商的整个经过不太了解，希望苏联外交部作个介绍，并确定协作原则"。赫鲁晓夫表示，日内瓦会议"虽是一次带有政治意义的国际会议，但对它不必抱有过大的希望，也不要期望它能解决多少问题，它可能根本解决不了什么问题，结局是难以预料的……对会议不可有过高的奢望，但也要力争取得某种结果"。①

莫洛托夫介绍了苏联参加日内瓦会议的准备情况，表示同意赫鲁晓夫的看法，并强调"在国际斗争中和外交场合中，很难预料会出现什么问题，尤其不可设想一切都会按照我们预定方针或计划进行。因此，任何一个问题、一件事，都不要认为它会依照我们的想法和愿望去发展，尽管我们对一些问题事先有自己的看

---

① 李连庆：《冷暖岁月：一波三折的中苏关系》，世界知识出版社，1999，第177～178页。

法、设想、要求、愿望。因此，我们事先只应有一个大致的设想或意欲达到的目的。自然我们也应有自己的、毫不含糊的明确立场、态度和原则，但同时必须要有极大的灵活性、预见性和机动性。这样我们才能做到恰到好处，达到预期的目的。总之，需要边走边看，随机应变，找到对策，灵活运用"。①

周恩来进一步表示，"中国参加日内瓦会议关系微妙，因为会议要讨论和解决的朝鲜问题和印度支那和平问题与中国有切身关系，但又不是直接属于中国的事情。因此，要特别小心谨慎，认真对待。希望苏联和中国先磋商一下协同行动的原则"。苏联领导人当即给予肯定的答复，双方商定由苏联方面拟订具体方案，周恩来表示满意。② 考虑到日内瓦会议讨论和平解决朝鲜问题可能存在较大分歧，这次会谈明确了要尽可能争取在印度支那实现停战的最低目标。另外还约定，中国出席日内瓦会议的代表团提前两三天到达莫斯科，听取苏联领导人介绍国际会议的斗争经验以及参加日内瓦会议必须注意的各项事宜，然后从莫斯科飞赴日内瓦。

4月17日，南日率领参加日内瓦会议的朝鲜代表团飞抵北京，中朝两国领导人再次就参加日内瓦会议的斗争策略、方针政策以及如何相互配合、如何与苏联代表团合作等问题交换了意见。4月20日，中国代表团离开北京前夕，周恩来在代表团全体会议上强调，日内瓦会议是中国参加的第一次大国会议，"有几个兄弟国家参加，要配合，要有板有眼，都要合拍"。③ 4月21日，按照事先的约定，中国代表团在日内瓦会议召开前几天飞抵莫斯科。短暂停留期间，苏联外长莫洛托夫等人向中国代表团介绍了外交工作的经验，就朝鲜问题和印支问题进一步交换了意见。

---

① 李连庆：《冷暖岁月：一波三折的中苏关系》，第 178 页。
② 杨明伟、陈扬勇：《周恩来外交风云》，解放军文艺出版社，2009，第 22 页。
③ 中央文献研究室编《周恩来年谱 1949～1976》上，第 361 页。

　　根据朝鲜代表的提议，经过充分的讨论与协商，苏、中、朝三国关于朝鲜国家重新统一的纲领达成了共识。主要内容包括三点。第一，要求在全朝鲜居民意志自由表达的情况下进行全朝鲜选举。同时规定，这个问题应该通过北南朝鲜协商由朝鲜人自己解决。为此应该成立相应由北南朝鲜两部分代表组成的全朝鲜选举委员会。此外，考虑到朝鲜三年战争以及由此造成的朝鲜两部分之间关系紧张的事实，必须承认，全朝鲜的选举应该在以中立国组成的相应委员会为代表的国际监督下进行，是适宜的。第二，一切外国军队在 6 个月内撤出朝鲜。外国军队要在全朝鲜选举之前撤出，这是保证选举真正自由的一个重要条件。第三，凡是特别关注确保远东和平的国家，都负有保证朝鲜今后和平发展的义务。国家间的这种协议应该警告一切破坏和平和发动新的朝鲜战争的企图。苏联认为，这个纲领符合朝鲜人民的利益，同时也符合巩固远东和平的需要。①

　　4 月 24 日，中国代表团抵达日内瓦。为了向外界展示中苏团结的力量，周恩来稍事休息之后，立即前往机场迎接同日抵达日内瓦的苏联代表团。莫洛托夫在机场发表的讲话中，突出强调了日内瓦会议是包括中华人民共和国在内的五大国参加的重要的国际会议，意在抨击西方国家不承认新中国的外交政策。在走向候机厅休息室的过程中，为了让各国记者捕捉到珍贵的历史瞬间，莫洛托夫示意周恩来缓步前行。周恩来心领神会，两人边走边谈，不时驻足交流，举手投足之间把中苏两国团结的友谊展现得淋漓尽致，令各国记者惊诧不已。鉴于日内瓦会议的第一个议程是关于政治解决朝鲜问题的讨论，4 月 25 日和 26 日，抵达日内瓦的苏、中、朝三国代表再次就参加会议讨论的策略进行了磋商，决定先由朝鲜外务相南日第一个发言，提出关于和平统一朝鲜、撤退一切外国军队、由主要国家共同保证促成朝鲜和平统一

----

　　①　沈志华总主编《苏联历史档案选编》第 26 卷，第 442～443 页。

的方案。朝鲜代表发言后，次日由中苏代表依次发言，支持朝鲜代表提出的统一纲领。根据苏联的建议，周恩来对已经准备好的发言稿进行了修改，决定在第一次发言中暂不强调恢复印度支那和平的问题，以免给对方造成急于谈判印度支那问题的印象。①

　　尽管日内瓦会议的与会各方对于政治解决朝鲜问题都没有抱太大希望，但相关各方能够坐在一起讨论这个问题，就有利于缓和这一地区的紧张形势。与美英法在召开朝鲜政治会议的问题上存在的分歧相比，苏中朝之间的协调要容易得多，"三国在表明他们的团结方面没有浪费任何时间，苏中两国协调行动，共同支持朝鲜的统一政策"。② 三国协商制定的关于和平统一朝鲜的纲领，既代表了朝鲜完成国家统一的政治愿望，也体现了苏中两国在这一地区的利益诉求。然而，在当时两大阵营严重对立的国际背景下，苏中朝商定的统一纲领明显缺乏必要的弹性，在弥合东西方国家在朝鲜问题上的分歧方面没有太大的回旋余地，这也注定了日内瓦会议政治解决朝鲜问题的悲观前景。

四　苏联与日内瓦会议关于朝鲜问题的讨论

　　4 月 26 日下午，日内瓦会议在国联大厦隆重开幕，泰国代表团团长蓬巴攀（Prince Wan，泰国外长）亲王作为临时主席主持了简短的开幕式。经美国国务卿杜勒斯提议和大会表决，由泰国、苏联和英国代表团团长每天轮流担任会议主席。蓬巴攀亲王致了简短的开幕词，宣读了瑞士联邦政府主席的贺电，宣布了举行会议的具体时间、工作语言、发言者顺序以及新闻发布等有关注意事项。日内瓦会议的第一个议程是朝鲜问题，

---

① 参见中国外交部档案馆编《中华人民共和国外交档案选编第一集：1954 年日内瓦会议》，第 32 页。

② Yoo Byong-yong, *Korea in International Politics：1945–1954，Britain，the Korean War and the Geneva Conference*，p. 177.

全体会议都安排在下午 3 时以后举行。

"尽管总体上形成了朝鲜应该统一的共识，但以美国为首的 16 国代表为一方和苏中朝三国为另一方之间从一开始就在如何实现朝鲜统一的问题上产生了重大分歧。"① 4 月 27 日，第二次全体会议召开，正式进入关于朝鲜问题的讨论。苏联外长莫洛托夫主持会议，他选择苏联副外长葛罗米柯和中国代表团政治顾问（实际上是俄文翻译）师哲作为副手坐在主席台上，显然是"有意抬高中国的身价"，② 这让美国国务卿杜勒斯感到非常吃惊。首先发言的是朝鲜南方代表团首席代表卞荣泰（Pyun），他援引联合国的相关决议和行动回顾了 1945 年以来朝鲜问题的发展，声称朝鲜南方的政权是朝鲜唯一合法政府，并且诬蔑中国侵略了朝鲜，要求中国首先从朝鲜撤出自己的军队，主张根据联合国决议在朝鲜北方举行联合国监督下的选举，是和平解决朝鲜问题的唯一途径，并且表示，虽然"朝鲜南方正在经历着共产党侵略所造成的痛苦，但绝不可能以自由为代价乞求和平"。③ 接下来发言的是朝鲜代表团首席代表南日，他首先强调，"和平统一朝鲜的事业必须交由朝鲜人民自己处理，不得有任何外国的干涉"。为了恢复朝鲜的国家统一，建立一个独立和民主的朝鲜，朝鲜代表团建议：第一，在全朝鲜居民表示自由意志的基础上，举行朝鲜国民议会的全朝鲜选举，以组成朝鲜统一政府。为此，宜组建南北代表共同参加的全朝鲜委员会，筹备和举行自由选举，草拟全朝鲜选举法草案，采取措施建立和发展南北方之间是经济文化联系等。第二，有必要使一切外国武装力量，在 6 个月内撤出朝鲜。第三，有必要创造条件以促使尽速完成以和平方式把朝鲜成为一

---

① Yoo Byong – yong, *Korea in International Politics*：1945 – 1954，Britain，*the Korean War and the Geneva Conference*，pp. 185 – 186.

② 李连庆：《冷暖岁月：一波三折的中苏关系》，第 183 页。

③ *FRUS*，1952 – 1954，Vol. 16，Washington D. C.：the Government Printing Office，1981，p. 149.

个统一、独立和民主的国家的任务。① 最后发言的是哥伦比亚代表，他反对联合国是交战方的前提条件，强调朝鲜问题的解决要保证建立一个民主的、按照一定比例代表朝鲜政治团体的政权，不能对联合国决议形成任何破坏并且要在联合国监督下进行，发言没有谈及外国军队从朝鲜撤退的问题。② 关于朝鲜问题的第一次讨论"进行得很平静"，③ 莫洛托夫作为会议主席没有做任何评论，与会的各国代表之间也没有进行争论。本来还安排了美国国务卿杜勒斯的发言，最后根据他个人的请求，推迟到下一次会议。这样的平静不是讨论朝鲜问题应该有的氛围，应该说是与会各方的策略之举，一方面为避免会议一开始就陷入激烈的争论，另一方面也不急于亮出自己的底牌。

在 4 月 28 日的第三次全体会议上，杜勒斯第一个发言。他强调联合国在促进朝鲜统一方面的权威和责任，声明"统一朝鲜的办法就写在 1950 年 10 月 7 日联合国大会的决议中。根据决议，应在朝鲜没有举行自由选举的地区——朝鲜北方，举行联合国监督下的选举"。④ 他指责朝鲜的建议闭口不提联合国的相关决议，"目的在于摧毁现政权的权威，而以一个共产党的傀儡政权代替之"，宣称"美国必须拒绝这种建议，因为它并未满足为建立一个自由、统一和独立的朝鲜而必要的条件"。⑤ 莫洛托夫认为，美国同意召开日内瓦会议讨论朝鲜问题，"并不表示美国及其随从国方面有调解朝鲜问题的意向"。⑥ 接下来发言的是中国代表团团长周恩来。他在发言中批评了美国在亚洲的侵略政策和违反朝鲜

---

① 南日发言全文请参见中华人民共和国外交部档案馆编《中华人民共和国外交档案选编第一集：1954 年日内瓦会议》，第 92~93 页。
② *FRUS, 1952–1954*, Vol. 16, p. 150.
③ *FRUS, 1952–1954*, Vol. 16, p. 151.
④ *FRUS, 1952–1954*, Vol. 16, p. 153.
⑤ 李连庆：《冷暖岁月：一波三折的中苏关系》，第 184 页。
⑥ 沈志华总主编《苏联历史档案选编》第 26 卷，第 442 页。

停战协定的行为，宣布中国代表团完全支持朝鲜代表提出的关于恢复朝鲜国家统一和举行全朝鲜自由选举的三项建议；朝鲜战争已经结束，外国军队撤出朝鲜符合朝鲜人民的利益，朝鲜的选举不应受任何外来干涉，联合国作为朝鲜战争的交战方，没有资格监督朝鲜的选举，可以考虑成立中立国监督委员会，对朝鲜选举进行监督。① 杜勒斯认为，"周恩来的发言涵盖了亚洲和世界的所有问题，并试图制造一种印象，即五大国正与相关国家一起解决亚洲和世界的问题"，"中国的立场没有任何灵活性"。② 显而易见，日内瓦会议对朝鲜问题的讨论一开始就面临巨大的分歧。4 月 28 日，周恩来在给中共中央的电报中指出，"根据三天会场情况看来，朝鲜问题的讨论形成敷衍局面，因美国不打算解决问题，法国对朝鲜问题又不便发言，英国也表示不想发言"。③

4 月 29 日的第四次全体会议上，首先发言的澳大利亚代表声明，朝鲜问题必须通过和平方式加以解决，全朝鲜的自由选举应该在联合国的监督下进行，没有国际监督的选举在当时的朝鲜是不现实的。④ 随后发言的苏联外长莫洛托夫特别强调，中国作为亚洲大国参加解决亚洲问题的日内瓦会议是非常有益的，朝鲜问题的解决是朝鲜人民自己的事情，其他国家的意志不能强加给朝鲜人民，这也不利于朝鲜问题的长久解决。"苏联代表团完全支持周恩来关于亚洲国家共同努力保障亚洲和平的观点，认为朝鲜的建议可以作为解决朝鲜问题进一步决策的基本前提"，⑤ 它"符合朝鲜人民的利益，同时也符合巩固远东和平的需要"。⑥ 至此，

---

① 周恩来发言全文请参见中华人民共和国外交部档案馆编《中华人民共和国外交档案选编第一集：1954 年日内瓦会议》，第 33 ~ 38 页。
② *FRUS*，*1952 – 1954*，Vol. 16，p. 155.
③ 金冲及主编《周恩来传 1949 ~ 1976》上，第 160 页。
④ *FRUS*，*1952 – 1954*，Vol. 16，pp. 157 – 158.
⑤ *FRUS*，*1952 – 1954*，Vol. 16，pp. 159 – 161.
⑥ 沈志华总主编《苏联历史档案选编》第 26 卷，第 443 页。

朝、中、苏三方对朝鲜问题的立场全部亮出，显然三方结成了强有力的统一战线。

在苏中朝三国与 16 国关于统一朝鲜的方案大相径庭的情况下，为了避免会议陷入久拖不决的争吵，英国外交大臣艾登（Robert Anthony Eden）建议召开只有五大国和朝鲜南北方代表参加的限制性会议，苏联外长莫洛托夫支持艾登的建议，中朝代表也给予积极的响应。5 月 1 日，五大国和朝鲜南北方代表举行了朝鲜问题的限制性会议。杜勒斯首先发言，提出了建立统一和独立的朝鲜应解决的几个原则问题：（1）联合国监督下的选举；（2）选举的范围和性质；（3）外国军队在朝鲜的部署；（4）保障朝鲜独立的措施，包括边界地区的非军事化。杜勒斯坚持认为联合国监督下的选举应只在朝鲜北方举行。莫洛托夫立即表示，听取朝鲜南北方代表的意见是有益的，他继续支持朝鲜代表提出的和平解决朝鲜问题的建议，特别支持全朝鲜的自由选举和外国军队在 6 个月内撤出朝鲜，朝鲜问题应该由朝鲜人民自己解决。周恩来也表示，中国支持朝鲜的建议，"这些建议应该成为讨论和达成协定的基础"。[①]

随后，法国外长皮杜尔（Georges Bidault）向周恩来提了一个挑衅性的问题："志愿军本身并不存在派兵的问题，何以谈撤军呢？"周恩来立即回应说，"如果停战协定还有效的话，难道您忘记了朝鲜停战协定是由联合国军一方与朝鲜人民军和中国人民志愿军一方签订的吗？为什么关于撤军的协定会无效呢？"莫洛托夫又补充说，由于联合国是朝鲜战争的交战方，因此苏联反对联合国监督朝鲜的选举。杜勒斯立即反驳说，联合国在 1950 年 10 月 2 日通过相关决议的时候，那时苏联并没有在联合国有军队在朝鲜与联合国监督朝鲜选举的问题上势不两立。

正当苏美外长的发言使会议陷入尴尬的时候，英国外交大臣

---

① *FRUS*，*1952 – 1954*，Vol. 16，pp. 175 – 176.

艾登发言说，"联合国作为朝鲜冲突方是逃不掉的事实，但我们必须承认朝鲜的选举应该在联合国的监督下进行"。周恩来重申了联合国的交战方地位，并强调"朝鲜和中国与联合国没有任何关系"，"这次会议与联合国没有任何关系"。莫洛托夫反驳说，"联合国 10 月 2 日的决议使联合国军不可避免地越过了三八线，眼下讨论的是全朝鲜委员会的问题"。杜勒斯回应说，"这个问题可能是该讨论，但中国已经被宣布为侵略者，所以没有资格参加"。莫洛托夫说，"联合国的决议是无耻的和不公正的，是在没有中国参加的情况下通过的，联合国没有资格参与朝鲜的选举"。周恩来声明，"联合国通过的决议已经使联合国丧失了道德力量"。艾登则声援美国的观点。朝鲜南方的代表再次声明，"北方代表主张的全朝鲜委员会应按照南北方的人口比例来组成，北方代表则坚持南北方在委员会的代表相等"。会议没有达成任何共识，杜勒斯认为，"牢固的共产党阵营中看上去没有任何分歧，也没有一点愿意软化立场的迹象。莫洛托夫显然是坐在背后让周恩来和南日打头"。[1] 从这次会议的结果看，无论是朝鲜南北方之间，还是美国与中苏之间，在和平解决朝鲜的问题上，不仅有严重分歧，而且充满了敌意。5 月 3 日，对讨论朝鲜问题缺乏诚意的杜勒斯，离开日内瓦启程回国，解决朝鲜问题的希望变得更加渺茫。

从 5 月 3 日到 5 月 13 日举行了五次全体会议，关于朝鲜问题的讨论陷入了僵局。朝、中、苏代表在这几次全体会议上各有一次发言。中苏两国代表继续支持朝鲜代表南日提出的和平统一朝鲜的三项建议，美英等国继续支持朝鲜南方的代表提出的在联合国监督下进行自由选举的主张。各方的发言主要是重申己方原有的主张，没有形成协商解决问题的氛围。在会议明显无法取得进展的情况下，从 5 月 8 日开始，日内瓦会议也开始了对印度支那

---

① *FRUS*, *1952 – 1954*, Vol. 16, pp. 176 – 177.

和平问题的讨论。

5 月 22 日到 6 月 5 日，日内瓦会议举行了关于朝鲜问题的五次全体会议。为了避免对朝鲜问题的讨论无果而终，苏、中、朝经过协商，决定首先在国际监督问题上做出一些调整。5 月 22 日，周恩来在第 11 次全体会议上建议，"为了协助全朝鲜委员会根据全朝鲜选举法在排斥外国干涉的自由条件下举行全朝鲜选举，成立中立国监察委员会，对全朝鲜选举进行监察"。① 这个建议得到了朝鲜代表的支持，法国代表也认为该建议使 "谈判前进了一步"，"令人感到兴趣"，② 却遭到朝鲜南方代表的强烈反对。卞荣泰甚至在发言中指责 "中国是苏联的傀儡"，并提出一个 14 点建议。该建议旧调重弹，强调举行联合国监督下的自由选举，朝鲜南方政权制定的宪法在全朝鲜立法机构建立以前继续有效，朝鲜统一后的独立与完整应由联合国予以保证等。③ 会议再次陷入了严重的对立，结束时甚至没有明确下次开会的具体日期。当天晚上，莫洛托夫在他的住处与美国代表史密斯（Walter Bedell Smith）进行了一次私人会谈。其间，史密斯谈到，"今天的讨论再次反映了朝鲜南北之间对立和仇恨的情绪"。莫洛托夫表示，"朝鲜问题不是很快可以解决的，政治解决朝鲜问题可能是我们多年打交道的结果"。史密斯认为，莫洛托夫 "对这次会议明显没有任何期待"。④

5 月 28 日的第 12 次全体会议，苏、中、朝三国代表都没有正式发言。发言的代表清一色地强调联合国决议的有效性，

---

① 中华人民共和国外交部档案馆编《中华人民共和国外交档案选编第一集：1954 年日内瓦会议》，第 51 页。
② 法新社、路透社日内瓦会议电讯，1954 年 5 月 22 日。转引自宋成有《中韩关系史：现代卷》，第 72 页。
③ *FRUS*, *1952 – 1954*, Vol. 16, pp. 278 – 279.
④ *FRUS*, *1952 – 1954*, Vol. 16, pp. 315 – 316.

强调联合国对解决朝鲜问题的权威性，没有显示出任何的灵活性。史密斯认为，"今天代表的发言，进一步证明了非共产党代表团在反对共产党统一朝鲜计划和支持联合国对朝鲜问题的权威的力量"。① 5 月 31 日，史密斯向美国国务院建议，在接下来的 10 天内结束朝鲜问题的讨论。副国务卿墨菲（Robert D. Murphy）指示，"结束讨论应该是联合国的责任"，杜勒斯也从纽约指示说"他同意墨菲的看法，通过联合国来结束谈判应该是美国最后的立场"。② 6 月 1 日，为了避免朝鲜问题的无果而终对印支问题的解决产生负面影响，英国外交大臣艾登向史密斯建议，把原来坚持的联合国监督下的全朝鲜选举调整为联合国或中立国监督下的全朝鲜选举，但是遭到了史密斯的拒绝。6 月 3 日，在 16 国代表会议上，史密斯宣读了杜勒斯的一封电报，其中强调"在解决朝鲜问题方面承认联合国的权威应该成为会议的突破点"，③ 艾登放弃了原来的主张。

在日内瓦会议关于朝鲜问题的讨论可能走向破裂的情况下，苏、中、朝三方决定"主动采取和解态度寻求可以达成协议之点以推动大会转入秘密会议来解决问题"。④ 在 6 月 5 日的第 13 全体会议上，朝鲜外务相南日提出，可以考虑按比例分期撤出在朝鲜的外国军队，周恩来强调可以找到和平解决朝鲜问题的共同基础，莫洛托夫则提出了五点"对和平解决朝鲜问题的基本原则协议"，强调举行全朝鲜的自由选举，建立全朝鲜机构，外国军队在规定期限内撤出朝鲜，成立国际委员会监督全朝鲜的自由选

---

① *FRUS*, *1952 – 1954*, Vol. 16, p. 324.

② *FRUS*, *1952 – 1954*, Vol. 16, pp. 325, 326, 334.

③ 转引自 Yoo Byong – yong, *Korea in International Politics*：*1945 – 1954*, *Britain, the Korean War and the Geneva Conference*, p. 198。

④ 中华人民共和国外交部档案馆编《中华人民共和国外交档案选编第一集：1954 年日内瓦会议》，第 55 页。

举，有关国家承担保证朝鲜和平发展的义务。① 莫洛托夫提请与
会各方注意目前会议存在的巨大分歧，强调重视上述建议的
重要性，强烈谴责美国口头上维护、事实上却破坏联合国宪
章的行为。美国代表史密斯在发言中再次反对朝鲜关于由全
朝鲜委员会准备选举的建议，反对中国关于由中立国监察委
员会监督选举的建议，强调朝鲜的自由选举只能在联合国的
监督下进行。他在会后给美国国务院的报告中指出，苏、中、
朝代表的发言，"部分是为了国内宣传的需要，部分为了假装
他们是在用理性的办法寻求一致，以便在共产党代表真诚寻
求达成一致和非共产党代表希望结束朝鲜问题讨论之间形成明显
的对照"。② 史密斯本来考虑再举行一次限制性会议讨论莫洛托夫
的建议，但是遭到了国务卿杜勒斯的反对。杜勒斯认为，"莫洛
托夫的建议没有任何新意，讨论这些建议只会在盟国中间制造分
歧"。根据国务院的指示，史密斯取消了原定于6月7日举行的
限制性会议。

在6月11日第14次全体会议上，英国外交大臣艾登表示，
"联合国的权威和自由选举的原则是导致16国与苏中朝三国的主
要分歧，尽管各方都准备寻求达成协定的任何可能的方式，但是
任何一方都没有表现出达成协定的迹象"。他甚至提议在目前日
内瓦会议无法取得进展的情况下，应该把和平统一朝鲜的问题重
新提交联合国，加拿大、新西兰、比利时和泰国代表发言表示支
持，朝鲜和中国代表发言表示反对，并要求会议采纳莫洛托夫的
五点建议作为讨论的基础。考虑到15日的全体会议可能是最后
一次，14日晚上，苏、中、朝三方商讨了关于朝鲜问题的对策。
6月15日，在最后一次全体会议上，南日首先提出了保证朝鲜和

① 中华人民共和国外交部档案馆编《中华人民共和国外交档案选编第一集：
　　1954年日内瓦会议》，第94~95页。
② *FRUS, 1952–1954*, Vol.16, p.354.

平的六点建议，周恩来随后发言予以支持，并建议召开五大国和朝鲜南北双方参加的限制性会议，在莫洛托夫所提的五项原则的基础上讨论巩固朝鲜和平的问题。紧接着莫洛托夫在发言中提出了与会各国发表保证不威胁朝鲜和平的共同宣言的草案，内容包括："日内瓦会议与会各国达成协议，直到朝鲜问题在建立统一、独立和民主的朝鲜国家的基础之上获得完全解决之前，不得采取任何能将维护朝鲜和平的事业置于威胁之下的行动。与会各国相信，为了和平的利益，朝鲜人民民主主义共和国和大韩民国均将根据此项宣言而行动。"①

对于苏、中、朝代表一连串的建议，16 国代表显然有点措手不及，主席艾登根据菲律宾代表的建议决定暂时休会，50 分钟之后复会。休会期间，16 国首席代表举行了第 11 次会议，决定在史密斯发言之后，由澳大利亚代表发言反对南日的建议，再由菲律宾代表和比利时代表发言，最后由蓬巴攀宣读 16 国宣言。② 复会后，史密斯首先发言抨击了莫洛托夫对美国破坏停战协定的指控，澳大利亚代表随后发言反对南日的建议。菲律宾代表则抱怨说，朝鲜问题经过将近两个月的讨论，"实际上仍处于我们在本会议第一天时所处的地位"，苏、中、朝代表的演说和宣言"没有包含新的东西"，"所有共产党国家的建议，不论老的还是新的，都是以排斥联合国的权威为前提的"。蓬巴攀宣读了代表 16 国立场的一项宣言，宣称只要是共产党代表团否定联合国的权威，反对举行联合国监督下的自由选举，"本会议对朝鲜问题的进一步考虑与审议将无补于事"，事实上宣告了会议的破裂。莫洛托夫立即发言指出，16 国应该对会议的破裂承担责任。周恩来随后也对 16 国宣言表示极大遗憾，并建议与会各国发表一个声

---

① 中华人民共和国外交部档案馆编《中华人民共和国外交档案选编第一集：1954 年日内瓦会议》，第 72 页。

② *FRUS, 1952 – 1954*, Vol. 16, p. 379.

明，表示"将继续努力以期在建立统一、独立和民主的朝鲜国家的基础上达成和平解决朝鲜问题的协议"，南日和莫洛托夫发言表示支持。尽管担任此次会议主席的英国外交大臣艾登认为，"这个建议表示了这个会议的工作的精神"，但美国代表史密斯表示"不准备参预方才所建议的决议"，坚持"接受我们宣称……的那两个基本原则，共产党方面在任何时候都可在有利的条件下恢复谈判"。① 这是开会时间最长的一次全体会议，一直到晚上 8 时 35 分才结束，遗憾的是，会议没有就和平解决朝鲜问题达成任何协议，甚至都没有形成一个继续讨论的基础，最终还是不可避免地走向了破裂。

朝鲜停战以后，苏联对政治解决朝鲜问题的态度具有两面性。从积极的方面来看，首先，苏联对参加朝鲜政治会议的态度是积极的，它只是反对以交战方身份参加会议，并不反对参加政治会议。其次，苏联对于政治解决朝鲜问题的关注是值得肯定的。在朝鲜交战双方就政治会议的召开无法达成共识的情况下，苏联通过柏林四国外长会议搭建外交平台，关注朝鲜问题的政治解决，应该说是有利于缓和国际紧张局势的。再次，苏联为参加日内瓦会议关于朝鲜问题的讨论所进行的协调工作应该说也是积极的。由于中朝两国缺乏与西方国家打交道的经验，会前苏联在制定和平统一朝鲜方案和苏中朝外交斗争策略方面的指导作用是非常重要的。最后，日内瓦会议期间，苏联与中朝之间的协调与配合是积极的。无论是朝鲜和平统一方案的提出，还是中苏接踵而至的大力支持；无论是与西方国家的唇枪舌剑，还是僵局之下的政策微调，苏联的主导作用是显而易见的。

从消极的方面来看，首先，苏联对政治解决朝鲜问题的前

---

① 中华人民共和国外交部档案馆编《中华人民共和国外交档案选编第一集：1954 年日内瓦会议》，第 73、75、90、81、84、85、88 页。

景是不乐观。朝鲜战争结束以后，战前的政治僵局更加固化。南北方都不面临崩溃的危险或者胜利的希望，再没有一个大国愿意为朝鲜的统一付出实质性的代价，暂时想打破僵局是非常困难的，苏联对这一点看得也很清楚，所以之前也提醒中朝双方不要对日内瓦会议抱太大的希望。其次，在和平统一朝鲜方案的问题上，苏联立场是僵硬的。在冷战对抗愈趋激烈的情况下，苏联认可的朝鲜的和平统一方案与苏联在远东的战略诉求是一致的。为了保证统一的朝鲜不成为自己的对手，在如何实现朝鲜统一的问题上，苏联的立场很难改变。最后，僵局之下，苏联策略调整的余地是十分有限的。1954 年 5 月下旬，在日内瓦会议关于朝鲜问题的讨论即将破裂的情况下，苏联联合中朝在斗争策略上所做的一些调整，并没有触及政治解决朝鲜问题的关键，在美国看来并没有任何新意，无非是争取外交主动、避免会议破裂责任的政治手腕。虽然美国的看法有点偏激，但也不是空穴来风，毕竟这种策略调整的余地非常有限，不可能促成僵局的打破。

从当时国际社会的客观现实出发，苏联对停战后政治解决朝鲜问题所做的努力是应该肯定的，对政治解决朝鲜问题的原则立场也是可以理解的。停战后政治解决朝鲜问题的无果而终，应该说是当时美苏冷战对抗的必然结果，维持朝鲜半岛现状符合美苏双方的利益。朝鲜半岛作为战后美苏推行大国政治的牺牲品，不仅使朝鲜人付出了巨大的民族牺牲，而且饱尝了民族分裂的巨大伤痛。时至今日，冷战已经结束，冷战给朝鲜半岛造成的伤痛和动荡却仍在继续，任何一个参与其中的大国，尤其是苏联（包括当今的俄罗斯），都应该为化解伤痛和缔造和平承担起自己的历史责任。

附表

日内瓦会议关于朝鲜问题的 15 次全体会议和一次限制性会议一览①

顺序	日期	主持人	发　言　人	开会时间
1	4.26	蓬巴攀（泰国）	蓬巴攀、杜勒斯（美国）	15：10～15：40
2	4.27	莫洛托夫（苏联）	卞荣泰（朝鲜南方）、南日（朝鲜）、祖勒塔（哥伦比亚）	15：05～17：05
3	4.28	艾登（英国）	杜勒斯、周恩来	15：05～17：28
4	4.29	蓬巴攀	凯西（澳大利亚）、莫洛托夫	15：05～16：50
5	4.30	莫洛托夫	蓬巴攀、阿西卡林（土耳其）	15：05～15：40
限制性会议	5.1	艾登	杜勒斯、卞荣泰、南日、皮杜尔（法国）艾登、南日、周恩来、莫洛托夫	15：30～18：00
6	5.3	艾登	卞荣泰、南日、斯蒂芬阿普洛斯（希腊）、周恩来	15：05～18：30
7	5.4	蓬巴攀	皮尔森（加拿大）、伦斯（荷兰）、海沃特（埃塞俄比亚）	15：05～17：03
8	5.7	莫洛托夫	加西亚（菲律宾）、韦伯（新西兰）、祖勒塔	15：05～17：05
9	5.11	艾登	莫洛托夫、斯巴克（比利时）、卞荣泰	15：05～17：05
10	5.13	蓬巴攀	皮杜尔（法国）、艾登	3：05～54：10
11	5.22	莫洛托夫	周恩来、南日、卞荣泰	15：02～18：19
12	5.28	艾登	史密斯（美国）、乌鲁西亚（哥伦比亚）	15：03～17：30
13	6.5	蓬巴攀	海沃特、南日、周恩来、莫洛托夫加西亚、本汀克（荷兰）、史密斯	15：04～19：10
14	6.11	莫洛托夫	周恩来、罗宁（加拿大）、麦金都许（新西兰）、南日、艾登、蓬巴攀、皮杜尔	15：05～19：20
15	6.15	艾登	南日、周恩来、莫洛托夫、史密斯、凯西、里丁（英国）、斯巴克、蓬巴攀、加西亚	15：05～20：35

---

①　此表根据 *FRUS*，1952 - 1954，Vol. 16 第 6、7 页内容制作。

结　语

　　用"小战争、大背景"来描述朝鲜战争的特点，应该是比较贴切的。这场表面上看仅仅是为了完成民族统一而爆发的战争，事实上却包含了太多的国际因素。受当时冷战格局的影响，在国际政治中发挥主要作用的许多国家都不同程度地卷入了这场本来属于朝鲜内战的冲突，从而使这场战争具有了深远的国际影响。作为众多国际因素中最重要的一种，在与朝鲜战争相关的重大历史链条上，苏联的影响无处不在。

　　苏联支持朝鲜武力统一的决策，与近代俄国的"东方战略"有一定的历史渊源。自 19 世纪中叶以来，朝鲜半岛就是俄国"东方战略"中的重要一环。19 世纪末 20 世纪初，为了打通南下太平洋的通道，俄国与列强尤其是日本在朝鲜半岛展开了激烈的角逐。日俄战争的惨败，虽然使俄国丧失了之前对朝鲜半岛的控制和影响，却在俄国人心里埋下了复仇的种子。二战末期，随着日本的节节败退，恢复旧俄在日俄战争中丧失的权益，成为苏联在远东的一个利益诉求。朝鲜作为苏联与美国在东北亚冷战对峙的一个缓冲地带，关系到苏联在这一地区的核心利益。维持战后苏联在朝鲜半岛的既得利益并通过支持朝鲜武力统一扩大苏联对朝鲜半岛的影响，某种程度上可以说是近代俄国"东方战略"在战后苏联对外政策中的反映。

　　苏联对战后朝鲜半岛的分裂负有不可推卸的历史责任。二战末期，为了防止某个国家独占朝鲜半岛，防止朝鲜成为西方国家在东北亚遏制苏联的桥头堡，斯大林接受了罗斯福关于苏、美、英、中四国共同托管朝鲜的主张。托管朝鲜的计划的失败，不仅反映了美苏在朝鲜问题上的尖锐矛盾，而且导致了朝鲜南北政治力量的严重对立。随后苏联致力于在占领区内扶植亲苏的朝鲜政权，美国则忙于联合国监督下的朝鲜南方的选举。随着南北方政权的建立，朝鲜不可避免地走向了分裂。朝鲜的分裂和国际上美苏冷对抗的背景，断送了和平统一朝鲜的前景，从而使朝鲜战争的爆发不可避免。

苏联在支持朝鲜武力统一的同时，还利用中苏结盟的机会规避了由此可能引发的苏美军事冲突。在美苏冷战对抗的国际背景下，避免与美国发生军事冲突，是苏联应对一切地区危机的底线。苏联支持朝鲜武力统一，一是基于金日成的必胜信念，二是基于国际形势尤其是东亚国际形势的巨大变化。其中，中苏同盟的建立，彻底打消了斯大林对苏美军事冲突的担心。因此，在同意金日成武力统一朝鲜的计划之后，斯大林才会要求金日成一定要亲自到北京征求中国领导人的意见，并声明如果中国领导人反对，则需要重新考虑这一问题。中国领导人虽然对于斯大林这种先做决定后征求意见的做法感到不满，但鉴于金日成没提什么具体的援助要求，考虑到中苏同盟关系的大局，没有提出反对意见，从而使苏联支持的朝鲜的军事行动成为可能。

苏联对中国抗美援朝的决策和行动施加了一定的压力，同时也提供了必要的援助。速战速胜是苏、中、朝三方对朝鲜战争的最佳期待，但美国的武装干涉不仅打破了速战速胜的幻想，而且加剧了中朝边境地区安全形势的恶化，使中国不得不面对抗美援朝的艰难抉择。毋庸置疑，挽救朝鲜于战火之中、维护中国的领土安全是中国决定抗美援朝的决定性因素，但苏联向中国施加的压力也不容忽视。在苏联不断催促中国出兵朝鲜、中苏两党之间的信任尚未完全建立的情况下，中国选择出兵抗美援朝，一定程度上可以说是迫不得已。中国抗美援朝的行动，消除了斯大林心中对中共的猜疑，巩固了中苏同盟关系。苏联不仅向开赴朝鲜的志愿军提供了大量的军事援助，而且开始全面援助中国国内的经济建设、国防建设和文化建设，为中国抗美援朝的前线和后方提供了必要的军事和物质保障。

苏联空军秘密参加朝鲜战争的事实表明，苏联不仅是朝鲜战争的主要策划者，而且是朝鲜战争的重要参与者。英勇善战的苏联空军，在朝鲜战场上不仅为中朝军队的地面战斗和后勤保障提供了强有力的支持，而且对"联合国军"中的美国远东空军造成了重创，苏联空军和志愿军空军联手打造的"米格走廊"，曾让美国远东空军望而却步。尽管苏联对参加朝鲜战争的飞机和飞行员进行了严格的伪装和限制，但是也无法掩盖苏联空军秘密参战的真相。事实上，美国早就知道苏联空军秘密参战，只是迫于国内舆论的压力，为了防止朝鲜战争扩大为美苏之间的冲突，才向公众隐瞒了苏联空军参战的消息。如今，苏联空军秘密参加朝鲜战争的事实已经真相大白，苏联所谓自己是朝鲜战争非交战方的说法自然也不攻自破。

苏联对朝鲜停战谈判的启动、进程和结束都发挥了重要作用。马立克与凯南的私人会晤，对于停战谈判的启动功不可没。谈判进程启动以后，苏联不仅参与了中朝方面停战谈判方案制定，而且通过与中朝方面的联系影响着停战谈判的进程。当谈判双方发生严重分歧并使谈判陷于僵局的时候，苏联的意见对于谈判是僵持还是推进关系重大；当中朝双方在谈判策略和立场上发生分歧的时候，苏联的意见对于中朝双方的协调作用显而易见。尤其是当停战谈判因战俘问题陷入僵局并被提交到联合国以后，苏联作为中朝方面的代言人坚决反对美国自愿遣返战俘的原则，才使联合国在战俘问题上毫无建树。斯大林去世以后，正是由于苏联对朝鲜问题政策的调整，中国最终放弃了全部遣返战俘的原则，促成了停战协定的达成。

朝鲜停战以后，苏联对召开朝鲜政治会议和平解决朝鲜问题的影响也不容小觑。由于苏联坚决反对以交战方身份参加朝鲜政治会议，停战协定规定的朝鲜政治会议未能如期举行。随后，苏联通过 1954 年 1~2 月的英、法、美、苏四国外长会议，成功搭建了和平解决朝鲜问题的外交平台，即日内瓦会议关于朝鲜问题的讨论。日内瓦会议召开之前，苏联不仅对朝鲜制定的和平统一方案提出了建议，而且对中朝两国参加日内瓦会议策略和技巧进行了指导。日内瓦会议上，苏联坚决支持朝鲜的和平统一方案不动摇，而美国坚决支持朝鲜南方的和平方案不改变，终使日内瓦会议关于朝鲜问题的讨论无果而终。

苏联在朝鲜战争问题上的决策和行动，既受历史传统的影响，也受现实利益的制约；既有长远的战略考虑，也有短期的利益诉求。追求苏联自身利益的最大化，避免与美国发生直接的武装冲突，维持苏联朝鲜战争"非交战方"的地位，保障苏联在远东的战略安全，是其决策和行动的主要目标。苏联不仅在朝鲜战争的各个阶段扮演了重要角色，而且还获取了重大的战略和现实利益。

"在中美英苏四家中，没有正式参战的苏联得益最大。"① 一方面，苏联成功地避免了与美国的冲突，在远东建立起了一条由对苏友好国家组成的安全带，自身的安全和在安全带内的影响力得到了最大限度的保障；另一方面，苏联向中朝两国提供的军事援助，大部分都属于有偿援助，偿还这些债务对两国后来的经济建设造成了很大负担。苏联作为社会主义阵营的领袖，表面上唱国际主义高调，事实上行利己主义之实，暴露了其对外政策自私的本质。

作为朝鲜分裂的始作俑者之一，作为朝鲜战争的幕后策划者

---

① 华庆昭：《从雅尔塔到板门店——美国与中、苏、英：一九四五至一九五三》，中国社会科学出版社，1992，第 234 页。

和秘密参加者，作为停战后政治解决朝鲜问题的重要参与者，苏联对朝鲜战争的后果及其发展负有不可推卸的历史责任。冷战时期，由于朝鲜半岛南北对抗的僵局符合美苏冷战对抗的战略诉求，国际社会就和平解决朝鲜问题所做的努力很难取得成效。冷战结束以后，朝鲜半岛原有的政治均衡被打破，俄罗斯作为苏联在国际法上的继承者，理应对当代朝鲜半岛的和平与稳定做出贡献。近年来，在国际社会和平解决朝鲜半岛问题的所有努力中，俄罗斯的身影无处不在，这正是对苏联与朝鲜战争关系的一种合理诠释。

本书对于苏联与朝鲜战争的研究，是围绕几个与朝鲜战争相关的重要问题开展的专题研究，并不是关于苏联与朝鲜战争关系史的全面研究。近年来，随着对该课题研究的不断深入，笔者越来越深刻地体会到研究苏联与朝鲜战争关系史的必要性和艰巨性。如果本书能为未来苏联与朝鲜战争关系史的研究铺石开路，那便是我最大的心愿。

苏联与朝鲜战争

——以联合国为研究平台的考察*

朝鲜战争作为冷战初期两大阵营之间的第一次军事较量，与美苏两国关系密切。苏联解体以后，随着俄罗斯对前苏联冷战初期外交档案的不断解密，加之中日韩等国相关文献档案的不断公布，国内外学者对诸如苏联与朝鲜战争的爆发、苏联与中国的抗美援朝、苏联对中朝两国的援助、苏联对中朝两国决策的影响以及苏联在停战谈判中的作用等问题进行的研究，使苏联与朝鲜战争研究偏弱的状况得到了很大改善。经过对目前苏联与朝鲜战争关系研究的学术考察发现，学界对联合国框架下苏联与朝鲜战争关系的研究比较少见，本文将从苏联与联合国关于朝鲜独立问题的讨论、苏联缺席安理会关于朝鲜战争问题的讨论、苏联与联合国关于朝鲜停战问题的讨论、苏联通过联合国渠道帮助开启朝鲜停战谈判的大门以及苏联与联合国关于战俘遣返问题的讨论五个方面，对联合国框架下苏联与朝鲜战争的关系进行梳理，并就苏联的决策得失及其对战争的影响提出一些粗浅的看法，以就教于学术同行。

---

* 本文是对联合国框架内苏联与朝鲜战争关系的研究，笔者于 2013 年 10 月提交上海"冷战与中国周边国家关系国际学术研讨会"，后发表于《华东师范大学学报》（哲学社会科学版）2013 年第 6 期，发表时有删节。今附全文于此。

一 苏联与联合国关于朝鲜独立问题的讨论

1905 年日俄战争结束以后，朝鲜沦为日本的殖民地。1910 年，根据《日韩合并条约》，日本正式吞并朝鲜。1943 年 12 月 1 日，《开罗宣言》公开声明，"三大盟国轸念朝鲜人民所受之奴役待遇，决定在相当期间，使朝鲜自由独立"。① 宣言作为"盟国未来政策的奠基石"，② 为战后朝鲜的独立提供了法律依据。

然而，对于如何实现朝鲜的独立，《开罗宣言》并没有具体的说明。宣言中所谓"在相当期间"（in due course）的表示，为战后朝鲜独立的实现埋下了祸根。美国认为，"朝鲜人自己具备统治及防御能力，需要一代人的时间，在此期间国际保护及指导是很有必要的"。③ 二战末期，苏美英三国首脑达成了美苏英中四国共同托管朝鲜的口头谅解，但罗斯福认为托管期限应不少于 20 年，斯大林则认为时间越短越好。由于托管朝鲜只是口头协定，"这个协定的任何原本或者副本都没有"，④ 这就为之后相关国家在朝鲜问题上的争论埋下了伏笔。

苏联对日宣战后，为了防止苏军独占朝鲜半岛，8 月 15 日，美国总统杜鲁门致信斯大林，建议以北纬 38 度线作为美苏军队在朝鲜半岛对日军受降的分界线。8 月 16 日，斯大林复信说，"我基本上不反对这个命令的内容"。⑤ 由此可见，"三八线"是

---

① 《国际条约集 1934～1944》，第 407 页。
② 〔英〕琼斯、休·博顿、皮尔恩：《国际事务概览 1939～1946：1942～1946 年的远东》下册，上，第 639 页。
③ 沈志华：《一个大国的崛起与崩溃》中册，第 654 页。
④ 沈志华：《朝鲜战争：俄国档案馆的解密文件》上册，中研院近代史研究所史料丛刊（48），2003，第 64 页。
⑤ *FRUS*, 1945, Vol. 6, pp. 667－668.

美苏首脑私下的政治交易，并不是国际会议讨论的结果，没有任何法律依据。出人意料的是，这个貌似无害的协议，不仅使朝鲜盼望已久的独立梦想归于破灭，而且使同宗同族的朝鲜民族分裂成了不共戴天的仇敌。

进入朝鲜的美苏军队，以三八线为界把朝鲜人为地分成了两个占领区，导致南北方正常的经济和政治联系被中断，加之美苏在占领政策方面的分歧，恢复朝鲜国家统一的难度骤然增大。随着美苏矛盾的激化，双方都无法接受统一后的朝鲜加入对方的阵营，导致美苏在朝鲜问题上的合作困难重重，"事实上已经没有办法建立一个让美苏都感到满意的、统一的朝鲜政府了"。①

1945 年 12 月，苏美英莫斯科外长会议讨论了朝鲜问题。会后发表的公报声明，由美苏占领军司令部共同组成一个联合委员会，协助组建朝鲜临时政府。然后由联合委员会与朝鲜临时政府共同协商，以达成关于美、英、苏、中四国对朝鲜实行为期 5 年的托管协定。② 这个协定是"随后有关朝鲜问题外交行动的基础和朝鲜战争爆发前苏联政策的基础"。③ 根据莫斯科协定，1946 年 1 月 16 日至 2 月 5 日，美苏两国军事代表在汉城组建了美苏联合委员会。由于美苏都想按照各自占领区的行政体系组建临时政府，都想让自己支持的政党成为朝鲜临时政府的主导力量，因此在决定朝鲜哪些政党和团体可以参加委员会协商工作的问题上，双方争论不休。从 1946 年 3 月开始工作到 1947 年 10 月无限期休会，联合委员会围绕这一问题进行了多次冗长的谈判，但没有取

---

① Kathryn Weathersby, Soviet Aims in Korea and the Origins of the Korean War, 1945 - 1950: New Evidence from Russia Archives, *Working Paper*, No. 8, Cold War International History Project, Washington D. C. : Nov. 1993, p. 19.

② *FRUS*, *1945*, Vol. 2, pp. 820 - 821.

③ Kathryn Weathersby, Soviet Aims in Korea and the Origins of the Korean War, 1945 - 1950: New Evidence from Russia Archives, *Working Paper*, No. 8, Cold War International History Project, Washington D. C. : Nov. 1993, p. 7.

得任何实质性的进展。

鉴于联合委员会工作的僵局，1947 年 8 月 26 日，美国向苏联建议，由负责托管朝鲜的美苏英中四国举行会议，商讨执行莫斯科协定的办法。苏联认为召开四国会议的方式违背了莫斯科协定，由此拒绝了美国的建议。杜鲁门认为，苏联的态度使美国"再没有选择的余地……直接同俄国人进行关于朝鲜问题的谈判，是不会获得成功的"。[1] 于是，他指示国务卿马歇尔把朝鲜问题提交即将召开的联合国大会讨论。

9 月 17 日，马歇尔在第二届联大上提议联合国大会讨论朝鲜问题，并建议联大成立一个临时委员会（Interim Committee），履行联合国对朝鲜问题的监督责任。苏联认为，《莫斯科协定》已经规定了解决朝鲜问题的程序，而且根据《联合国宪章》关于大会职权的条文，朝鲜问题不能由大会审议，尤其在已有国际协定存在的场合，更不能由大会审议，将朝鲜问题列入联大议程是非法的和不正确的。[2] 9 月 23 日，第二届联大在美国的操纵下，仍然决定把朝鲜问题列入了大会议程。朝鲜问题提交联合国，不仅标志着苏美双边合作机制的破裂，而且意味着四国托管朝鲜政策的流产。

10 月 17 日，美国向第二届联大政治委员会提出了关于朝鲜独立问题的提案。主要内容包括："在联合国监督下，美苏占领军当局在其管辖地域举行普选，按人口比例原则组成国会，建立全朝鲜政府。而后让全朝鲜政府组织自己的武装力量，外国军队则在朝鲜实现独立后尽早撤出"。联合国的监督责任"应通过联合国朝鲜临时委员会来履行"。[3] 美国之所以提议成立"联合国朝鲜临时委员会"，主要目的是为了"越过苏联的反对"，希望通过其可操纵的联大或临时委员会的多数表决机制解决朝鲜问题，因

---

① 〔美〕哈里·杜鲁门：《杜鲁门回忆录》下，第 406 页。

② 柴成文、赵勇田：《抗美援朝纪实》，第 19、20 页。

③ *FRUS*, *1947*, Vol. 6, p. 834.

为自联合国成立以来苏联频繁使用否决权，经常使安理会的工作陷于瘫痪。美国的盟国也不否认"临时委员会是绕开否决权进而打破僵局的一种办法"。① 苏联坚决反对成立临时委员会，其代表团团长维辛斯基在发言中指责美国这样做会"毁掉安理会"，明确表示"苏联代表团反对成立临时委员会，如果不顾苏联反对的理由成立临时委员会，苏联将拒绝参加"。②

在朝鲜问题已经列入联大议程的情况下，苏联调整了随后的斗争策略。10 月 23 日，苏联外长莫洛托夫指示维辛斯基，"再次发言提议从议程中取消是不合适的"。政治委员会讨论美国的朝鲜议案时，应声明遵循下述原则："（一）苏联政府曾主张并仍主张，朝鲜问题可以根据 1945 年莫斯科协定解决。（二）……为了加速使朝鲜成为一个独立民主的国家，苏联政府提出一项议案：美苏军队于 1948 年初同时撤出朝鲜，使朝鲜人有可能自己去建立朝鲜民族政府。（三）……由于上述苏联的提案包含更简单和更彻底的解决办法，苏联代表团坚持要求政治委员会在讨论美国议案之前首先讨论苏联这一提案。"政治委员会研究朝鲜问题时，应建议"邀请北、南朝鲜双方的朝鲜人民代表参加讨论朝鲜问题"，并说明应"邀请那些在北、南朝鲜中由人民正式选出的人，而不是那些由外国军事当局任命的人，作为朝鲜人民的代表参加会议"。政治委员会讨论美国议案时，"必须坚持邀请朝鲜人民参加和坚持要求确定外国军队撤出朝鲜的期限。如果我们提议的期限（1948 年初——引者注）遭到反对，可以同意改为 1948 年年中或年末"。③ 根据莫洛托夫的指示，10 月 28 日和 29 日，苏联代表向

---

① 到第二届联大召开时，苏联已经在安理会使用了 17 次否决权。Ilya V. Gaiduk, *Divided Together: the United States and the Soviet Union in the United Nations 1945 – 1965*, Washington D. C. : Woodrow Wilson Center Press 2012, pp. 111, 110。

② Ilya V. Gaiduk, *Divided Together: the United States and the Soviet Union in the U-nited Nations 1945 – 1965*, p. 112.

③ 沈志华:《朝鲜战争：俄国档案馆的解密文件》上册，第 92 ~ 93 页。

联大政治委员会提出了两项反提案：一是美苏军队于 1948 年初同时从朝鲜撤退；二是邀请朝鲜南北方选出朝鲜人民的代表参加朝鲜问题的讨论。① 由于无法赢得多数的支持，10 月 31 日，苏联的两个提案均被联大政治委员会否决，美国的提案获得通过。

11 月 14 日，联大讨论了关于朝鲜独立问题的议案。苏联常驻联合国代表葛罗米柯在会上批评美国的提案不是在解决朝鲜问题，而是在解决朝鲜问题的道路上设置障碍，但大会还是通过了美国的议案。主要内容包括：（1）为保证朝鲜代表的真实性，联合国决定成立一个临时委员会到朝鲜各地巡察，负责监督选出朝鲜的国民议会代表。之后，在委员会的监督下召开国民会议组建国民政府。朝鲜人可以与委员会就组建政府和组建政府之后的相关事宜进行协商。（2）通过这种方式建立的国民政府应组织自己的国家安全部队，解散国内一切军事和半军事组织，尽快承担起全朝鲜从军事到民政的职责，与上述委员会协商尽可能在 90 天内或其他任何适当的时间内安排占领国军队从朝鲜的撤出问题。（3）联合国朝鲜临时委员会由澳大利亚、加拿大、中国、萨尔瓦多、法国、印度、菲律宾、叙利亚、乌克兰 9 国组成。（4）联合国临时委员会应随时向联大或小型联大报告朝鲜问题的解决情况。②

"就这样，联合国临时委员会合乎逻辑地成为美苏联合委员会的继任者。"③ 1948 年 1 月 8 日，以印度代表梅农为主席的"联合国朝鲜临时委员会"一行 35 人抵达汉城。1 月 12 日至 15 日，委员会在汉城举行会议，宣布将根据联合国决议，监督朝鲜的国民议会代表选举并组建朝鲜政府。1 月 16 日，委员会致函苏联占领当局，要求会见苏军司令。苏联拒绝承认联合国朝鲜临时委员会的合法性，所以公开发表声明称，"苏军占领当局将不与

---

① *FRUS*, *1947*, Vol. 6, p. 849.
② *FRUS*, *1947*, Vol. 6, pp. 857 – 859.
③ Myung Hyun Cho, *Korea and Major Powers*: *An Analysis of Power Structures in East Asia*, pp. 182 – 183.

委员会发生任何关系"，① 苏联占领军司令拒绝委员会成员进入三八线以北地区，甚至拒绝接收委员会邮发的信函，委员会的工作陷入了僵局。

2月4日至6日，联合国朝鲜临时委员会召开全体会议，决定向小型联大提交建议案。该议案认为，委员会有三种工作路径可以选择："1. 临时委员会继续工作，在朝鲜南部地区监督进行选举，并成立一代表全朝鲜的政府；2. 临时委员会在南部朝鲜地区继续工作，组建一南朝鲜临时政府；3. 临时委员会可以研究讨论通过其他途径谋求朝鲜两部分统一的办法"。② 委员会的建议案代表了美国的意愿，2月26日小型联大通过决议，授权联合国朝鲜临时委员会监督在朝鲜南部进行选举。2月28日，联合国朝鲜临时委员会经过协商决定，5月10以前监督朝鲜进行国民议会代表的选举。3月3日，美国占领军司令霍季公开发表声明，宣布南部朝鲜将于5月9日在联合国朝鲜临时委员会监督下进行选举。③

尽管"由于苏联的抵制，临时委员会根本不可能成为联合国行之有效的手段"，④ 但是临时委员会监督下仅在朝鲜南部进行的选举，"从法律上使朝鲜的分裂固定了下来"⑤ 5月10日，根据小型联大的决议，朝鲜南方在联合国临时委员会监督下进行了单独选举。选举产生的国会7月17日制定了宪法，8月15日成

① Lenon Gordenker, *The Peaceful Unification of Korea*, *Martinus*, *Martinus Nijhoff*, The Hague, 1959, p. 55. Myung Hyun Cho, *Korea and Major Powers*: *An Analysis of Power Structures in East Asia*, p. 183.

② 《中央日报》1948年2月20日。转引自余伟民、周娜《1945～1948年朝鲜半岛南部地区的政治变动》，《史林》2003年第4期，第114页。

③ 后因5月9日正逢日食，选举改在5月10日进行。

④ Ilya V. Gaiduk, *Divided Together*: *the United States and the Soviet Union in the United Nations 1945 – 1965*, p. 113.

⑤ Tae – Ho Yoo, *The Korean War and the United Nations*: *A Legal and Diplomatic Historical Study*, Louvan, 1964, p. 21.

立了大韩民国政府。8 月 25 日，朝鲜北方进行了包括南方在内的最高人民会议选举，选举产生的朝鲜最高人民会议代表于 9 月 2 日在平壤召开第一次会议，通过了朝鲜民主主义人民共和国选举法，选举产生了最高人民会议常任委员会。9 月 9 日，朝鲜民主主义人民共和国成立。12 月，第三届联大通过决议，宣布大韩民国是朝鲜唯一合法政府，南北政权之间的对立迅速激化，朝鲜半岛的分裂不可避免。

苏美作为战后进入朝鲜半岛的两大外部力量，把握着战后朝鲜半岛事务的主导权。在决定朝鲜未来政治命运的问题上，都没有注重考虑朝鲜民族的向好发展，更多的是考虑如何利用朝鲜来制约对方。由于苏美矛盾的激化，托管朝鲜的莫斯科协定无法落实，而美国把朝鲜问题提交联合国的做法，削弱了苏联在朝鲜问题上的主动权。由于当时的联合国被苏联认为是"美国统治集团驯服的工具"，[1] 苏联自然也无法促使联合国在朝鲜问题上通过有利于自己的决议，更多的只能是揭露美国在朝鲜问题上的政治图谋，否认联合国关于朝鲜问题决议的合法性，拒绝与联合国在解决朝鲜问题方面开展合作，这在很大程度上也加剧了朝鲜半岛南北之间的政治对抗。

二　苏联缺席安理会关于朝鲜战争问题的讨论

1950 年 6 月 25 日，朝鲜战争爆发。同一天，联合国安理会通过了美国提出的议案，要求朝鲜立即停止军事行动，并将军队撤回三八线以北。6 月 27 日，在美国总统杜鲁门宣布武装干涉朝鲜并派第七舰队进驻台湾海峡的同时，联合国安理会再次通过美国的提案，指责朝鲜拒绝停止军事行动并拒绝把军队撤回三八线以

---

[1]　Myung Hyun Cho, *Korea and Major Powers: An Analysis of Power Structures in East Asia*, p. 208.

北是对和平的破坏，建议联合国会员国向朝鲜南方提供必要的帮助。7月7日，联合国安理会在美国的操纵下通过决议，要求会员国按照决议提供军队和其他援助，交由美国领导的司令部使用。决议称各国提供的军队为"联合国军"，授权美国任命"联合国军"指挥官，使用联合国的旗帜，授予司令部"联合国全权"。7月8日，美国远东军司令麦克阿瑟被杜鲁门任命为"联合国军"总司令，全面介入朝鲜战争。

美国可以如此堂而皇之地借用联合国名义干涉朝鲜战争，与此时苏联缺席安理会有很大关系。众所周知，1950年1月13日，苏联为了支持新中国要求恢复在联合国合法席位的斗争退出了安理会，此举和朝鲜半岛的形势并无直接关系。朝鲜战争爆发后，根据时任苏联外交部副部长葛罗米柯的回忆，在安理会召开讨论朝鲜形势的会议前，苏联常驻联合国代表马立克从纽约打电报给莫斯科，询问"苏联代表是否应该参加为讨论美国提交给安理会的一封信而召开的会议"。当晚，斯大林打电话给葛罗米柯，问他"在目前情况下应该下达什么指示？"葛罗米柯回答说，"外交部已起草了一项指示，正在送您审批。这项指示的实质是：第一，坚决驳回对朝鲜民主主义人民共和国和苏联的指控，并且同样坚决地控告美国参与发动对朝鲜民主主义人民共和国的侵略。第二，一旦有人建议要安理会通过旨在反对朝鲜民主主义人民共和国，或者反对它和苏联的决议，马立克就应该立刻使用否决权，阻止通过这类决议"。斯大林听了葛罗米柯的汇报，虽然用激烈的言辞谴责了美国提交安理会的敌视苏联和朝鲜的信件，却出乎意料地说，"我认为，苏联代表不应该参加安理会会议"。①

葛罗米柯提醒斯大林说，"如果我们的代表不出席会议，安理会就可能通过任何决议，甚至打着'联合国部队'的旗号从其他国家派遣军队到南朝鲜去"。葛罗米柯回忆说，"这一理由并没

---

① 〔苏〕安·安·葛罗米柯：《永志不忘：葛罗米柯回忆录》上，第261页。

有给斯大林留下特别的印象。我感到，他不准备改变自己的观点"；"然后，斯大林实际上口授了一项指……40 分钟后，这项指示就发给了我国驻安理会的代表"；"正如人们所知道的那样，我提醒过斯大林的事情发生了，安理会通过了华盛顿强加给它的决议。被派往朝鲜南方的各个国家的武装部队都被贴上了'联合国部队'的标签。当然在这个事件中斯大林明显地感情用事，没有很好地权衡自己的行动。这似乎不符合他的思维方式，但事实正是如此"。[①] 然而，"感情用事"四个字是不能说明问题的。斯大林作为一个精于韬略的政治家和外交家，不可能在如此重大的问题上"感情用事"，应该如何评价斯大林的这个决定呢？

由于苏联是为了支持恢复新中国在联合国的合法席位退出安理会的，似乎只有在这一问题得到解决后再返回才合乎逻辑。尽管我们不能像一些西方学者那样，认为苏联缺席安理会讨论是因为其策划了朝鲜战争，但支持恢复中国的联合国合法席位不应成为苏联缺席安理会讨论朝鲜问题的理由。在当时的条件下，朝鲜问题远比中国的联合国席位问题重要，苏联拒绝返回安理会确实是一次错误的决策。联合国秘书长赖伊在 6 月 27 日安理会开会前曾对马立克说，"在我看来，你们国家的利益要求你参加下午的安理会讨论"，马立克立即表示他"不会参加"。[②] 诚然，"如果认为苏联出席安理会并投了否决票，美国就不可能对共产党人在朝鲜的挑衅作出反应，这种逻辑上的假定都是讲不通的"，[③] 但"马立克的缺席却使安理会决议获得通过成为可能"。[④] "由于苏联大使未出席安理会、行使否决权，使得杜鲁门可以组织起抗御

---

① 〔苏〕安·安·葛罗米柯：《永志不忘：葛罗米柯回忆录》上，第 262 页。

② Lie, *In the Course of Peace: Seven Years with the United Nations*, New York: the Macmillan Company, 1954, p. 333.

③ 〔美〕约翰·斯帕尼尔：《杜鲁门与麦克阿瑟的冲突和朝鲜战争》，复旦大学出版社，1985，第 41 页。

④ Lie, *In the Course of Peace: Seven Years with the United Nations*, p. 333.

行动，以联合国的名义出兵，变成是威尔逊主义的'自由对抗独裁、善恶势不两立'的精神，让美军合理地在朝鲜介入战事。"①

　　对于苏联代表缺席安理会的后果，斯大林不会不清楚，但是苏联代表返回安理会将面临一种两难的选择：如果使用否决权，会被西方国家指责苏联策划了朝鲜战争；如果不使用否决权，则会失去社会主义国家的信任，也有悖于自己一贯的政治立场。这两种结果是苏联都要避免的，所以不允许苏联代表返回安理会的决策，并不像葛罗米柯所言是斯大林"感情用事"，而是苏联民族利己主义外交传统作祟的结果，目的就是为了证明苏联与朝鲜战争无关。6月27日，杜鲁门向莫斯科发出照会，希望苏联从中斡旋以便尽快恢复朝鲜战前的状态。7月4日，葛罗米柯在谴责安理会决议非法的同时表示，这场战争是"朝鲜人之间的内战"，"苏联不能采取行动"。②

　　在缺席安理会讨论的日子里，苏联拒绝承认安理会决议的法律效力，谴责美国对朝鲜的武装干涉，呼吁应邀请中华人民共和国代表参加安理会关于朝鲜问题的讨论，但这些对朝鲜的形势都无济于事。随着朝鲜战事的发展，在意识到缺席安理会并不能约束美国反而使自己更加被动的情况下，苏联利用担任轮值主席的机会，于8月1日返回了安理会。斯大林曾在8月27日给捷克斯洛伐克总统哥特瓦尔德的电报中，对苏联返回安理会的决策进行了解释。其中谈到，起初苏联没有返回安理会的目的有四，"第一，表明苏联与新中国团结一致；第二，强调美国的政策荒诞愚蠢，因为它承认国民党政府这个稻草人是中国在安理会的代表，却不允许中国的真正代表进入安理会；第三，认定安理会在两个大国代表缺席的情况下做出的决定是非法的；第四，让美国放开手脚，利用安理会中的多数再做些蠢事，从而在公众舆论面前暴

---

　　① 〔美〕亨利·基辛格：《大外交》，第429页。

　　② 〔美〕沃尔特·拉菲伯尔：《美国、俄国和冷战1945～2006》，第89页。

露美国政府的真实面目"。斯大林认为，正是由于苏联没有返回安理会，"美国陷进了对朝鲜的军事干涉，败坏了自己在军事和道义上的威望"，"美国的注意力从欧洲被引向了远东"。"假设美国政府还继续被牵制在远东，并使中国加入解放朝鲜和争取本国独立的斗争"，"美国会在这场斗争中无力自拔"，"第三次世界大战就会不定期拖延，这就为巩固欧洲的社会主义争取了时间。更不要说美国和中国的斗争会在亚洲和整个远东地区引发革命了"。[①]

斯大林的解释明显牵强附会。首先，朝鲜战争爆发后，苏联代表返回安理会，阻止美国干涉朝鲜战争，更符合中国的安全利益，也有利于加强中苏团结。其次，美国以联合国的名义出兵朝鲜，不仅没有败坏自己在军事和道义上的威望，而且还赢得了一定的国际支持。再次，朝鲜战争爆发后，虽然牵制了美国的一部分力量，但美国的军事战略重点仍是加强北约。参谋长联席会议主席布雷德利认为，美国应"尽可能快地熬过这场战争，使我们的部队和海军力量脱身，把一些陆军师送回国内，作为可用兵力的基础，把另外一些送往欧洲，以帮助支撑北约"。[②] 最后，斯大林谈到中国加入朝鲜战争，有利于进一步牵制美国的力量，推迟第三次世界大战的爆发，这更是一厢情愿的事情，因为此时他对中国是否愿意介入朝鲜战争尚无把握。所谓"巩固欧洲的社会主义、引发亚洲的革命"的说法，不过是历史经验主义的认识。时代不同了，战争引起革命，革命制止战争的逻辑已不适应战后世界发展的潮流。因此，朝鲜战争爆发后，苏联故意缺席安理会讨论，是典型的利己主义决策。如何为这种利己主义的决策戴上国际道义的光环，使其具有利他主义的功能，恐怕是斯大林做出上

---

① 沈志华：《斯大林、毛泽东与朝鲜战争再议：根据俄国档案文献的最新证据》，《史学集刊》2007 年第 5 期，第 56 页。

② 赵学功：《巨大的转变：战后美国对东亚的政策》，第 54 页。

述解释的主要原因。这份电报对于回答为什么苏联缺席安理会的问题并没有太大价值，研究者应该审慎辨析。

三　苏联与联合国关于朝鲜停战问题的讨论

朝鲜战争爆发以后，美英两国都通过外交渠道表示，希望苏联敦促朝鲜将军队撤回三八线，寻求朝鲜问题的和平解决。苏联表示，朝鲜问题只有通过有苏、中参加的安理会会议，并听取朝鲜人民代表的意见，才能得到解决。由于美国坚决反对恢复新中国的联合国席位，加之战争初期朝鲜人民军势如破竹，停战的条件并不成熟，所以没有任何结果。

1950 年 7 月 13 日，印度驻苏大使拉达克里希南向苏联副外长葛罗米柯转交了印度总理尼赫鲁给斯大林的一封信。尼赫鲁在信中表示，"印度的目标在于使冲突区域化，并通过摆脱安理会目前的僵局，让中国人民政府的代表恢复自己在安理会的席位，使苏联能够返回安理会，在安理会范围内或在安理会外通过非正式接触，苏联、美国和中国在其他爱好和平国家的帮助和合作下，找到停止冲突并最终解决朝鲜问题的基础。我充分相信阁下维护和平的决心，并且因此决心维持联合国的团结，所以斗胆以此信向您呼吁，希望您利用自己的崇高威望和影响，以达成这一人类福祉所系的共同目标"。[1] 7 月 15 日，斯大林在给尼赫鲁的回信中表示，"通过包括中国人民政府在内的五大国代表必须参加的安理会和平解决朝鲜问题是适宜的……在安理会上听取朝鲜人民代表的意见是适宜的"。[2]

8 月 4 日，在苏联代表返回安理会的第四天，马立克就向安理会提出了和平解决朝鲜问题的议案。该议案建议邀请中、朝代

---

① 沈志华编《朝鲜战争：俄国档案馆的解密文件》上册，第 446～448 页。
② 沈志华编《朝鲜战争：俄国档案馆的解密文件》中册，第 454 页。

表参加朝鲜问题的讨论，以停止朝鲜境内的敌对行动，撤出朝鲜的外国军队。8 月 20 日，周恩来致电安理会主席和联合国秘书长，表示中国支持苏联的议案。由于美苏在和平解决朝鲜问题上的立场相去甚远，"联合国军"正在胜利进军，安理会框架内关于和平解决朝鲜问题的讨论没有任何效果，苏联的提案也没有被采纳。9 月中旬第五届联大开幕以后，为了避开苏联在安理会的否决权，美国提议把朝鲜问题列入大会议程。鉴于仁川战役后朝鲜在军事上的被动局面，苏联没有反对美国的提议，并且还"设法向西方国家的外交官表明苏联愿意和平解决朝鲜问题的态度"。① 9 月 26 日，与美国国务院领导人保持定期接触的纽约银行副总裁兰开斯特向苏联驻联合国副代表察拉普金表示，"如果您的使团的任何人想同国务院代表会见，他可以安排在自己长岛曼格塞特的家中举行这种会晤……讨论朝鲜问题"。这种会晤"指的是同艾奇逊的一位助手或同一位美国大使会晤"② 9 月 27 日，在联共（布）中央政治局会议上，斯大林严厉批评了人民军在指挥方面的失误，决定由苏联外交部责成马立克尽快寻找机会与美国国务院代表接触，寻求和平解决朝鲜问题的办法。同一天，葛罗米柯在给出席联大的苏联外长维辛斯基的电报中说，"请责成察拉普金通知兰开斯特，马立克同意按兰开斯特的建议，同艾奇逊的助手或美国的一位大使会晤。马立克应当听取国务院代表的意见，如果美国人在向和平解决朝鲜问题方面明显向前迈出一步，则向其声明，他（马立克）将考虑会谈中提出的问题，并在下次会晤时做出答复"。③

9 月 30 日，英国、澳大利亚、巴基斯坦、巴西等 8 国代表就朝鲜问题向联大提交了一个以美国建议为蓝本的提案。10 月 1

---

① Ilya V. Gaiduk, *Divided Together: the United States and the Soviet Union in the U-
nited Nations 1945 - 1965*, p. 176.

② 沈志华编《朝鲜战争：俄国档案馆的解密文件》中册，第 553 页。

③ 沈志华编《朝鲜战争：俄国档案馆的解密文件》中册，第 555 页。

日，联共（布）中央指示苏联驻联合国代表团，向大会提出和平解决朝鲜问题的新建议，来对抗英美的计划。新建议包括："一、在朝鲜的交战各方立即停止军事行动。二、美国政府和其他国家的政府立即将自己的军队从朝鲜撤出，并以此建立这样一些条件，即确保朝鲜人民实现自己不可剥夺的主权，自由地决定自己国家的内部事务。三、在外国军队撤离之后，为建立独立统一的朝鲜国家的政府，在最短的时间内立即进行朝鲜全民的国会选举，其基础应该是朝鲜居民意志的自由表达。四、为了组织和进行整个朝鲜国会的自由选举活动，在朝鲜民主主义人民共和国最高人民会议和南朝鲜国会代表联席大会上，选举出北朝鲜和南朝鲜代表人数均等的委员会"。[1] 10 月 7 日，第五届联大否决了苏联的提案，通过了 8 国提案。该议案决定，为了朝鲜的稳定，为了在朝鲜建立一个统一的政府，"联合国军队"不能从朝鲜撤退；应指定 7 国代表组成"联合国朝鲜统一委员会"，代表联合国以实现全朝鲜统一、独立和民主政府的建立。[2]

中国人民志愿军入朝作战后，风头正劲的"联合国军"遭到重创，朝鲜战局发生了有利于朝鲜北方的改变。在苏联的推动下，1950 年 11 月底，中国代表团应联合国邀请，参加安理会关于中国诉美国武装侵略台湾案和美国诉中国武装侵略朝鲜案的讨论。苏联代表团虽然对中国代表团在联合国的斗争提供了强有力的支持，但还是未能阻止联大通过诬蔑"中国侵略朝鲜"的决议。随着中朝军队在朝鲜战场上的不断胜利，美国及其盟国再次表现出急于和平解决朝鲜问题的意愿。12 月初，以印度为代表的亚非 13 国向联大提出一个议案，建议交战双方首先在三八线停战，然后举行一次各大国参加的会议专门讨论朝鲜问题。由于美国的反对，13 国提案被分解成两部分，即

---

① 沈志华编《朝鲜战争：俄国档案馆的解密文件》中册，第 569 页。

② 柴成文、赵勇田：《板门店谈判》，第 76 页。

交战双方在朝鲜停战的 13 国提案和召开国际会议商讨停战、划分非军事区及和平解决朝鲜问题和远东问题的 12 国提案（因菲律宾是向朝鲜出兵的国家之一，不作为提案国）。12 月 14 日，尽管苏联反对，五届联大还是通过了 13 国提案（12 国提案被无限期搁置），并决定组织一个由联大主席和印度、加拿大代表组成的三人停火委员会，确定可以在朝鲜议定满意的停火基础，并尽快向大会提出建议。①

1951 年 1 月 11 日，联大政治委员会讨论了三人委员会提出的停火议案。该议案主张立即实现停火，召开政治会议以恢复和平，外国军队撤出朝鲜，在朝鲜举行选举并为统一和管理朝鲜做出安排，甚至建议停火之后召开一次美英苏中四国会议，解决包括中国的台湾问题和中国在联合国代表权的问题在内的远东问题。② 苏联代表马立克认为，"首先中国没有参加该议案的讨论，其次该议案没有对美国从朝鲜撤军提供保障，最后该议案是具有威胁性质的最后通牒，所以不能作为和平解决朝鲜问题的基础"。③ 尽管苏联代表反对，委员会还是通过了这一议案。事实上，美国对委员会的停火议案也不满意，支持该议案不过是退而求其次的选择。国务卿艾奇逊认为，"要在支持或者反对这个计划之间做出选择是十分棘手的，任何一种选择都具有危险性：一方面是失去朝鲜人的信心，并引起国会和舆论界的愤怒；另一方面是失去我们在联合国中的多数和支持"。所以选择支持这一方案，是因为美国"热切地希望并相信，中国人会拒绝这个决议，从而我们的盟国会回到比较清醒的立场，并追随我们把中国人作为侵略者进行谴责"。④

---

① 柴成文、赵勇田：《抗美援朝纪实》，第 70 页。
② 沈志华编《朝鲜战争：俄国档案馆的解密文件》下册，第 1284 页。
③ Tae - Ho Yoo, *The Korean War and the United Nations: A Legal and Diplomatic Historical Study*, p. 68.
④ 〔美〕迪安·艾奇逊：《艾奇逊回忆录》，第 381 页。

　　1 月 13 日，联合国秘书长赖伊向中国政府转达了联合国的停火议案。中国政府认为该议案建议先停火后谈判，是美国争取喘息时间的阴谋，加之苏联对该议案的坚决反对，所以拒绝了这一停火议案。目前，学界对中国拒绝该停火议案的决策存有争论。很多人认为，从军事、政治和外交的角度看，拒绝该议案使中国错失了实现停战的最佳机会。虽然我们无法想象，如果中国接受该停火议案，美国是否会履行协议，但拒绝该议案确使中朝在外交和舆论上陷入了被动，错失了一次分化西方阵营与和平解决朝鲜问题的机会。2 月 1 日，第五届联大通过了谴责中华人民共和国为"侵略者"的决议。尽管中国声明该决议非法无效，斯大林也表示这"是一个可耻的决定"，[①] 但该决议还是给中国造成了一定的国际压力，并使美国重新赢得了盟国的信任和舆论的支持。

　　苏联本来寄希望于朝鲜战争是速战速决的，但美国的武装干涉使这一希望落空了。仁川战役之后，鉴于朝鲜人民军所面临的被动局面，苏联一度寻求在联合国框架下和平解决朝鲜问题。志愿军入朝作战扭转战局以后，苏联被中朝在军事上的胜利所感染，也倾向于中朝军队能"趁热打铁"，实现武力统一朝鲜的目标，对和平解决朝鲜问题不太感兴趣。例如，当 12 月 7 日苏联外长维辛斯基向安理会提出尽快结束朝鲜敌对行动的建议后，就遭到了来自国内的批评。葛罗米柯在给维辛斯基的电报中指出，"在美国军队正经历失败和以美国为首的一方多次提出停止敌对行动的建议以便赢得喘息之机、避免美国军队全面失败的情况下，提出结束朝鲜敌对行动的建议是不正确的"。[②] 出于对中朝军队联合作战的过高期待，苏联对美国在朝鲜问题上被迫表现出的

---

①　柴成文、赵勇田：《板门店谈判》，第 119 页。

②　Ilya V. Gaiduk, *Divided Together: the United States and the Soviet Union in the United Nations 1945 - 1965*, p. 181.

政策灵活性显然缺乏冷静分析，继续坚持外国军队立即撤出朝鲜、朝鲜问题应由朝鲜人民自己解决，错过了一次利用西方阵营矛盾促成朝鲜停战的机会。联合国外交斡旋朝鲜停战未果的事实表明，"除非交战双方耗尽所能也无法在战场上获胜，否则在朝鲜就没有和平"。① 机会很快就到来了，经过反复拉锯式的运动战较量，到 1951 年 5 月，战线在三八线附近稳定下来，双方都认识到用现有的手段很难将对方赶出朝鲜半岛，这才使通过谈判实现停战成为可能。

四　苏联通过联合国渠道帮助开启朝鲜停战谈判的大门

对于苏联在促成朝鲜停战谈判方面的重要性，美国的认识是十分清醒的。早在 1951 年 3 月 17 日，凯南就向艾奇逊表示，"在朝鲜停火或改善我们在朝鲜处境的时刻已经来临"，"任何不包括苏联在内的安排都是靠不住的"，"可与之达成协议的对象只有苏联"。② 艾奇逊也认为，"通过联合国谋求停火不会成功"，应该"通过苏联来直接进行"。③

由于苏联没有公开介入朝鲜战争，不可能与美国直接进行谈判，联合国就成为双方沟通的重要渠道。5 月 2 日，安理会会议结束后，美国驻联合国代表团成员弗兰克·科里根和汤姆斯·科里受苏联代表马立克和副代表察拉普金的邀请，④ 一同驱车前往曼哈顿，在车上就朝鲜停战问题进行了交谈。美国代表声称，"美国希望在体面的条件下和平解决朝鲜战争"。马立克表示，

① Ilya V. Gaiduk, *Divided Together: the United States and the Soviet Union in the United Nations 1945 – 1965*, p. 183.
② *FRUS, 1951*, Vol. 7, Part 1, pp. 241 – 243.
③ 〔美〕贝文·亚历山大：《朝鲜：我们第一次战败》，第 516 页。
④ 因美国代表当时没有车。

"一切在体面条件下的解决办法必须对有关各方（马立克显然是指朝鲜和中国）都是体面的"，"朝鲜的争端可以而且应该通过美苏两国政府的讨论加以解决"。① 美国代表认为，"马立克明显表示愿意和我们谈论美苏关系……我们应该与他接触"。②

5 月 17 日，美国国家安全委员会通过的 NSC48/5 号文件认为，"关于朝鲜局势，美国应寻求一个可接受的政治解决方案，但不得有损于美国在苏联问题、台湾及共产党中国在联合国席位等问题上的立场"。③ 之后，美国政府"就像一群猎狗那样到处寻找线索"，④ 最后决定邀请正在普林斯顿大学执教的凯南出面，与苏联驻联合国代表马立克进行接触，让苏联了解美国的愿望和意图。

5 月 26 日，凯南致信苏联驻联合国副代表察拉普金，请他转告马立克，"从美苏两国政府的立场出发，倘若他们两人能在近日某个时候进行一次私邸谈话是有益的"。5 月 29 日，凯南被告知将于 5 月 31 日与马立克会面，地点是马立克在纽约郊外的别墅。⑤ 5 月 31 日，凯南前往马立克的寓所进行会晤，表示他"来访要谈的问题就是在朝鲜停火的可能性"。他告诉马立克，"如果能做到大体上按照双方目前所占的地区停止敌对行动，并认识到应建立某种类型的监督机构，向有关各方保证停火不会被他方利用来集聚新的兵力、发动新的攻势，在这个立场上来探讨问题是有好处的"。马立克没有直接发表意见，而是暗示"如果美国有更详细的建议，苏联政府可能对此感兴趣"。凯南表示，"在不能确定苏联政府对于在类似的基础上结束冲突是否感兴趣之前，谈具体的细节没有多大用处"。最后双方约定 6 月 5 日再次见面。⑥

---

① *FRUS*, *1951*, Vol. 7, Part 1, pp. 405, 404.

② *FRUS*, *1951*, Vol. 7, Part 1, p. 422.

③ *FRUS*, *1951*, Vol. 7, Part 1, p. 439.

④ 〔美〕迪安·艾奇逊：《艾奇逊回忆录》，第 408 页。

⑤ *FRUS*, *1951*, Vol. 7, Part 1, p. 462.

⑥ *FRUS*, *1951*, Vol. 7, Part 1, pp. 483 - 486.

这次会晤虽没有取得任何结果，但却在美苏之间建起了一条沟通的渠道，为苏联帮助开启停战谈判的大门提供了条件。

6月5日，马立克和凯南进行了第二次会晤。马立克告诉凯南，"苏联政府希望和平并尽早解决朝鲜问题，但由于苏联没有介入朝鲜的冲突，因此将不参加关于停火问题的任何讨论，任何解决问题的途径都必须通过中国人和朝鲜人"。① 凯南认为，马立克的答复表明，"关于停战问题的指示一定是经过联共（布）中央政治局批准的，因此必须把它看成是苏联政府的重大政策声明。由于它通过非公开渠道发布，其意义就更加重要"。"'尽早'一词非常重要，表明克里姆林宫认为，如果朝鲜的敌对行动近期不能停止，苏联的利益就会受到负面的影响。无论如何，从早点达成停战协定的角度看，这是一个令人鼓舞的迹象"。② 尽管在讨论过程中，"他们会尽可能制造一切麻烦，或许提出一些无理要求，但根据苏联的答复看，停火协议最终还是可以达成的"。③ 凯南希望美国政府"不要迟疑，一定要知难而进，立即采取行动实现停火"。④ 这次会晤使美国确信，苏联也希望和平解决朝鲜问题，艾奇逊认为，"毫无疑问，这一信息是可靠的"。⑤

在美苏就启动停战谈判进行接触的同时，中国领导人也对朝鲜的形势进行了全面的回顾和总结。鉴于使敌军退回到三八线以南的目标已经实现，短时期内又无法打破军事僵局并建立军事优势，他们也开始考虑调整志愿军军事战略和启动停战谈判的问题。此时，苏联方面恰好向中方通报了凯南与马立克第一次会谈的情况，确认了美国希望尽快停战的信息，中国领导人决定通过

① FRUS, 1951, Vol. 7, Part 1, p. 508.
② FRUS, 1951, Vol. 7, Part 1, p. 509.
③ FRUS, 1951, Vol. 7, Part 1, pp. 509 – 510.
④ FRUS, 1951, Vol. 7, Part 1, pp. 509, 511.
⑤ 〔美〕贝文·亚历山大：《朝鲜：我们第一次战败》，第517页。

谈判实现停战。6月3日，金日成到达北京，与毛泽东、周恩来等人商谈了停战谈判的方针和方案。6月5日，毛泽东致电斯大林，请求派高岗和金日成前往莫斯科，讨论与朝鲜战争相关的问题。6月7日，斯大林复电表示同意。

6月10日，高岗和金日成飞抵莫斯科。6月13日，斯大林在给毛泽东的电报中表示，"我们认为，现在停战是好事"。① 同一天，毛泽东致电高岗和金日成，请他们向斯大林提出，"关于如何提出停战谈判的问题，我们认为现在由我们自己提出这个问题对朝鲜和对中国都是不适宜的，因为在最近两个月内朝鲜军队和中国志愿军都应采取防御态势"，最好"等待敌方提出"，或者"最好由苏联政府根据凯南的声明向美国政府试探停战问题"。停战的条件是，"恢复三八线边界；从北朝鲜和南朝鲜划出一条不宽的地带作为中立区"。毛泽东甚至建议，"为了同他们讨价还价"，应当"把台湾问题作为条件提出来"。② 尽管此前斯大林认为，苏联作为非交战国不能出面提出停战问题，但最终还是满足了毛泽东的请求。6月23日，马立克在联合国新闻部发表的广播演说中指出，"朝鲜的武装冲突——目前最尖锐的问题——也是能够解决的。要做到这一点，各方就必须有和平解决朝鲜问题的意愿。苏联人民认为，作为谈判的第一步，交战双方首先应该讨论停火与休战以及双方军队撤离三八线的问题"。③ 演说没有谈及外国军队撤出朝鲜以及归还中国台湾和中国的联合国席位等问题。

6月27日，美国驻苏大使柯克奉命拜访了葛罗米柯。由于马立克在声明中使用了"苏联人民"的字样，柯克向葛罗米柯求证马立克的观点是否代表了苏联政府的观点。葛罗米柯表示，"作

---

① 沈志华编《朝鲜战争：俄国档案馆的解密文件》中册，第806页。
② 沈志华编《朝鲜战争：俄国档案馆的解密文件》中册，第808页。
③ *FRUS*，*1951*，Vol. 7，Part 1，p. 547.

为苏联的官方代表，马立克的发言无须加以说明”。当他问及马立克的声明是否反映了中国政府的观点时，葛罗米柯回答说，"我们不知道，如果美国政府想知道，他会有机会查明中华人民共和国政府的观点"。① 这显然是一种搪塞，正如一位西方学者认为的那样，"克里姆林宫的人如不摸清中国人的情况，决不会说和平是有可能的"。② 柯克在当天发给国务卿艾奇逊的电报中说，马立克的声明代表了苏联政府的观点，并确认谈判停战是由战争双方的军事司令部派出代表达成一项停战的军事协议，作为和平解决朝鲜问题的第一步。谈判只限于解决军事问题，不涉及政治和领土问题。③

正是受到柯克与葛罗米柯谈话的鼓舞，杜鲁门政府指示"联合国军"总司令李奇微发表了建议朝鲜战争交战方司令会面的演说，朝鲜停战谈判的大门迅速开启。6 月 30 日，李奇微发表了关于进行停战谈判的声明。④ 7 月 1 日，中朝方面以志愿军司令员彭德怀和朝鲜人民军最高司令金日成的名义致电李奇微，表示愿意举行关于停止军事行动和建立和平的谈判，朝鲜战争进入了"边打边谈"的阶段。

"促成朝鲜停战谈判的开始，是联合国在冷战时期令人担心的第一场热战时期取得的最大成就。"⑤ 苏联在不愿意就停战谈判问题与美国公开直接对话的情况下，通过联合国这一沟通渠道，表达了对朝鲜停战谈判的看法。此举既无损于苏联朝鲜战争非交战方的立场，又有利于中朝在停战谈判问题上争取主动，还

---

① 沈志华编《朝鲜战争：俄国档案馆的解密文件》中册，第 829 页。
② 〔美〕贝文·亚历山大：《朝鲜：我们第一次战败》，第 517 页。
③ *FRUS*，*1951*，Vol. 7，Part 1，p. 561.
④ Ilya V. Gaiduk，*Divided Together：the United States and the Soviet Union in the U-nited Nations 1945 – 1965*，p. 184.
⑤ Ilya V. Gaiduk，*Divided Together：the United States and the Soviet Union in the U-nited Nations 1945 – 1965*，p. 185.

满足了美国希望苏联对启动停战谈判发挥作用的要求。苏美在联合国平台上关于启动朝鲜停战谈判的沟通，具有明显的双赢效果。

五　苏联与联合国关于战俘遣返问题的讨论

战俘遣返作为停战谈判的一个议程，起初并没有引起争议。根据 1949 年《关于战俘待遇之日内瓦公约》的规定，战争结束后，战俘应该毫不迟疑地被释放并遣返。美国是该公约的签字国，战俘问题不应是一个难以解决的议题。1951 年 11 月 14 日，毛泽东谈到朝鲜的形势时表示，"关于俘虏问题，我主张有多少换多少，估计不难达成协议"。① 然而，美国利用"联合国军"控制的战俘数量远远高于中朝军队控制战俘数量的优势，顽固坚持"自愿遣返"原则，导致战俘问题作为简单问题被复杂化，作为军事问题被政治化，竟成了最终达成停战协定的主要障碍。

1951 年 12 月 11 日，战俘遣返谈判正式启动。由于中国坚决主张按照《日内瓦公约》遣返全部战俘，美国坚持尊重战俘个人意志自愿遣返，导致谈判一直处于僵持状态。其间，朝鲜领导人一度希望中方放弃全部遣返原则，以便尽快实现停战，但经过斯大林的调解，最后还是继续支持了中国全部遣返的原则。1952 年 10 月 8 日，由于谈判双方仍旧不能达成一致，美方代表宣布无限期休会，停战谈判陷入了僵局。

"自从 10 月 8 日板门店谈判无限期休会，主要斗争就转移到了联合国。"② 事实上，美国早在策划联合国对战俘问题的讨论。9 月 15 日，在得知联大即将讨论朝鲜问题、墨西哥将就战俘问题提出建议的情况下，毛泽东致电正在莫斯科访问的周恩来，要求

---

① 徐焰：《第一次较量：抗美援朝战争的历史回顾与反思》，第 279 页。
② 柴成文、赵勇田：《板门店谈判》，第 250 页。

他向斯大林说明，"在联合国大会讨论朝鲜问题的提议是美国倡议的，墨西哥的提议是根据美国的倡议。美国已经在联合国大会上表示愿意讨论这一问题。我们打算反对这种做法。请征求菲利波夫①同志的意见，对该问题我们应持何立场"。②

9月17日，斯大林在给毛泽东的电报中说，"我们同意您的看法，墨西哥人的建议不可接受，因为它反映了美国在朝鲜谈判中的立场。很明显，由于在朝鲜谈判中没有取得成果，美国打算目前要在联合国取得对其立场的赞同，并且要以联合国的名义提出同样的要求。墨西哥人只是美国的代言人。如果墨西哥人向联合国提出自己的建议，苏联代表团将因其不符合在朝鲜停战的利益而否决这一建议，并补充下属提议：'一、双方立即停止陆、海、空军事行动。二、依据国际法准则让全部战俘返回祖国。三、外国军队（其中包括中国人民志愿军部队）在2～3个月内撤出朝鲜；在直接有关各方和其他国家（其中包括未参加朝鲜战争的国家）参加的委员会的监督下，由朝鲜人自己本着朝鲜统一的精神去和平解决朝鲜问题'。关于双方各自暂时留下20%的战俘并让其余战俘返回的建议，苏联代表团将不会涉及此项建议，它将留给您机动处置"。③

9月19日，斯大林在与周恩来会谈时表示，"如果墨西哥向联合国提出此项建议，那么，苏联代表团将驳回这项不符合朝鲜停战利益的建议"；"如果毛泽东愿意……可以把关于扣留战俘比例的第二项主张提交联合国大会讨论"；"我们主张遣返全部战俘，这也符合中方的立场，如果在此基础上达不成协定，那么，把战俘交给联合国是不行的，因为联合国是交战方"。周恩来进一步征求斯大林对停火然后把整个战俘问题留到以后讨论的建

---

① 指斯大林。

② 沈志华编《朝鲜战争：俄国档案馆的解密文件》下册，第1224页。

③ 沈志华编《朝鲜战争：俄国档案馆的解密文件》下册，第1226页。

议，斯大林表示，"这项建议作为可用方案之一是可以的，但美国未必接受此方案"。周恩来表示，"美国也许将把这个问题提交联合国大会"，斯大林说"果真这样就好了"。①

联合国"第七届大会的中心议题是如何在朝鲜实现停战；在大会期间，停战问题已集中在战俘遣返问题上"。② 10 月 14 日召开的第七届联大，讨论了朝鲜停战问题。由于中朝都没有被邀请派代表参加相关问题的讨论，所以苏联就成为中朝在联合国的代言人。10 月 18 日，联大否决了波兰代表团提出的关于停止军事行动、全部遣返战俘和外国军队撤出朝鲜的议案。10 月 24 日，美英等 21 国共同提交了关于朝鲜问题的提案，呼吁中朝方面接受"自愿遣返"战俘的主张，尽快实现朝鲜停战。③ 10 月 29 日，苏联外长维辛斯基在联大发言时指出，"美国坚持所谓的战俘自愿遣返，粗暴地违反 1949 年日内瓦战俘公约，尤其是公约的第 118 条和 119 条"。他建议成立"朝鲜问题和平调解委员会"，吸收当事国家和其他国家的代表参加，在该委员会监督下由朝鲜人自己实现朝鲜的统一。④

11 月 3 日，墨西哥代表团在美国的指使下，向联大政治委员会提交了一项关于朝鲜战俘问题的决议草案，建议停战协定一经签署应立即遣返自愿遣返的战俘，在朝鲜问题政治解决之前，所有拒绝遣返的战俘应允许前往其他国家。秘鲁代表则建议，成立一个"五成员委员会"，由交战双方各派一名代表，联合国派两名代表，未加入联合国的中立国（指瑞士）派一名代表组成，立即投入遣返战俘的工作。遣返战俘要考虑战俘的个人意愿，不愿遣返的战俘应"留在中立区受该委员会保护"。该议案明显是美国"自愿遣

① 沈志华编《朝鲜战争：俄国档案馆的解密文件》下册，第 1227~1228 页。
② 〔美〕迪安·艾奇逊：《艾奇逊回忆录》，第 590~591 页。
③ 陶文钊等：《美国对华政策文件集 1949~1972》第 1 卷（下），世界知识出版社，2003，第 847 页。
④ 沈志华编《朝鲜战争：俄国档案馆的解密文件》下册，第 1290 页。

返"的翻版，因此遭到苏联代表的坚决反对，最终也未能通过。

11 月 17 日，印度代表向联大政治委员会也提出了一份决议草案，建议把所有战俘交由美国、英国、法国、苏联、中国、印度、缅甸、瑞士、捷克斯洛伐克、朝鲜和韩国组成的特别遣返委员会管辖，愿意遣返的立即遣返，拒绝遣返的在停战协议签订 90 天以后交由停战协议规定召开的政治会议解决。印度的决议草案并没有违背"自愿遣返"的立场，得到了美英两国的支持，英国外交大臣艾登甚至把它"看成是走出朝鲜僵局的建设性一步"。苏联对此则表示极力反对，塔斯社发表的文章批评"印度提案是略微改头换面的美国计划"。[1] 11 月 24 日，维辛斯基在联大发言时指出："印度的决议草案同 1949 年《日内瓦战俘公约》相矛盾，没有提及必须立即停止朝鲜的流血冲突"，并呼吁会议通过苏联的决议草案，立即在朝鲜停止军事行动。[2]

11 月 26 日，联大政治委员会讨论了印度的决议草案，苏联代表团对印度的草案提出了修改，其中包含了苏联关于朝鲜问题决议草案的原则。12 月 1 日，委员会通过了丹麦代表团提出的对印度决议草案的修正案。修正案规定，如果在 30 天时间里战俘问题在政治会议上得不到解决（印度草案规定为 60 天）该问题转交联合国。次日，委员会否决了苏联代表团的决议草案。12 月 3 日，联大全体会议以绝对多数通过了印度的决议草案，否决了苏联的决议草案。

1953 年 2 月 24 日，第七届联大第二次会议再次讨论了朝鲜问题，苏联主张邀请朝鲜代表参加讨论的提议再次被拒绝，美国代表洛奇在次日的发言中指责"苏联为扩大朝鲜战争走得很远了"。[3] 苏联代表对美国代表的指责进行了驳斥，并坚持自己在七

---

① 柴成文、赵勇田：《抗美援朝纪实》，第 140 页。

② 沈志华编《朝鲜战争：俄国档案馆的解密文件》下册，第 1292 页。

③ 沈志华编《朝鲜战争：俄国档案馆的解密文件》下册，第 1293 页。

届联大一次会议上提出的朝鲜问题提案，继续支持中国全部遣返的原则，会议最终没有就战俘遣返问题达成一致意见。

战俘遣返问题是美国在朝鲜停战谈判陷入僵局的情况下提交联合国的，仅就联合国关于这一问题的讨论来说，苏联在这一回合的斗争中，成功地阻止了美国试图利用联合国迫使中国接受自愿遣返原则的政治意图。3月5日，斯大林去世后，由于苏联新领导人改变了对朝鲜战争的政策，不再支持全部遣返战俘的原则，中国也被迫调整了在战俘问题上的政策，交战双方于7月27日签署了停战协定，朝鲜战争结束。显然，战俘遣返问题的最后解决，与苏联的政策调整密切相关，与联合国没有太大的关系，此处不再赘述。

通过对联合国框架下苏联与朝鲜战争关系的考察，我们可以看到，由于联合国成立初期受美国的操纵，苏联作为联合国的主要创始会员国和安理会常任理事国，在朝鲜问题提交联合国后很难阻止联合国通过符合美国利益的决议，只能无奈地选择对联合国决议的抵制，抵制的结果使朝鲜不可避免地走向了分裂。朝鲜战争爆发后，苏联本可以凭借安理会常任理事国的身份，使用否决权阻止美国借用联合国名义干涉朝鲜战争，但却为了证明自己与朝鲜战争无关，没有及时返回安理会，致使美国对朝鲜战争的干涉被赋予了"合法"的意义，并在国际舆论方面占了上风，这应该是苏联在朝鲜问题上最主要的决策失误之一。美国干涉朝鲜并取得军事上的优势后，苏联一度指示其驻联合国代表与美国国务院接触，寻求和平解决朝鲜问题的可能，但在志愿军入朝作战扭转了朝鲜北方的被动局面以后，苏联更倾向于中朝军队"趁热打铁"武力统一朝鲜，对于联合国和平解决朝鲜问题的立场过于僵硬，拒绝1951年1月联大停火议案的决策，不利于朝鲜半岛紧张形势的缓解。朝鲜战争进入相持阶段以后，苏联也意识到有必要通过停战谈判结束战争，于是成功利用联合国这一外交平台，对美国提出的谈判建议给予了积极的回应，推动交战双方成功开启了停战谈判的大门，这一点可以看作是苏联在联合国平台上最富有成效的举措。当停战谈判因战俘遣返问题陷入僵局、美国把战俘问题提交联合国讨论时，苏联坚决支持中国全部遣返的原则，美国顽固坚持自愿遣返原则，双方皆不愿做任何形式的让步，导致联合国在战俘遣返问题上毫无建树。从苏联的角度看，虽然这一回合的外交斗争没有使联合国通过不利于中国的决议，但战俘遣返谈判的裹足不前又使停战协定的达成迟迟不能实现。

"无论如何，1947 年和接下来的好几年，至少到 1950 年代后期，美国依赖在联合国拥有足够的多数赞成票，可以控制联合国采取的行动。"[①] 从朝鲜问题提交联合国到朝鲜战争爆发，再到战争结束，正好处于这一时期。因此，在联合国这一外交平台上，苏联对朝鲜问题和朝鲜战争的决策既有处于少数的被迫无奈，也有利己考虑的错误抉择；既有基于现实的有效斡旋，也有原则问题上的决不妥协，其出发点首先是要保证苏联自身利益的最大化，其次是要兼顾社会主义阵营的利益。由于苏联与当时受美国操纵的联合国之间缺乏应有的信任，联合国框架下苏联与美国在朝鲜问题上博弈的结果，更多地表现为"零和"，较少表现为"双赢"（启动停战谈判的问题上有双赢效果）。这种大体上多为"零和"的博弈，对于朝鲜战争的不断升级和停战谈判的延宕不决产生了重要影响。

---

① Ilya V. Gaiduk, *Divided Together: the United States and the Soviet Union in the U-nited Nations 1945 – 1965*, p. 111.

参考文献

一　中文部分

文件档案

《朝鲜问题文件汇编》，人民出版社，1954。

《陈云文稿选编 1949～1956》，人民出版社，1982。

《毛泽东选集》第 1～4 卷，人民出版社，1991。

《中华人民共和国对外关系文件集 1951～1953》（2），世界知识出版社，1958。

《周恩来选集》上、下卷，人民出版社，1984。

本书编译组编《德黑兰雅尔塔波茨坦会议记录摘编》，上海人民出版社，1974。

《关于 1950 年中苏条约谈判的部分俄国档案文献》，《党史资料研究》1998 年第 5 期。

《刘少奇给联共（布）中央和斯大林的报告》，《当代中国史研究》1997 年第 2 期。

沈志华编《朝鲜战争：俄国档案馆的解密文件》上、中、下，中研院近代史研究所史料丛刊（48），2003。

沈志华总主编《苏联历史档案选编》第 18 卷，社会科学文献出版社，2002。

《斯大林与蒋经国会谈记录（1945.12～1946.1）》，陈春华译，《中共党史资料》第61辑，中共党史出版社，1997。

苏联外交部编《朝鲜问题参考文件》，章化农译，五十年代出版社，1951。

台北中研院近代史研究所编《清季中日韩关系史料》第2卷，台北：中研院近代史研究所，1972。

陶文钊主编、牛军副主编《美国对华政策文件集1949~1972》第1、2卷，世界知识出版社，2003，2004。

中共中央文献研究室、解放军军事科学院编《建国以来毛泽东军事文稿》上卷，军事科学出版社、中央文献出版社，2010。

中共中央文献研究室、解放军军事科学院编《毛泽东军事文集》上卷，军事科学院出版社、中央文献出版社，1993。

中共中央文献研究室编《建国以来毛泽东文稿》第1册，中央文献出版社，1987。

中共中央文献研究室编《建国以来重要文献选编》第1册，中央文献出版社，1992。

中共中央文献研究室编《建国以来周恩来文稿》第3册，中央文献出版社，2008。

中共中央文献研究室编《毛泽东在七大的报告和讲话集》，中央文献出版社，1995。

中华人民共和国外交部、中共中央文献研究室编《毛泽东外交文选》，世界知识出版社、中央文献出版社，1994。

中华人民共和国外交部、中共中央文献研究室编《周恩来外交文选》，中央文献出版社、世界知识出版社，1990。

中华人民共和国外交部档案馆编《中华人民共和国外交档案选编（第一集）1954年日内瓦会议》，世界知识出版社，2006。

中华人民共和国外交部其他解密档案。

年谱传记

金冲及主编《周恩来传1949~1976》，中央文献出版社，1998。

刘彦章、项国兰、高晓惠主编《斯大林年谱》，人民出版社，2003。

逄先知、金冲及主编《毛泽东传 1949～1976》，中央文献出版社，2003。

逄先知主编《毛泽东年谱 1893～1949》，人民出版社、中央文献出版社，1993。

《彭德怀自述》，人民出版社，1998。

彭德怀传记组：《彭德怀全传》（三），中国大百科全书出版社，2009。

王焰主编《彭德怀年谱》，人民出版社，1998。

中共中央文献研究室编《刘少奇年谱 1898～1969》下卷，中央文献出版社，1996。

中共中央文献研究室编《周恩来年谱 1949～1976》上卷，中央文献出版社，1997。

〔南〕弗拉吉米尔·杰吉耶尔：《铁托传》下册，叶周等译，三联书店，1977。

回忆录

薄一波：《若干重大决策与事件的回顾》上，中共中央党校出版社，1991。

柴成文、赵勇田：《板门店谈判》，解放军出版社，1989。

杜平：《在志愿军总部》，解放军出版社，1991。

洪学智：《抗美援朝战争回忆》，解放军文艺出版社，1991。

胡乔木：《胡乔木回忆毛泽东》，人民出版社，1994。

聂荣臻：《聂荣臻回忆录》，解放军出版社，1984。

师哲回忆、李海文整理《在历史巨人身边——师哲回忆录》，中央文献出版社，1991。

师哲口述、李海文整理《中苏关系见证录》，当代中国出版社，2005。

王亚志回忆，沈志华、李丹慧整理《彭德怀军事参谋的回忆：1950 年代中苏军事关系见证》，复旦大学出版社，2009。

〔俄〕尼·特·费德林、伊·弗·科瓦廖夫、安·梅·列多夫斯基：《毛泽东与斯大林、赫鲁晓夫交往录》，彭卓吾译，东方出版社，2004。

〔美〕德怀特·D. 艾森豪威尔：《艾森豪威尔回忆录》，樊迪、静海等译，东方出版社，2007。

〔美〕迪安·艾奇逊：《艾奇逊回忆录》，上海《国际问题资料》研究组、伍协力合译，上海译文出版社，1978。

〔美〕哈里·杜鲁门：《杜鲁门回忆录》下，李石译，东方出版社，2007。

〔美〕李奇微：《朝鲜战争》，军事科学院外国军事研究部译，军事科学出版社，1983。

〔日〕陆奥宗光：《蹇蹇录》，伊舍石译，商务印书馆，1963。

〔苏〕安·安·葛罗米柯：《永志不忘：葛罗米柯回忆录》上、下，伊吾译，世界知识出版社，1989。

〔苏〕赫鲁晓夫：《赫鲁晓夫回忆录》，张岱云等译，东方出版社，1988。

〔苏〕维特·亚尔莫林斯基：《维特伯爵回忆录》，傅正译，商务印书馆，1976。

〔英〕安东尼·艾登：《艾登回忆录》中册，瞿同祖、赵曾玖译，商务印书馆，1976。

著作

《中共党史资料》第 61 辑，中共党史出版社，1997。

柴成文、赵勇田：《抗美援朝纪实》，中共党史资料出版社，1987。

军事科学院军事历史研究部：《抗美援朝战争史》，军事科学出版社，2000。

牛军：《从延安走向世界：中国共产党对外关系的起源》，福建人民出版社，1992。

牛军：《冷战与新中国外交的缘起 1949~1955》，社会科学文献出版社，2013。

逢先知、李捷：《毛泽东与抗美援朝》，中央文献出版社，2010。

裴坚章主编《中华人民共和国外交史 1949~1956》，世界知识出版社，1994。

齐德学：《抗美援朝纪实》，华夏出版社，1997。

沈志华、于沛编著《苏联共产党九十三年》，当代中国出版社，1993。

沈志华：《毛泽东、斯大林与朝鲜战争》，广东人民出版社，2007。

沈志华主编《一个大国的崛起与崩溃》中册，社会科学文献出版社，2009。

沈志华主编《中苏关系史纲 1917~1991》，新华出版社，2007。

宋成有：《中韩关系史：现代编》，社会科学文献出版社，1997。

宋晓芹：《对抗与结盟：1949~1953 年美苏对华政策研究》，书海出版社，2001。

王海：《我的战斗生涯》，中央文献出版社，2000。

徐万民：《中韩关系史：近代卷》，社会科学文献出版社，1996。

徐焰：《第一次较量：抗美援朝战争的历史回顾与反思》，中国广播电视出版社，1990。

杨冠群：《热战中的冷战：板门店停战谈判》，世界知识出版社，2008。

杨奎松：《毛泽东与斯大林的恩恩怨怨》，江西人民出版社，2003。

张盛发：《斯大林与冷战》，中国社会科学出版社，2000。

赵学功：《朝鲜战争中的美国与中国》，山西高校联合出版社，1995。

赵学功：《巨大的转变：美国战后对东亚的政策》，天津人民出版社，2002。

周文琪、褚良如编著《特殊而复杂的课题：共产国际、苏联与中国共产党关系编年史 1919～1991》，湖北人民出版社，1993。

〔朝〕李清源：《朝鲜近代史》，丁泽良、夏禹文根据俄译本译，三联书店，1955。

〔德〕迪特·海因茨希：《中苏走向联盟的艰难历程》，张文武、李丹琳等译，新华出版社，2001。

〔俄〕A. M. 列多夫斯基：《斯大林与中国》，陈春华译，新华出版社，2001。

〔俄〕尤·米·加列诺维奇：《两大领袖斯大林与毛泽东》，部彦秀、张瑞璇译，四川人民出版社，1999。

〔美〕约翰·托兰：《漫长的战斗》，孟庆龙等译，中国社会科学出版社，1993。

〔美〕贝文·亚历山大：《朝鲜：我们第一次战败》，郭维敬等译，中国社会科学出版社，2000。

〔美〕哈伯斯塔姆：《最寒冷的冬天：美国人眼中的朝鲜战争》，王祖宁等译，重庆出版社，2010。

〔美〕亨利·基辛格：《大外交》，顾淑馨、林添贵译，海南出版社，1997。

〔美〕罗斯·特里尔：《毛泽东的后半生》，曾胡等译，世界知识出版社，1989。

〔美〕马士、宓亨利：《远东国际关系史》，姚曾廙译，上海书店出版社，1998。

〔美〕斯通：《朝鲜战争内幕》，南佐民等译，浙江人民出版社，1989。

〔美〕泰勒·丹涅特：《美国人在东亚》，姚曾廙译，商务印书馆，1959。

〔美〕沃尔特·拉费伯尔：《美国、俄国和冷战 1945～2006》，牛可等译，世界图书出版公司，2011。

〔美〕约翰·刘易斯·加迪斯：《冷战：交易·谍影·谎言·真相》，翟强、张静译，社会科学文献出版社，2013。

〔美〕约翰·斯帕尼尔：《杜鲁门与麦克阿瑟的冲突和朝鲜战争》，钱宗起、邬国平译，复旦大学出版社，1985。

〔美〕约瑟夫·格登：《朝鲜战争：未透露的内情》，于滨等译，解放军出版社，1990。

〔美〕邹谠：《美国在中国的失败》，王宁、周先进译，上海人民出版社，1997。

〔南〕米洛凡·吉拉斯：《同斯大林的谈话》，司徒协译，世界知识出版社，1989。

〔苏〕安·安·葛罗米柯、鲍·尼·波诺马廖夫：《苏联对外政策史 1945～1980》，韩正文、沈芜清等译，中国人民大学出版社，1989。

〔苏〕伊·阿·基里林：《国际关系和苏联的对外政策》，中国社会科学出版社，1990。

〔苏〕鲍·亚·罗曼诺夫：《日俄外交史纲 1895～1907》，上海人民出版社编译室译，上海人民出版社，1976。

〔苏〕鲍里索夫、科洛斯科夫：《苏中关系 1945～1980》，肖东川、谭实译，三联书店，1982。

〔苏〕崔可夫著《在华使命》，万成才译，新华出版社，1980。

〔苏〕德·安·沃尔科戈诺夫：《胜利与悲剧》，苏群译，世界知识出版社，1990。

〔苏〕菲·丘耶夫：《莫洛托夫秘谈录：与莫洛托夫 140 次谈话》，刘存宽、李玉贞、薛衔天、陈春华等译，社会科学文献出版社，1992。

〔苏〕弗诺特钦科：《远东的胜利》，沈军涛译，辽宁人民出版社，1979。

〔苏〕冈察洛夫：《巴拉达号三桅战舰》，叶予译，黑龙江人民出版社，1985。

〔英〕琼斯、休·博顿、皮尔恩：《国际事务概览 1939～1946：1942～1946 年的远东》下册，复旦大学外文系英语教研组译，上海译文出版社，1979。

论文

崔丕：《论沙俄和日本在日俄战争前的外交谈判》，《东北师范大学学报》1980 年第 3 期。

崔丕：《略论 1895～1905 沙皇俄国的侵朝政策》，《东北师范大学学报》1982 年第 5 期。

惠春琳：《朝鲜战争研究综论》，《新远见》2012 年第 12 期。

柯庆生：《东亚社会主义同盟与美国的遏制战略（1949～1969)》，《冷战国际史研究》(4)，世界知识出版社，2007。

李玉科：《秘密赴朝参战的苏联空军》，《军事历史》1998 年第 1 期。

梁瑞红：《苏联在朝鲜战争中的角色扮演与影响论析》，《军事历史研究》2012 年第 4 期。

林晓光：《朝鲜停战谈判：苏联的作用、朝鲜的因素与中国的政策》，《二十一世纪》网络版第 12 期，2003 年 3 月 31 日（http://www.cuhk.edu.hk/ics/21c）。

林晓光：《朝鲜战争中的苏联空军》，《西伯利亚研究》2002 年第 2 期。

刘鹏:《近 10 年来国内学术界朝鲜战争研究新进展》,《高校社科动态》2010 年第 4 期。

刘恩格:《试论甲午战争期间沙俄对日本的基本态度》,《近代史研究》1988 年第 3 期。

南慧英:《19 世纪 60～80 年代俄国境内朝鲜移民法律地位形成的中朝因素探析》,《求是学刊》2012 年第 3 期。

牛军:《新中国外交的形成及其主要特征》,《历史研究》1999 年第 5 期。

牛军:《论中苏同盟的起源》,《中国社会科学》1996 年第 2 期。

朴昌昱:《1937 年以前在俄国沿海州的朝鲜人》,《东疆学刊》2000 年第 3 期。

沈志华:《80 年代以来西方学者对朝鲜战争政策分析》,《当代中国史研究》1995 年第 6 期。

沈志华:《保障苏联在远东的战略利益——试论朝鲜战争起因与斯大林的决策动机》,《华东师范大学学报》2012 年第 4 期。

沈志华:《对朝战初期苏联出动空军问题的再考察》,《社会科学研究》2008 年第 2 期。

沈志华:《抗美援朝战争中的苏联空军》,《中共党史研究》2000 年第 2 期。

沈志华:《毛泽东、斯大林与朝鲜战争再议》,《史学集刊》2007 年第 5 期。

沈志华:《中国出兵朝鲜的决策过程》,《党史研究资料》1996 年第 1 期。

沈志华:《中苏联盟与中国出兵朝鲜的决策(一、二)》,《当代中国史研究》1996 年第 5 期,1997 年第 1 期。

沈志华:《周恩来赴苏谈判的目的和结果——关于 1950 年 10 月中苏会谈问题的争论》,《党史研究资料》1996 年第 4 期。

宋晓芹:《朝鲜战争爆发后苏联缺席安理会讨论的再思考:

从斯大林给哥特瓦尔德的一份电报说开去》，《山西大学学报》2010 年第 6 期。

宋晓芹：《试论苏联对朝鲜停战谈判的影响》，《世界历史》2005 年第 1 期。

宋晓芹：《试析朝鲜战俘遣返谈判的苏联因素》，《世界历史》2011 年第 2 期。

宋晓芹：《苏联与朝鲜战争》，《俄罗斯研究》2006 年第 3 期。

宋晓芹：《苏联与朝鲜战争：以联合国为研究平台的考察》，《华东师范大学学报》2013 年第 6 期。

宋晓芹：《中国出兵朝鲜的苏联因素》，《世界近现代史研究》第 4 辑，中国社会科学出版社，2007。

王琛：《苏联为何缺席朝鲜战争爆发后的联合国安理会》，《史学月刊》2008 年第 12 期。

王缉思：《冷战时期美国对东亚政策思想的演变》，《世界历史》1988 年第 2 期。

薛海玲：《朝鲜战争中苏联对华军事援助探析》，《军事历史研究》2007 年第 4 期。

杨奎松：《美苏冷战的起源及对中国革命的影响》，《历史研究》1999 年第 5 期。

余伟民、周娜：《1945～1948 年朝鲜半岛南部地区的政治变动》，《史林》2003 年第 4 期。

张存武：《韩俄接触与中韩关系（1862～1874）》，《中央研究院近代史研究所集刊》第 20 期，1991。

张盛发：《建国初期中苏两国的龃龉和矛盾及其历史渊源》，《东欧中亚研究》1999 年第 5 期。

张小明：《朝鲜战争的地缘政治分析》，《南开大学学报》2005 年第 3 期。

邹荣础：《斯大林与朝鲜战争》，《陕西师范大学学报》2002

年第 1 期。

左凤荣：《斯大林最后同意打朝鲜战争的原因》，《俄罗斯研究》2010 年第 4 期。

潘晓伟：《俄国对朝政策研究》，吉林大学博士学位论文，2009。

闫传玲：《英日同盟对东北亚国际格局的影响》，曲阜师范大学硕士论文，2006。

胡江东：《朝鲜战争期间苏联对华援助研究》，山西大学硕士论文，2010。

〔俄〕瓦宁：《俄罗斯学者关于朝鲜战争历史的研究》，陈鹤译，《当代中国史研究》2011 年第 1 期。

英文部分

文件档案

The U. S. Department of State, ed. , *Foreign Relations of the United States* ("*FRUS*" as abbreviation), *Diplomatic Paper*, Washington D. C. : Government Printing Office.

1943, the Conferences at Cairo and Tehran (1961)

1944, China, Vol. 6 (1967)

1945, the Berlin Conference, in Two Volumes (1961)

1945, Vol. 6, *the British Commonwealth, the Far East* (1969)

1946, Vol. 8, *the Far East* (1971)

1947, Vol. 6, *the Far East* (1972)

1948, Vol. 6, *the Far East and Australasia* (1974)

1950, Vol. 7, *Korea* (1976)

1951, Vol. 7, *Korea and China* (1983)

1952 – 1954, Vol. 15, *Korea* (1984)

1952 – 1954, Vol. 16, *the Geneva Conference : Korea and In-*

dochina (1981)

The Cold War in Asia (draft version), Stalin's Conversation with Chinese Leaders; New Evidence on the Korean War, *Cold War International History Project Bulletin*, Issue 6 – 7, Winter, 1995/1996.

Russian Documents on the Korean War: 1950 – 53, introduction by James G. Hershberg and translations by Vladislav Zubok, *Cold War International History Project Bulletin*, Issue 14 – 15, Washington D. C. , 2004.

Inside China's Cold War, *Cold War International History Project Bulletin*, Issue16, Fall 2007/ Winter 2008.

http: //www. trumanlibrary. org/whistlestop/study _ collections/koreanwar/index. php

http: //www. foia. cia. gov/search – results?

著作

Alexander Dallin, *The Soviet Union at the United Nations: An Inquiry into Soviet Motives and Objections*, New York: Federick Praeger Inc, 1962.

Allen S. Whiting, *China Cross the Yalu: the Decision to Enter the Korean War*, New York: Macmillan Company, 1960.

Andrei Lankov, *From Stalin to Kim Il Sung*, N. J. : Rutgers University Press, 2002.

Anthony Gaglione, *The United Nations under Tragve Lie 1945 – 1953*, Maryland: The Scarecrow Press, 2001.

Barnet A. Doak, *China and the Major Power in East Asia*, Washington D. C. : Brookings Institution, 1977.

Bruce Cumings, *the Korean War: A History*, New York: the Modern Library, 2010.

Bruce Cumings, *The Origins of the Korean War, Liberation and Emergence of Separated Regimes 1945 – 1947*, Seoul: Yuksabipyungsa, 2002.

Charles K. Armstrong, *Tyranny of the Weak: North Korea and the World, 1950 – 1992*, Ithaca: Cornell University Press 2013.

Chen Jian, *China's Road to the Korean War: the Making of the Sino – American Confrontation*, New York: Columbia University Press, 1994.

Chen Jian, *Mao's China and the Cold Wa*, Chapel Hill: University of North Carolina Press, 2001.

Chi – kwan Mark, *China and the World since 1945: An International History*, New York: Routledge, 2012.

David Rees, *Korea: the Limited War*, New York: St. Martin's Press, 1964.

Donald S. Zagoria, ed. , *Soviet Policy in East Asia*, New Haven: Yale University Press, 1982.

Geoffrey Roberts, *Stalin's Wars: from World War to Cold War, 1939 – 1953*, New Haven: Yale University Press 2006.

Henry Kissinger, *On China*, New York: The Penguin Press, 2011.

John Lewis Gaddis, *George Kennan: An American Life.* New York: The Penguin Press, 2011.

Lie, *In the Course of Peace: Seven Year with the United Nations*, New York: the Macmillan Company, 1954.

Matthew Ridgway, *Soldier: The Memories of Matthew B. Ridgway*, New York: Harper & Brothers, 1956.

Max Beloff, *Soviet Policy in the Far East 1944 – 1951*, London: Oxford University Press, 1953.

Melvyn P. Leffler & Odd Arne Westad ed. , *The Cambridge History of the Cold War*, Vol. 1, The Cambridge University Press, 2010.

Melvyn P. Leffler, *For the Soul of Mankind: the United States, the Soviet Union and the Cold War*, New York: Hill and Wang, 2007.

Myung Hyun Cho, *Korea and Major Powers: An Analysis of Power Structures in East Asia*, Seoul: Seoul Computer Press, 1989.

277

Qiang Zhai, *The Dragon, the Lion, the Eagle: Chinese/British/A-merican Relations 1949 - 1958*, The Kent State University Press, 1994.

Robert Leckie, *Conflict: the History of the Korean War*, New York: Dacapo Press, 1996.

Robert R. Simmons, *The Strained Alliance: Peking, Pyongyang, Moscow and the Politics of the Korean Civil War*, New York: the Free Press, 1975.

Serge Goncharov, John Lewis and Xue litai, *Uncertain Partners: Stalin Mao and the Korean War*, Stanford University Press, 1993.

Tae - Ho Yoo, *The Korean War and the United Nations: A Legal and Diplomatic Historical Study*, Louvan, 1964.

Vladslav M. Zubok, *A Failed Empire. the Soviet Union in the Cold War from Stalin to Gorbachev*, Chapel Hill: the University of North Carolina Press, 2007.

William Whitney Stuck, *The Korean War: An International History*, Princeton University Press, 1995.

William Whitney Stueck, *The Road to Confrontation: American Policy toward China and Korea 1947 - 1950*, Univ. of North Carolina Press, 1981.

Xiaoming Zhang, *Red wings over the Yalu: China, the Soviet Union and the air war in Korea*, Texas A&M University Press, 2002.

Yafeng Xia, *Negotiating with the Enemy: U. S. - China Talks during the Cold War, 1949 - 1972*, Bloomington: Indiana University Press, 2008.

Yoo Byong - yong, *Korea in International Politics: 1945 - 1954 Britain, the Korean War and the Geneva Conference*, Seoul: Jimoondang International, 2003.

Zhihua Shen and Danhui Li, *After Leaning to One Side: China and Its Allies in the Cold War*, Washington D. C. : Woodrow Wilson Center Press, 2011.

论文

Allan R. Millet, "The Korean War: A 50 - Year Critical Histo-riography," *Journal of Strategic Studies*, 24, No. 1, March 2001.

Andrew Scobell, "China's Strategic Lessons from the Korean War," *International Journal of Korean Studies*, Vol. XV, No. 1, Spring 2011.

Barbes Robert, "Branding an Aggressor, The Commonwealth, the United Nations and Chinese Intervention in the Korean War, No-vember 1950 - January 1951," *Journal of Strategic Studies*, Vol. 33, No. 2, April 2010.

Dieter Heinzig, "Stalin, Mao, Kim and Korean War Origins 1950: A Russian Documentary Discrepancy," *Cold War International History Project Bulletin*, Issue 8 - 9, Winter 1996/1997

Evjueni Bajanov, "Assessing the Politics of the Korean War 1949 - 1951," *Cold War International History Project Bulletin*, Issue 6 - 7, Wood-row Wilson International Center, Winter, 1995/1996

Kathryn Weathersby, "Should We Fear This? Stalin and the Danger of War with America", *Working Papers*, No. 39, Cold War International Project, Woodrow Wilson International Center for Scholars, Washington D. C. , 2002.

Kathryn Weathersby, "Korea, 1949 - 1950: To Attack, or Not to Attack? Stalin, Kim Il Sung and the prelude to War," *Cold War International History Project Bulletin*, Issue 5, Spring1995.

Kathryn Weathersby, "Soviet Aims in Korea and the Origins of the Korean War, 1949 - 1950: New Evidence from Russian Archives," *Working Papers*, No. 8, Cold War International Project, Woodrow Wil-son International Center for Scholars, Washington D. C. 1993.

Kathryn Weathersby, "The Soviet Role in the Early Phase of the Korean War: New Documentary Evidence," *Journal of American – East Asia Relations*12, No. 4, Winter 1993.

Patric M. Morgan, "Some Lessons for Today from the Korean War," *International Journal of Korean Studies*, Vol. XV, No. 1, Spring 2011.

Samuel S. Kim, "Reactions of the Sino – Soviet Bloc to the US—ROK Alliance," *International Journal of Korean Studies*, Vol. XV, No. 1, Spring 2011.

Shen Zhihua, Yafeng Xia, "Mao Zedong's Erroneous Decision during the Korean War: China's Rejection of the UN Cease – fire Resolution in Early 1951," *Asian Perspective*, 35, 2011.

Steven M. Goldstein, "Chinese Perspectives on the Origins of the Korean War: An Assessment at Sixty", *International Journal of Korean Studies*, Vol. XIV, No. 2, Fall 2010.

后 记

　　苏联与朝鲜战争关系，是我近年来学术研究的一个重点，大约占去了将近一半的研究时间和精力，倒也有几篇还算不错的文章，发表后或被转载，或被转引，或被奖励，这也许是让我对该研究课题始终保有学术热情的一个原因。虽然我也很清楚，自从新冷战史研究勃兴以来，国内外学界对朝鲜战争的研究持续升温，名篇力作也不断涌现，凭我自己的学力想在这个高热度的学术圈里引起关注困难很大，但心中的这份热情还是驱使着我，不断跟踪学术前沿，努力拓宽研究视野，享受追逐学术和奉献学术的快乐。

　　2009 年 9 月至 2010 年 1 月，我曾在华东师范大学国际冷战史研究中心访学，师从沈志华教授。访学期间参与的学术活动和收集的档案文献，进一步激发了我对苏联与朝鲜战争关系的研究兴趣。2010 年，我以"苏联与朝鲜战争关系研究"为题，申报了教育部人文社科研究项目规划基金并获准立项。2013 年 3 月至 8 月，我到华东师范大学—威尔逊中心冷战史研究美国工作室访学半年，并提交了以苏联与朝鲜战争关系为主要内容的研究计划。在威尔逊中心的图书馆、美国国会图书馆、美国国家档案馆等地查阅的文献和档案，使本课题的研究资料更加扎实。访学期间与各国同行的交流，也使该课题的研究视野更加开阔，本书就是该课题研究的最终成果。

本书的写作得到了诸多国内外学术同行的帮助。感谢华东师范大学国际冷战史研究中心的沈志华教授和梁志教授对我两次访学提供的便利和帮助！感谢威尔逊中心国际冷战史项目组负责人奥斯特曼教授对我在威尔逊中心访学期间的支持和帮助！感谢美国长岛大学教授兼华东师范大学—威尔逊中心冷战史研究美国工作室中方负责人夏亚峰先生，正是因为有他的帮助，才使我在美国的访学之旅平安顺利，获益颇多。郝亚堃博士、王陶同学和李一君同学分别从上海图书馆、北京大学图书馆、浙江大学图书馆帮我复制写作本书所需的文献，硕士研究生郑浩同学和高子栋同学参与了书稿的校对工作，在此一并致谢！

多年寻觅学术幽谷的经历，已使我深知谷深无底、学力有限的道理。然心中这份对幽谷美景的向往，却令人欲罢不能。虽已年近天命，虽知学途劳顿，但仍愿继续前行。书中存在的不足和错误，祈请学界同人批评指正。

是为记。

宋晓芹

2014 年春于山西大学

图书在版编目（CIP）数据

隐于幕后:苏联与朝鲜战争／宋晓芹著.—北京:社会科学
文献出版社，2014.8（2024.8重印）
ISBN 978 - 7 - 5097 - 6203 - 5

Ⅰ.①隐…　Ⅱ.①宋…　Ⅲ.①朝鲜战争（1950～1953）-
史料 - 研究 ②国际关系史 - 研究 - 苏联、朝鲜　Ⅳ.①K312.52
②D851.29 ③D831.29

中国版本图书馆 CIP 数据核字（2014）第 141779 号

隐于幕后：苏联与朝鲜战争

著　　者／宋晓芹

出 版 人／冀祥德
项目统筹／赵　薇
责任编辑／赵　薇
责任印制／王京美

出　　版／社会科学文献出版社·历史学分社（010）59367256
　　　　　地址：北京市北三环中路甲 29 号院华龙大厦　邮编：100029
　　　　　网址：www. ssap. com. cn
发　　行／社会科学文献出版社（010）59367028
印　　装／三河市龙林印务有限公司

规　　格／开　本：787mm × 1092mm　1/20
　　　　　印　张：14.8　字　数：246 千字
版　　次／2014 年 8 月第 1 版　2024 年 8 月第 9 次印刷
书　　号／ISBN 978 - 7 - 5097 - 6203 - 5
定　　价／55.00 元

读者服务电话：4008918866

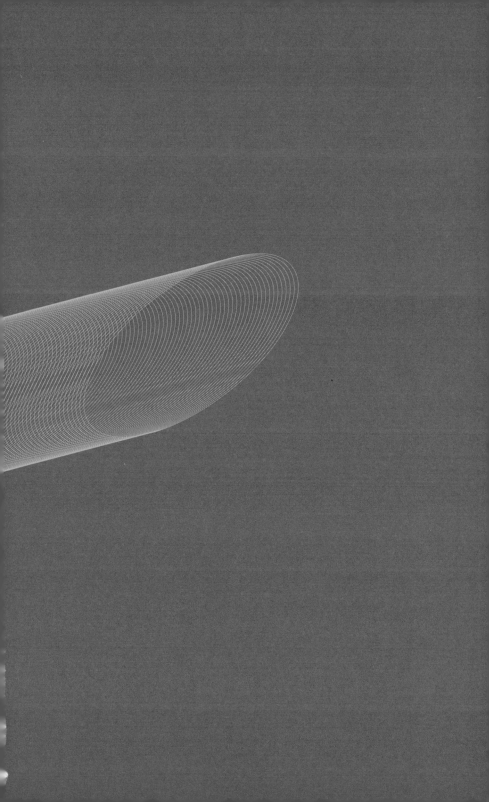